妈妈越 优秀
孩子越 自信

陈靖昕◎著

台海出版社

图书在版编目(CIP)数据

妈妈越优秀,孩子越自信 / 陈靖昕著. —北京:台海出版社,

2015.8

ISBN 978-7-5168-0689-0

Ⅰ.①妈… Ⅱ.①陈… Ⅲ.①家庭教育 Ⅳ.①G78

中国版本图书馆 CIP 数据核字(2015)第 300296号

妈妈越优秀,孩子越自信

著 者:陈靖昕

责任编辑:王 艳

装帧设计:天下书装 版式设计:通联图文

责任校对:晁 凡 责任印制:蔡 旭

出版发行:台海出版社

地 址:北京市朝阳区劲松南路 1 号 邮政编码:100021

电 话:010-64041652(发行,邮购)

传 真:010-84045799(总编室)

网 址:www.taimeng.org.cn/thcbs/default.htm

E-mail:thcbs@126.com

经 销:全国各地新华书店

印 刷:北京建泰印刷有限公司

本书如有破损、缺页、装订错误,请与本社联系调换

开 本:710mm×1000 mm 1/16

字 数:210 千字 印 张:16.5

版 次:2016 年 1 月第 1 版 印 次:2016 年 1 月第 1 次印刷

书 号:ISBN 978-7-5168-0689-0

定 价:35.00 元

前 言
Preface

很多妈妈都有这样的心理:爱孩子,就要为孩子做好所有的事,让孩子无忧无虑地成长。于是,对孩子的溺爱就成了妈妈教育孩子的主要方式。不让孩子自己洗衣服,怕水凉;不让孩子做饭,怕烫着;不让孩子一个人走路,怕不安全……

然而妈妈们可能并没有意识到,正是自己的事必躬亲,造就了一大批缺乏生活能力的孩子;正是自己的过度保护,让孩子得不到必要的锻炼;正是自己的错误教育,令孩子的生存能力减弱,当然就更谈不上为自己的人生负责了。

而且,妈妈的"呕心沥血"并不能得到孩子的理解和感激,反而为此经常与妈妈发生矛盾,产生隔阂,认为妈妈对自己干涉太多,自己被剥夺了自由……这些,一定不是辛劳的妈妈们希望看到的结果。

其实,教育孩子很简单,教子专家一致认为,与其成为他们的好保姆,还不如成为他们的好榜样。

模仿是孩子的天性,妈妈平时有什么样的言行,也会像照镜子一样,在孩子身上反射出来。可以说,孩子就像是妈妈的影子,甚至是妈妈一个缩小的翻版。

一个孩子从小到大,只要妈妈伴随着他成长,妈妈的一切,包括妈妈的形象、做人原则和行为、品德等,都会在不知不觉中影响着孩子,也都会自始至终地影响着孩子的人生。妈妈尊老爱幼,孩子自然就会上行下效;妈妈勤俭节约,孩子自然也会拒绝奢华;妈妈彬彬有礼,孩子自然就会谦逊待人;妈妈坚强独立,孩子在苦难面前也不会怯懦;妈妈善良,孩子自然拥有一颗悲天悯人的心;妈妈修养有度、品行高洁,孩子自然能成为人中之龙、人中之凤……

可以说,妈妈的素质有多高,孩子就能走多远。

妈妈平时与孩子在一起的时间较多,孩子跟妈妈的关系也最亲,因此妈妈的情绪好坏将直接影响到孩子的成长,并决定着孩子的个性发展。如果妈妈经常保持开心、乐观、积极、坚强的良好情绪,那么孩子在妈妈的积极影响下,也会成长得乐观、坚强、自信,成长为情商较高的孩子。

相反,如果烦躁、紧张、焦虑等负面情绪长期伴随着妈妈,那么孩子也会受到妈妈坏情绪的影响,并可能因此而形成不良的个性。

可以说,妈妈的情绪,决定孩子的心理健康。

都说孩子眼中妈妈是最漂亮的,其实要成为孩子眼中漂亮的妈妈,多多少少都应该了解一些服饰搭配的技巧。即便妈妈长得再天生丽质,如果不懂得服饰搭配,在穿着上一点也不讲究,那么美丽也会被掩盖,当你和其他孩子的妈妈走到一起时,孩子难免会内心形成对比,从而感觉到自己的妈妈没有别人的妈妈漂亮。如果孩子觉得自己的妈妈不够美丽,他们可能会形成自卑心理,这一点是不可小视的。

可以说,妈妈越时髦,孩子越自信!

3

本书观点新颖,提出"当好榜样比当好保姆重要"这一全新教子观念,内容全面,十章相互呼应又各自独立。从了解孩子的性格到掌握和孩子沟通的技巧;从挖掘孩子的潜能到培养孩子的优良品质,让众多望子成龙、望女成凤的妈妈们不用再为怎样教育孩子而犯难。身为妈妈的重要职责之一,就是管理好自己,做好榜样,孩子自然就会跟着走。书中给出许多简单而又实用的操作办法,把理论和实践完美地结合在了一起,让在家庭教育中不得其法的妈妈们找到了教育孩子的秘籍。

为了孩子,我们一定要做好自己,相信每一个阅读本书的妈妈都可以做得更完美!

目 录
Contents

第一章

修养有度,培养孩子良好家教

1.妈妈的素质,影响孩子的品德

　　家庭教育对一个人的成长和发展起着决定性作用,而妈妈的教育又是家庭教育中最重要的一部分,在一定程度上甚至可说是家庭教育的全部。一个人是否有良好的家教,很大程度上由他有一个什么样的妈妈来决定。而接受什么样的教育,又由妈妈的素质所决定。

　　如果妈妈是庸俗的、粗暴的,孩子也可能是粗暴的、蛮横的;妈妈是友善的、豁达的,孩子也可能是友善的、开朗的;妈妈是一个邋遢、慵懒、颓丧的人,孩子整天生活在一个杂乱无章、起居无序的家庭里,也可能因袭妈妈一些不良的生活习惯。因此,作为第一教育者的妈妈,其文化素质、道德修养以及言行举止、待人接物等,对纯洁幼稚且善于模仿的孩子无不产生重要的影响。

在孩子的教育上,妈妈一般比爸爸要负担更多的责任。因为在孩子出生之前,妈妈就已经在影响孩子了;而在孩子出生之后,接触最多的也是妈妈。妈妈对孩子的教育,渗透在生活的各个方面,对孩子的影响也远远超出人们的想象。孩子在生活当中模仿的最直接的对象也是妈妈,所以,妈妈的素质如何,也会直接影响到孩子的个性品德,决定着孩子日后的发展。

所以,要做一个完美的妈妈,不仅要给孩子健康的身体,还要给孩子健康的生活和健康的教育。如果我们发现孩子身上有了某些错误,先不要急于责备孩子,而要先检查自身的言行,也许孩子犯的错误正照射出我们自身的很多缺点。

一天吃饭时,4岁的静雅面对桌上的饭菜提不起丝毫兴趣。妈妈见女儿不吃饭,就问她怎么了,静雅吞吞吐吐地说就是不想吃。妈妈摸摸静雅的头,见也没有发烧,心里忽然就起了无名火,突然就打了孩子一巴掌。静雅大哭起来,妈妈也被这件事搞得没什么心情吃饭了。

等冷静下来后,妈妈就想,自己也没弄清楚原因就打女儿是不对的,还是应该问问孩子为什么不想吃饭。于是,妈妈就用缓和的口气安慰静雅,并问:"你是不喜欢妈妈今天做的饭吗?"静雅摇摇头,说:"喜欢。""那你为什么不想吃呢?""妈妈说,一个人长大了烦恼太多,活着太没有意思。我不吃饭,就不会长大了。"

静雅的话让妈妈很震惊。她没想到,自己因为对生活的不满而引发的牢骚竟会如此深刻地影响着女儿。

在现实生活中,这样的例子可谓数不胜数。作为妈妈,也许不经意的一句话就会影响到孩子对生活的判断;同样,妈妈的不良情绪,也会影响孩子的情绪发展及控制能力。如果妈妈经常以这样的情绪和态度对待孩子,那么缺乏判断能力和自我控制能力的孩子,也会常常陷入到各种不良情绪当中。

那些比较优秀的妈妈,通常都不会抱怨生活中遇到的苦难,至少不会在孩子面前抱怨;也不会随便在孩子面前表现出不良的情绪、行为等。很多优秀的妈妈,还会将教育孩子看作是人生中非常快乐的事,并时刻以一种自信、乐观、洒脱的状态展现在孩子面前。

要想做一个高素质的妈妈,首先要具备正确的教育理念,这样才能很好地处理孩子在成长过程中不断出现的问题,满足孩子的探索欲望。

妈妈要知道正确的教育观念是什么,这样才能更好地在教育孩子过程中不断纠正自己,给孩子创造一个轻松、快乐、自主的生活氛围,从而让孩子具备良好的品德、规范的行为、健康的人格和心理,等等。

鼓励孩子多学习、多思考

品德的修炼,最好的方法就是不断学习。只有学习,才能明白为何要提高品德,才能辨明善良与邪恶,才能清楚品德在社会交往中的作用,才能懂得自己需要加强哪些品德修养。相反,如果妈妈不能引导孩子多学习、多思考,孩子的勇敢也可能变成鲁莽,谦虚也可能变成懦弱。

妈妈可以给孩子买一些这方面的书籍,或讲些品德故事,并鼓励孩子就故事做出思考,让孩子逐渐将道德情感转化为道德行为。

培养孩子对身边亲人的爱

苏联教育家苏霍姆林斯基说过:"如果一个孩子连他妈妈也不爱,他还会爱别人、爱家乡、爱祖国吗?"爱自己的妈妈,爱自己身边的亲人,容易懂,容易做,而且还会为日后进行爱国主义教育打下基础,乃至慢慢地将爱的范围扩大。

所以,妈妈应在平时教育孩子多给妈妈、爸爸及自己身边的亲人带来欢乐;关心、体贴、照顾生病的家人;有好东西要给大家分享;还可通过讲故事启发诱导孩子对爱的理解。总之,妈妈要从身边的点滴小事随时地对孩子进行爱的教育,让孩子拥有一颗充满爱的心。

培养孩子有错就改的好品质

妈妈要教育孩子不隐瞒自己的过错,不说谎,有错误就要勇于改正。要使孩子切实做到这些,最主要的是妈妈的教育态度。如果对孩子的过错只是一味指责,会很难培养孩子这一品质的。妈妈在发现孩子说谎时,应先分析说谎的原因,然后再有针对性地解决。

比如,孩子要买一支好看的钢笔,遭到妈妈拒绝,结果孩子背着妈妈私拿了同学的钢笔。如果妈妈发现孩子拿了同学的东西后,不分青红皂白批评孩子,是解决不了问题的。

有时孩子待人不真诚,有说谎、私拿别人的东西等不良行为,也可能是受了某种环境影响,这种潜移默化的影响会使孩子形成根深蒂固的恶习。为此,妈妈不要掉以轻心,明智的做法是处处以身作则,当好孩子的榜样。

人无高低贵贱之分,只有品德好坏之别。作为为人处世的根本,良好的道德品质是一个孩子首先应具备的。而作为孩子人生的第一个指导者,妈妈是孩子品德养成的决定性因素,因此需要在日常生活中加强对孩子的品德教育,让孩子具备优秀的品德修养,为未来顺利走向社会打下基础。

2.为孩子量身定做一个"品行表"

美国社会学教授马丁·哈斯克尔和路易斯·雅布隆斯基在《青少年犯罪》一书中指出:"影响人们生活的社会团体中,家庭的影响最直接、最永久。家庭是决定一个儿童是否成为犯罪者的重要因素,是青少年适应社会的基本媒介。"对每一个孩子来说,家庭是其社会化的重要场所,家庭里母亲角色对未成年人的人格形成、行为模式的养成有着极其重要的影响。

我们每一位母亲都希望自己的孩子能健康成才、出类拔萃。然而即便母亲付出了许多艰辛,甚至以自我牺牲为代价,其结果也并不一定能达到理想的目标,有的孩子还可能成为社会的罪人。这一无情的现实,令相当多的母亲百思不得其解,其根源就在于她们有意无意地轻视或忽略了母亲自身的素质问题。

有这样一个故事:

一个死刑犯,临上刑场的时候,法官问他,还有什么要求?死刑犯说:"我没别的要求,只想见母亲最后一面。"

法官知道这个死囚犯从小就失去了父亲,和母亲相依为命,这个时候提出这样的要求也在情理之中。于是答应了他的要求。

人们都认为,这个死囚犯肯定是因为没有报答母亲的养育之恩而感到遗憾,临行前跟母亲道别以尽自己的孝心。但接下来发生的一幕让所有的人都震惊了。当法官把他的母亲请到了现场后,他向自己的母亲提出了一个让很多人都意想不到的要求。

他说:"母亲,儿子马上就不在人世了,你能答应我最后一个要求吗?"此时的母亲已经哭成了泪人,哽噎着说:"孩子,你说吧!娘啥要求都会答应你的。"

"让我最后再吃一口你的奶吧!"

众目睽睽之下,这位母亲竟毫不犹豫地解开自己的上衣,把自己的乳头送到了儿子嘴里。儿子低下头,冲着母亲的乳头狠狠地咬了下去,用力一拽,扭过头把母亲的乳头吐在了地上。摆过头冲着近乎昏厥的母亲说道:"母亲,我恨你!是你的不管和纵容让我走上了这条不归路!"

原来儿子想见母亲不是为了报恩,而是为了报复。从人们的纷纷议论中才知道,他跟母亲相依为命地生活,小时候的他没有什么道德观念,不管做什么母亲都会默许。母亲把儿子视若珍宝,对他总是百依百顺,成年后他养成了偷鸡摸狗、打架斗殴的恶习。当他偷了别人的东西时,母亲还夸奖他说:"好孩子,真会过日子,知道东西是好的,这样就不用我们家花钱买了。"当他和别人的孩子打架时,如果占了便宜时,母亲就又会夸赞一番,甚至还要以"美食"作为奖励。如果吃了亏,母亲就会带上他找到人家不依不饶。

就这样时间久了,他的心里就有了一个观念:"天下就是他的。"他的母亲在他的行为过程中,只有夸奖,没有反对,更没有指责,总是让他按着自己的意愿办事。日复一日,年复一年。随着年龄的增长,他的恶习也在不断加深。终于有一天他犯了重罪。当法官指责他的罪过、宣判他死刑时,他才恍然大悟,明白了是母亲的纵容把自己领上了死路,于是就发生上面令人震惊的一幕。

这个故事很让人痛心。虽然人犯被推上了刑场,但犯错的只是他一个人的吗?不!养育他的母亲也有责任。

苏联的大教育家马卡连柯曾说:一切都让给孩子,为他牺牲一切,甚至牺牲自己的幸福,恰恰是送给儿童的最可怕的"礼物"。我们每一个人从出生便会沐浴于人性中最伟大的母爱光辉,理智、温馨的母爱是孩子健康成长的重要条件。有调查表明,2/3未成年人认为具备良好素质的母亲是自己成长的第一道德榜样。

未成年人有着不同于成年人的心理、生理状况,因正值身体发育时期,体力充沛,精力旺盛,有自然的性欲望和性冲动。与身体发育相比,其心理发育相对滞后,思想幼稚,辨别是非能力差,好模仿,易冲动,自我约束控制能力差。因此,母亲正确的引导至关重要。

在未成年人的世界中，母亲要重视自己的德行，因为母亲在生活中所表现出来的思想品德、行为习惯，对于可塑性、模仿性很强的未成年人起着直接影响和感染作用，是孩子最直观的榜样。马卡连柯说过："不要以为只有在你们同儿童谈话、教训他、命令他的时候，才是进行教育。你们是在生活的每时每刻，甚至你们不在场的时候，也在教育儿童。你们怎样穿戴，怎样同别人讲话，怎样谈论别人，怎样欢乐或发愁，怎样对待朋友和敌人，怎样笑，怎样读报，这一切对儿童都有着重要的意义。"

儿童教育家孙敬修也说过："孩子的眼睛是录像机，孩子的耳朵是录音机，孩子的头脑是电子计算机。母亲个人的范例，对于未成年人的心灵，是任何东西都不可能替代的最有用的阳光。"这就需要母亲以良好的形象发挥其独特的榜样作用，必须注意从自身做起，从家庭做起，说到做到，言传身教相结合。比如，"明礼诚信，团结友善，勤俭自强……"这些思想并不是让孩子背下来就行了，而是要落到实践中，要通过实际行动把它变成孩子的美德。

在对孩子进行品行教育的时候，要有属于自己的方式。

教育专家斯托夫人认为，让孩子懂得自己良好的德行会换来相应的回报。她就是按着这一原则教育自己的孩子维尼夫雷特的。例如，如果孩子做了好事，第二天早起时，她就能在枕头旁边发现好吃的点心之类。斯托夫人会告诉她，这是由于你昨天做了好事，仙女奖赏给你的。假若她做了坏事，第二天早上起来这些东西就没有。这时斯托夫人就会告诉她，因为你昨天做了不好的事情，仙女没有来。

有一天，维尼夫雷特把一个珍贵的娃娃丢在了草坪上，被小狗给咬坏了。因此，她哭叫着把它拿到斯托夫人那里。斯托夫人抱起她，并说真可怜，但斯托夫人始终不开口说给她买新的，还教训她说："把那么好的娃娃放到草坪上，这是多么残忍的事啊，假若我把你放到野外，被老虎和狮子吃掉的话，做妈妈的该有多么心痛！"

还有一次，维尼夫雷特要到朋友家去做客，问斯托夫人可以不可以。斯托夫人说可以，但她必须在12点半以前回来。但是，那天不知为什么，她12点半没有准点回来，而是过了10分钟才回来。斯托夫人什么也没说，只是指了指手上的表让她看。维尼夫雷特知道迟到不对，马上道歉说："是我不对！"吃完饭，她就赶紧换衣服，准备去看她们每到星期二就去看的好看的戏剧、电影等。妈妈让她再看看表，并说："今天因时间太紧迫，戏是看不成了。"于是她流下了眼泪。斯托夫人只对她说了句："这真遗憾！"但并未采取别的手段。斯托夫人这样做是为了让她知道，妈妈说话是算数的，并且都是为她好。

教育孩子不是一件很容易的事情，甚至是件需要费心思来思考的事情。斯托夫人为此还专门为孩子量身订制了品行表，这也是值得妈妈们借鉴的。

斯托夫人为了使维尼夫雷特养成良好的品行，给女儿绘制了品行表，一周一张，内容有13项：服从、礼节、宽大、亲切、勇敢、忍耐、真实、快活、清洁、勤奋、克己、好学、善行。

如果女儿做了与这些项目相符的行为，她就在那天的一栏中贴上一颗金星，反之，则贴上一颗黑星。每星期六数一下，若金星多的话，下周就可得到和金星数相等的书、发带、鲜果等；如果是黑星多，就不能得到这些物品了。

这个品行表，在星期六统计之后也不准她扔掉，这样做是为了使女儿下决心，在下周消灭黑星。这样做也有利于培养孩子积极的心态，因为如果长期保留黑星，会使孩子感到沮丧。

宽大、亲切、勇敢、忍耐、真实、快活、清洁、勤奋……这些美德是学习成绩、家庭背景、交际关系所无法替代的,是孩子今后成就一切大事的根本素质。妈妈不妨仿照斯托夫人的方法,为自己的孩子量身定做一个"品行表"。

3.教孩子学会感恩和爱

感恩,是一种对恩惠心存感激的表示,是每一位不忘他人恩情的人萦绕心间的情感。不懂得感恩的人,就背离了人性;不会感恩的人,带给社会的只能是冷漠和残酷。

怀有感恩的心,就是时时对自己的现状心存感激,同时也要对别人为你所做的一切怀有敬意和感激之情。妈妈要教育孩子别人为他付出的一切并非天经地义、理所当然。无论是父母抚养他们,是老师教给他们知识,还是朋友给予他们友情以及其他人给予的帮助,这一切都是"恩情"。

在孩子知道什么是"恩情"之后,即认识到他平时从亲人、从他人、从社会那里得到多少恩惠,等日后有机会当以更大的诚意和实际行动给予回报,而这种回报不仅仅是物质上的,还包括情感方面的回报,哪怕是一句简单的道谢都会让人感到无比的欣慰。此外,妈妈要让孩子知道,并非报大恩大德的大举动才叫报。

有一个天生失语的小女孩,爸爸在她很小的时候就去世了。她和妈妈相依为命。妈妈每天很早出去工作,很晚才回来。每到日落时分,小女孩就开始站在家门口,充满期待地望着门前的那条路,等妈妈回家。妈妈回来的时候是她一天中最快乐的时刻,因为妈妈每天都要给她带一块年糕回家。在她们贫穷的家里,一块小小的年糕都是无上的美味了啊。

有一天,下着很大的雨,已经过了晚饭时间了,妈妈却还没有回来。小女孩站在家门口望啊望啊,总也等不到妈妈的身影。天,越来越黑,雨,越下越大,小女孩决定顺着妈妈每天回来的路自己去找妈妈。她走啊走啊,走了很远,终于在路边看见了倒在地上的妈妈。她使劲摇着妈妈的身体,妈妈却没有回答她。她以为妈妈太累,睡着了。就把妈妈的头枕在自己的腿上,想让妈妈睡得舒服一点。但是这时她发现,妈妈的眼睛没有闭上! 小女孩突然明白:妈妈可能已经死了! 她感到恐惧,拉过妈妈的手使劲摇晃,却发现妈妈的手里还紧紧地拽着一块年糕……她拼命地哭着,却发不出一点声音……雨水冲刷着她的脸庞,可从她的逐渐坚定的眼神中,我们似乎分明又读懂了什么,她是在感激她的母亲,感激母亲给了她的生命,感激母亲使她知道了什么是坚强,感激母亲想看到她终于从此独立站起而欣慰的目光,感激母亲即使离去但却更会永久伴随她的心灵。

那么,作为优秀的妈妈,如何对孩子进行感恩教育呢?

让孩子从感恩父母做起

父母应该让孩子理解父母的艰辛。如今不少孩子聚在一起往往吹嘘自己的父母地位怎样显赫,怎样日进斗金,却不愿讲父母真实的工作状况。事实上,很多孩子根本不知道父母工作的辛苦,更不知道父母的钱是何等的来之不易。

据资料调查显示,70%的小学生认为父母的付出是天经地义,没什么过意不去的。在这种情况下,有意识地把孩子带到父母的工作现场,让孩子一起参与劳动,让其亲身感受父母工作的艰辛,挣钱的不易。父母对孩子付出的一切是不求回报的,但是在他成长过程中,让他学会接受爱心,懂得感恩,知恩图报是不可缺少的一课。

妈妈要起表率作用

孩子好动、好模仿、可塑性强,容易接受外界的各种信息。妈妈的一言一行,孩子都会看在眼里,记到心里,并逐渐给自己一种行为上的暗示。因此,作为妈妈,在对孩子实施感恩教育的过程中,应秉持"以身作则"的原则,做好感恩的表率。

不仅自己在日常生活中常怀感恩之心,用感恩的眼睛看待周围一切,还要用自己的爱引导孩子、感染孩子。当孩子在日常生活中关爱或帮助妈妈时,妈妈应敏锐体察,适当感谢和鼓励孩子。妈妈的这种感恩方式,不仅言传身教,使孩子切身体会到妈妈的感恩意识和感恩行为,也使孩子体会到了施恩的快乐。

因此,妈妈的表率行为,对引导孩子感恩、施恩有十分重要的意义和价值。

妈妈要在孩子面前学会"示弱"

如果妈妈总能把每件事情都做得又快又好,那么孩子就没有机会插手帮忙。久而久之,孩子便习惯了接受,他所有的需要都被妈妈无条件地满足了,理所当然地认为什么事情都应该先满足他,认为别人的给予都是应该的。

妈妈学着在孩子面前"示弱",孩子能够做的事情就让孩子去做,让孩子去吃苦就是让他懂得妈妈和别人的给予与帮助是一种"恩惠",而不是理所当然的付出。

妈妈要充分利用各种节日作为教育的载体

利用各种节日的机会教会孩子学会感恩,如春节时要教孩子热情接受爷爷、奶奶及其他亲属送给他的礼物,并表示感谢,不管价钱多少,回到家里都要求孩子妥善保管,学会珍惜别人的情意。

教师节时,让孩子亲手制作贺卡送给老师,表达对老师的美好祝愿;父亲节和母亲节时,给爸爸妈妈说几句感谢的话语,不一定感谢爸爸妈妈给他帮了多大的忙,而只需表达生活中感觉很幸福的一点一滴。

在日常生活中教会孩子学会感恩

家庭是孩子的主要活动场所,孩子经历着、感受着家庭生活所带给他们的一切体验。如果妈妈能很好地利用这一契机,使孩子在潜移默化中学会识恩、知恩,并培养他们识恩、知恩的能力和心向,必将取得很好的效果。

首先,孩子总认为世上的一切事物都是有生命、有思想、有感觉的,因此,家长可以借此采用移情的方法,让孩子学会识别和感受他人的情感、控制消极行为,从而引导孩子做出互助、分享和谦让等积极行为。其次,作为家长,应尽可能在家中创设感恩的氛围,并且为孩子提供多种实践机会,在各种实践活动中,有意识地抓住时机,启发、诱导孩子对别人的利他行为进行识别和感受。

另外,家长还可以给孩子讲短小精悍和富有人生哲理的寓言故事、童话故事或名人名家传记。

让孩子知道妈妈并没有想要孩子回报

妈妈们常常会在孩子面前说:"妈妈这么辛苦都是为了你!"表面上是希望通过这种方法强化妈妈付出得多,其实恰恰相反,这会给孩子造成心理负担,暗示他们"我付出给你,你要偿还",这样孩子就算回报也不是出于真心的,孩子会以"形式对形式"来感恩。

教育孩子积极参加集体活动

妈妈可以让孩子多参加集体活动,鼓励孩子关心集体,培养孩子对集体、家庭的责任感,进而在孩子心中形成对社会、国家的责任。总之,让孩子懂得奉献,懂得关心别人,他才能学会感恩。

让孩子从点滴小事做起

妈妈要知道,孩子的好品质、好行为是不断培养出来的。妈妈要让孩子从细微处入手,从小事做起。为了让孩子懂得主动尊敬他人,感恩大家,妈妈可以从"谢谢、晚安"开始培养孩子讲礼貌的习惯。

通过生活中的小事,让孩子知道人与人之间要友好相待。若自己有能力,要懂得付出和服务,而当别人有恩于自己时,要懂得感恩。也只有懂得感恩的孩子,才能学会感激亲人给予的一切,懂得感激在他成长过程中支持和帮助过他的每个人。

让孩子在对比中学会感恩

妈妈可以带孩子到孤儿院或伤残医院参观,可以鼓励、组织孩子与贫困地区的孩子结对交友等,让孩子在对比中体会过去不懂、不在意,因而也不会珍惜的东西,改变孩子的冷漠,从而引发其慈悲心、惜福心、感恩心。

教会孩子掌握好沟通与交流的方法

妈妈可以通过良好的沟通,开启孩子的心灵之门,并善于营造温馨、充满关爱的家庭氛围,让孩子爱妈妈、爱家庭,并通过妈妈的"榜样",促发其感恩之心。

听过一位母亲说过这样一句话:"我们的世界,大门为你们敞开,你们不想进来;你们的世界,我们想进去,你们又不肯。"可见,不能良好地沟通,就无法让孩子走进妈妈的内心世界,无法让孩子了解妈妈的付出与辛苦,就很难让孩子有一颗感恩的心。

4.做宽容理解的妈妈

为了孩子的健康成长,母亲应该在生活中不断提升自己的修养,培养宽容的品质,这样才能让自己成为一个受欢迎的人,才能成为一个受欢迎的母亲。

世界上最宽阔的是大海，比大海更宽阔的是天空，比天空更宽阔的是人的心灵。"宽以待人"不仅是一种人生态度，还是一种高贵的品质。宽容的人都善于理解，他们总是在宽容和理解的世界中寻找人生更多的快乐，也能给他们带去更多的快乐。邓肯的母亲就是这样一个充满宽容和理解的人。她的宽容和理解让邓肯成就了自己的事业。

邓肯是现代舞蹈之母，她以个人的心理感受加上丰富的想象力，结合后来女性主义者强调的个人表达和妇女主张的社会责任于一身，以独一无二的卓越才能开创了现代舞蹈艺术的先河，成为世界级的舞蹈艺术家。邓肯还自己创办了舞蹈学校，传播推广她的舞蹈思想和舞蹈动作，影响了世界舞蹈的发展。她的成功还得益于母亲大胆的放手和理解。

在舞蹈这条道路上，母亲向来不给邓肯设置障碍。她深深理解女儿对舞蹈的追求和热爱，给了她充分的发展空间。

邓肯10岁那年，有一个老婆婆晚上常到她家里坐坐。老人从前曾经在维也纳住过，看到邓肯她就说起爱斯娜，并把爱斯娜成功的历史讲给孩子们听。老人说："邓肯将来会成为爱斯娜第二的。"于是，老人建议带邓肯到一个著名的舞蹈教师那里去学习，邓肯也很乐意。看到邓肯充满期待的眼神，邓肯的妈妈在当时极端艰苦的情况下筹集了一笔费用，支持邓肯去学习。

但是，邓肯只学了三次就再也不去了。邓肯对当时老师教授的内容极度不满意，认为芭蕾舞要求舞者站在脚尖上跳舞不仅不美，而且非常丑，是反自然的。当邓肯把自己放弃的想法告诉母亲之后，她母亲当时尽管有些生气，毕竟这次求教花费了她一笔不小的生活费用，但并没有责怪她，反而对她说："如果你认为自己的舞蹈才能真正体现自己，那么便勇敢地跳下去。孩子，自由地表现艺术的真理，也是生活的真理。"

这件事给邓肯留下了深刻的印象。她成名之后,想起这件事,仍颇有感触地说:"我的母亲给了我一个充分自由的空间,让我学会真正的生活,勇敢地追求艺术。"

母亲宽容和善于理解的品性,成就了邓肯,让她成了一个为自由而舞蹈的艺术家。因此,要想成为一个受欢迎的母亲,应该做到以下几点。

首先,要宽容孩子的过错。

古语有云:"人非圣贤,孰能无过?"就连被人们尊称为"圣贤"的孔子也曾有过错误的言行举止。更何况是正在成长中的孩子,在学习与生活中会犯这样那样的错误也在所难免。

苏联教育家苏霍姆林斯基说:"犯了错误且在众人面前受过批评的孩子往往会变得孤独。特别不好的是,他要学好的愿望与热情淡漠了,他要做个正直的、道德高尚的人的愿望从此受到了压抑。"那么作为妈妈,我们应当宽容孩子的过错。

妈妈应该本着一颗宽容的心,正确对待孩子成长过程中的缺点、错误,不要简单、粗暴,而要热心、细心、耐心地帮助孩子找到错误的原因和改正的方法,这样才有利于孩子改正错误取得更大进步。也只有这样的教育,才能培养出宽容、体贴的孩子。

其次,要教会孩子换位思考。

有这样一则小故事:

有一头猪、一只绵羊和一头乳牛,被关在同一个畜栏里。有一天早上,牧人进来捉猪,猪大声地嚎叫着,并猛烈地反抗。绵羊和乳牛很讨厌猪的嚎叫,便一起责备猪:"你吵什么呀,他常常捉我们,我们并不大呼小叫。"猪听了回答道:"他捉你们和捉我完全是两回事。他捉你们,只是要你们的毛和乳汁，但是捉我，却是要我的命呢！"

这是一个寓言，它形象地说明了一个简单的道理：要想理解别人，就需要换位思考。

所谓换位思考，是指认同他人的情感、思想或态度的能力，或替代性地体验他人的情感、思想或态度的能力。

换位思考的实质，就是设身处地为他人着想，即想人所想，理解至上。人与人之间少不了谅解，谅解是理解的一个方面，也是一种宽容。人们都有被"冒犯""误解"的时候，如果对此耿耿于怀，心中就会有解不开的"疙瘩"；如果能深入体察对方的内心世界，或许能达成谅解。如果真能够做到这一点的话，就能够理解对方，减少很多不必要的矛盾。一般说来，只要不涉及原则性问题，都是可以谅解的。谅解是一种爱护，一种体贴，一种宽容，一种理解。

当孩子之间发生矛盾时，妈妈要教育孩子暂时放开自己的见解，以对方的情况为出发点，体会对方的感受，理解对方的行为。

妈妈应该教育孩子经常自问："要是我处在这种情况下，我会怎么想呢？又会怎么做呢？""我现在要是为他做点什么，他的心里是不是会感觉好受一些呢？"这样，孩子往往会看到问题的另一面，从而养成其宽容的品格。

再次，要为孩子做出宽容的榜样。

宽容的种子往往需要妈妈用心去播种，只有宽容的妈妈才能培育出宽容的孩子。孩子最初是从妈妈那里学习待人接物的方式的。妈妈宽容、大度，遇事不斤斤计较，与邻里、同事之间融洽相处，孩子就会学着妈妈的样子处理同学之间的关系，也会变得宽容、友善、乐与人处。

有一位母亲，带着她的孩子到度假村去玩。那天去游玩的孩子比较多,工作人员一时疏忽,将她的孩子留在了网球场。等工作人员找到孩子时,小孩因为一个人待在空旷的网球场久了,受到了惊吓,哭得非常伤心。一位满脸歉意的工作人员,在安慰这个四五岁的小孩。不久,孩子的妈妈来了,看见自己哭得惨兮兮的孩子。这位妈妈蹲下来安慰她,并且很理性地告诉她:"已经没事了,那个姐姐因为找不到你而非常紧张,并且十分难过,她不是故意的。现在,你应该亲亲那个姐姐的脸,安慰她一下。"她的孩子踮起脚尖,轻松地亲吻蹲在她身旁的工作人员的脸,并柔声告诉她:"不要害怕,已经没事了。"

孩子的宽容之心最主要的来源就是妈妈。要培养善良、宽容的孩子,妈妈必须以身作则,为孩子做好的表率,同时抓住教育契机善加引导,使孩子具有良好的心态和应对各种环境的能力,使他们拥有快乐的人生。

总之,宽容和理解的妈妈能够设身处地为孩子着想,给他们自我发展的空间;能够换位思考,理解孩子成长中遇到的种种烦恼;能够感知孩子的感受,给予孩子恰当的关心和爱,让孩子健康成长。

5.培养孩子正直的品性

正直品格的养成不是一朝一夕的事情,母亲需要为孩子树立一个良好的榜样,以身作则,起到正直的带头作用,在生活中坚持正直的言行。那些不坚持诚实,没有绝对正直品德的母亲是很危险的。

正直是美德的基石，它之所以流传至今，是经过了时间的考验，证明它确实具有强大生命力的缘故。正直的美德与始终不渝地坚持真理、忠实于信仰是紧密相连的，它是建立人生大厦的坚实基础。

齐白石就是一位正直的画家，正如他的画品一样，他正直的人品也被人称道，被人们称为是德艺双馨的艺术家。他高尚的富有铮铮铁骨的人格，得益于他非同凡响的母亲对他的教育。

母亲把正直、刚强的品质赋予了齐白石，这是艺术家最可贵的品德。

抗日战争时期，为不与日本人打交道，以卖画、刻字为生的齐白石特地在沦陷的北京住宅前张贴告示。其中一条写到："中外官长，要买白石画者，用代表人可矣，不必亲驾到门。从来官不入民家，官入民家主人不利，谨此告知，恕不接见。"另一条是："卖画不与官家，窃恐不祥。"日本人转而诱之以利，寒冬让人送去配给煤票。齐白石当即退回，后又激于民族义愤写诗作画以讽。抗战胜利前夕，老人画鼠画蟹，并题诗曰："群鼠群鼠，何多如许！何闹如许！既啮我果，又剥我黍。独灯残天欲曙，严冬已换五更鼓！""处处草泥乡，行到何方好，昨岁见君多，今年见君少。"对敌人的掠夺、横行与身陷泥淖做了辛辣的讽刺。齐白石的行为激怒了日伪军，他们派人到齐白石家里骚扰、勒索，甚至明火抢劫，没收了他卖画的存款，寻机将其扣留，令其宣传"共荣"。齐白石宁死不屈，狱中遗言："子子孙孙永不得做日本官！"

抗战胜利后，齐白石应邀去参加上海美术界举办的书画展览，遇见一个军官。那个军官附庸风雅，向齐白石索要一幅画。得知军官的为人后，齐白石立即挥毫赐"螃蟹"一幅，以示讽刺。但是军官没有领会其意，回家后被姨太太提醒："这是在骂你横行霸道呢？"军官气得脸色发紫，于是命手下人再次索要，齐白石展纸一挥而就"不倒翁"。

军官的手下拿回去之后，被姨太太撕得粉碎，对军官说："这张更坏！

这是笑你孙传芳时代当官,蒋介石上台当官,日本人来了也当官,日本人去了还当官呢!"军官气急败坏,下令要求逮捕齐白石,然而遗憾的是,齐白石在友人的帮助下早已乘车北上了。

齐白石这种高尚正直的品质和他母亲的熏陶是分不开的,母亲去世后齐白石为了纪念母亲对自己品德的影响,把思念融入自己的绘画事业中来。

母亲对孩子的品德教育影响是很深远的,会终极孩子的一生。母亲在提升自己正直修养的同时,还要注意对孩子的正直品德的培养。孩子的人生航程没有正直相伴,当船到江心的时候,很可能就会迷失方向,迷失他自己。

厄斯金爵士坚持真理、一丝不苟,是值得每一个孩子铭刻在心的榜样。他说:"我青少年时代就坚持一条准则,做我的良心让我做的事情,上帝会有公论。我会一直坚持这条原则,直到走进坟墓。我严格地遵循它,从不抱怨那是一种牺牲。相反,我却从此找到了发财致富的道路。我还会把这条道路指引给我的孩子们。"

孩子成长的过程,是人格形成的关键时期,也是正直品性养成的时期,母亲的教育在此过程中意义重大。

泰国总理川·立派86岁的老母亲川梅,是一个摆食品摊的小贩。她在曼谷的一家市场内摆摊卖虾仁豆腐、豆饼、面饼。

她儿子川·立派当总理的第一天,就有人问她:"您儿子当总理了,您还用得着摆摊吗?您不觉得丢儿子的脸吗?"

她说:"儿子当总理,那是儿子的工作,那是儿子有出息,我摆摊,那是我的工作,两者并没有什么矛盾。我不觉得有什么丢人的,我很喜欢摆摊,在这儿,能见到很多老朋友。我最高兴的事,就是看到儿子下班回家后狼吞虎咽地吃我亲手做的豆腐。"

泰国媒体称赞说:"一个来自平民阶层的平凡母亲,教育出一名以其诚实、正直而受人尊敬的总理。"川梅在面对记者时谦逊地表示:"我其实没有做什么,我只不过在他小时候就教导他做人必须诚实、正直、勤劳和谦虚。我只是让他明白,一个人无论做什么,一定要知道自己生命的意义。"

正直品格的养成不是一朝一夕的事情,母亲需要为孩子树立一个良好的榜样,以身作则,起到正直的带头作用,在生活中坚持正直的言行。那些不坚持诚实,没有绝对正直品德的母亲是很危险的。有的母亲在平时也许是愿意站在正直的一方,但是一旦关系到自己的利益,比如金钱、名誉、升职……她就要离开正直,就不说正直话,不做正直事了。

其实,你在多得到一分金钱的同时却损失了正直的品德。你的收入可能有所增加,职位有所提升,但你的人格在孩子的眼里却大大降低了,实在是得不偿失!因此在培养孩子的时候,母亲要严格要求自己,做一个正直的母亲,这样才能熏陶孩子也成为一个正直的人。

此外,母亲在培养孩子养成正直的品性时,需要让孩子在日常生活中对事物作出鉴别,并决定自己的行为选择。我们的孩子在成长后也将面临无数和我们一样的问题,所以,若想真正使孩子理性地看待问题就绝不能仅仅停留在一些一厢情愿的人生准则上,而应对社会现实保持敏锐的观察力,通过对事物的准确判断,作出适当的行为选择。

6.拒绝溺爱,给予孩子理性的爱

就像植物生长需要土壤一样,孩子成长也需要土壤,这个土壤就是爱。但是,妈妈能否在教育孩子的过程中给予孩子理性的爱?这是个值得妈妈们深思的问题。

妈妈对孩子的爱完全出于一种本能,但这种爱决定着孩子今后能飞多高、走多远,能否拥有一个健康、幸福的人生。这就需要妈妈在教育孩子的过程中注意运用科学、理性的教育方法。只有这样,才能培养出身心健康的孩子。

赵卉的妈妈自从赵卉上幼儿园起,就规定她的小袜子、小手帕要自己洗。小卉从4岁开始,每天就需要和妈妈一起打扫卫生、倒垃圾。5岁以后,小卉要去职工食堂为全家人打饭。而且,每次妈妈都不会告诉她应该买什么,都是小卉自己看着决定。开始时,赵卉不是买多就是买少,妈妈也不批评她,而是提醒她要买合适的量。不久,赵卉就摸准了全家人的饭量,买来的饭菜刚好能吃完。赵卉6岁后,妈妈就让她单独到附近的商店选购日常生活用品。

赵卉的乖巧懂事让认识她的叔叔阿姨都十分赞赏,他们总是用羡慕的语气对赵卉的妈妈说:"你的女儿真懂事,你把孩子教育得真好!"

给予孩子关爱,这是任何一个妈妈都可以做到的。正如苏联大文豪高尔基说:"爱孩子这是母鸡也会的事情,可是要善于教育他们,这就是一桩大事了,也需要有才能和教育的知识。"然而很多妈妈对孩子过分溺爱、娇惯,对孩子百依百顺,事事包办代替,毫无原则地迁就,结果使孩子养成了自私自利、胆小怕事、事事以自我为中心等不良个性。而且,由此还会出现孩子叛逆、难管等问题。

妈妈爱孩子,想给孩子创造最好的生活、学习条件,这是无可厚非的。然而,孩子是欲求很多、欲望很强的小家伙。而在这个世界上,又有太多好看、好玩的东西他没见识过,有太多好吃的他没品尝过。孩子感到好奇,就想拥有这些东西。可是刚买了一个玩具,他还想要另一个;刚吃了一块巧克力,他还想再要一块……总有一天,妈妈要拒绝他。而此时的拒绝,会比当初的拒绝给孩子带来的伤害大得多。

有位名人说过:"如果你想培养一个无赖,那就尽情去放纵他、迁就他;如果你想培养一个很棒的孩子,那么面对孩子起初的不合理要求,你就要坚持用爱的原则、爱的理由去拒绝他。"

所以,妈妈要明白,爱孩子,不等于满足孩子所有的物质要求。对于一些不能满足的,一定坚决拒绝,不能有例外。这样才能逐渐培养起孩子的忍耐力和克制力,让孩子学会控制自己的情绪和欲望。

彭新和妈妈有双休日去逛书店的习惯。对于彭新喜欢的书,妈妈都会及时买给他,但也不是什么书都给他买。比如:妈妈和儿子有个约定,就是漫画书只看不买。道理妈妈也都跟儿子讲了,漫画书图多字少,信息含量少。一本标价十几元的漫画书,儿子用不了20分钟就看完了。再者,这些漫画书往往都是一整套几十本甚至上百本,花费太大,价值不多。所以一直以来,妈妈都允许彭新在书店里看,或找其他同学借,但不会给他买。

有一次,彭新在书店看到了一套新到的彩色漫画书,里面的内容非常精彩。彭新特别喜欢,就跟妈妈提出能不能只买一本,理由是班上许多同学都买了。妈妈还是拒绝了儿子的要求。结果,彭新硬是利用好几个双休日,蹲在书店里看完了这套漫画书。

"再穷不能穷教育，再苦不能苦孩子"，这句口号引起过很多妈妈的共鸣。尤其是经历过物质匮乏时期的妈妈们，更会对这句话深有体会，现在生活富裕了，再也不能让孩子过自己小时候那样的苦日子了。

然而，孩子不用付出自己的努力就能得到自己想要的，这对他们的成长只有百害而无一利，会助长孩子的物质欲望，增强孩子的虚荣、攀比心理，甚至会造成孩子价值观的偏差，以后单纯地以追求物质享受为生活方向。

这些一定是妈妈们不愿意看到的。既然如此，妈妈就要把握好孩子需要和给予之间的尺度，不要轻易满足孩子的物质要求，尤其是一些不合理的要求。应该鼓励孩子通过恰当的方式争取自己所需，去实现自己的理想。这才是智慧的妈妈应该做的。

其实，妈妈在爱孩子时要学会藏起一半的爱。这并不等于是割去了一半爱，而是更理性、更科学地爱孩子，这也才是对孩子真正的爱。该孩子自己做的事，就让他自己做；孩子自己能决定的，就尽量让他自己决定。妈妈要做的，就是给予适当的指导和鼓励，无需为孩子代劳太多。只有这样的爱，才能让孩子逐渐学会自己做事、自己处理问题，让孩子独立、健康地成长。

7.给孩子适当的挫折教育

竞争日益激烈的社会，作为孩子的母亲，还是需要对孩子进行一点吃苦教育的。

　　霍英东，是国际著名的房地产产业的巨头，亿万富翁。由他创办的霍兴业堂置业有限公司，现设有"有荣公司""立信置业""信德企业"等60多家公司，拥有香港建筑所必需的海沙的输港专利权，形成了一个遍布海内外的庞大工商业体系。他成了人们眼中的超级成功人士。

　　霍英东之所以能够取得成功，不仅仅是因为他有聪明的大脑，合适的机遇，还跟他个人的努力分不开。但是不为人知的是他这种吃苦耐劳、顽强拼搏的作风来自于他母亲的影响。

　　在香港超级富豪中，霍英东事业的起点算得上是极低的，当许多香港人已腰缠万贯时，他还在为生计四处奔波。在历尽艰辛和磨难之后，他凭着顽强的作风，终于从一个穷困潦倒的船民之子发展到拥有百亿元资产的超级富豪，成就了自己的辉煌。然而，在鲜花和掌声的背后，还站着一位默默支持霍英东的伟大女性——他的母亲刘三。霍英东于逆境中奋起的成长历程，和他母亲给予他的影响是同步的。

　　每当提到自己的母亲，霍英东总是说："在妈妈身上，我看到了中国人是最能吃苦的民族……"

　　霍英东说的没错，她母亲是一位顽强的、吃苦耐劳的人，她没有被生活的重压折服，并且还鼓励自己的孩子在逆境中奋发。当母亲再也没有能力支持霍英东继续读书时，十八岁的他主动向母亲提出要工作养家。她知道孩子要从社会的底层开始自己的人生奋斗了。

　　霍英东找到的第一份工作，是在一艘旧式的渡轮上当加煤工。可是他的身体实在太单薄，顾得上铲煤就顾不上开炉门，刚上班就被辞退了。不久，霍英东找到了第二份工作，日本占领军扩建启德机场，需要大量劳工，但工资非常低，每天只给半磅米和七角五分钱。而霍英东从他家所在的湾仔乘车到机场，路费就得要八角钱！霍英东没有办法，只好步行去上班，省下这笔交通费。他每天天不亮就起床，步行赶到码头，花一角钱渡过海,然后骑车赶到机场上班。劳工们干的都是苦力活,挖石抬土,消耗很大,但食物却很少,一天只能吃到一碗粥和一块米糕。霍英东总是感到又累又饿。有一天,工头让他去搬重达50加仑的煤油桶,结果被砸断了一根手指!那工头也是中国人,出于同情,把霍英东调去学做汽车修理工。可是没过多久,喜欢冒险的霍英东自己试开汽车,结果把车撞坏了,又被炒了鱿鱼。

对于霍英东经历的这一切,母亲从来没有责备过他,而总是极力鼓励和支持,从而使霍英东有了继续奋斗的勇气和信心。作为母亲她深深地明白,这种吃苦的品质将是支持霍英东走向成功的宝贵财富,霍英东最后的成功也验证母亲的成功。

过于平坦的路途练不出好的赛车手,母亲在孩子的成长过程中要让他们吃点苦,这样他们才能够有承受挫折的能力。但是很多母亲都舍不得让孩子接受吃苦锻炼。有些母亲总是给孩子准备最好的食物和衣物,为孩子提供最好的生活条件。妈妈们都认为,孩子要星星就一定要给他星星,要月亮就一定要给他月亮,自己辛苦一点没有关系,但是绝对不能委屈孩子,其实这样的妈妈是不明智的。一旦妈妈的所作所为让孩子感到理所当然了,孩子就不会再有感恩之心。尽管父母为孩子付出了很大的代价,但孩子会觉得这一切都很容易,他会认为这本来就是他应该拥有的。

据说在日本的北部生存着一种狐狸,当母狐狸生下幼崽后,狐狸家庭的生活是充满温馨和幸福的。狐狸幼崽刚开始蹒跚学步,狐狸父母便会迫不及待地教它们如何捕猎食物,再稍大一点,狐狸父母便狠心地把小狐狸咬走,逐出家门。当依恋家庭温暖的小狐狸偷偷地回家时,狐狸父母便会毫不嘴软地再咬,哪怕咬得鲜血淋漓,伤痕累累,也绝不容许它们返回家门。狐狸父母深知，小狐狸不可能靠自己养一辈子，在激烈的生存竞争中，只有学会高强的生存本领，长大才会潇洒自如地生存下去，而高强的生存本领只能靠从小锻炼。

狐狸妈妈的教子方法是很聪明的，大狐狸狠心地把小狐狸逐出家门，让小狐狸在吃苦中成长，久而久之，锻炼出小狐狸较强的生存能力。事实上这也正应了中国的一句古话："庭院里训不出千里马。"为了孩子能成为"千里马"，母亲千万别把"小马驹"圈在庭院里保守地"饲养"，而应该让他们冲出庭院，到艰苦的环境中修好另外一门必修课——吃苦教育。

所以，在某些时候，母亲应该学会给孩子创造一些吃苦的条件，让他们学会吃苦，给他们一些经受挫折的机会。母亲应该让孩子争取自己所需要的东西。当孩子通过努力获得他所需要的东西时，他才会知道在母亲的爱和保护下是幸福的。

第二章

情绪平和,孩子心理才健康

1.情绪化的妈妈,说话没有"分量"

在公司里面,如果有人总是心情烦躁,对同事和下属特别情绪化,会有什么后果呢?事实上,这样的情况发生一次,就足以让周围的同事知道这个人的这个特点。

即使从前在别人眼里老实敦厚情绪稳定的人,一旦发生一次这样的情况,马上会降低周围人在心中对他的评价,而且再也不能回到原来。

如果一个人经常性地、日常性地情绪化,就会遭到周围同事的轻视,他说的话,大家也开始不予关注。这个人的指示、指导也会变得越发没有意义。为什么呢?因为这个人不具备指示指导别人的个性修养。

在孩子心中也一样。家长的话分量轻重,孩子们自有定论。父母的一言一行,在不同的家庭中分量是不同的。

有几个孩子因为家住得近,所以经常在一起玩儿。昨天在F家,今天在E家,每个家都去串门。

玩了一会儿,孩子们开始评论各家的母亲。有一个孩子就说:"不管E君的妈妈说什么,我都不由自主地去听从。"

"是啊,是啊。"

"我也不知道是怎么回事,但确实如此。"

"我也是。"

然后F说:"我妈妈就不是这样,她说什么我都不在乎。"

"嗯,可不是嘛!"

听了孩子们的话,您是不是会觉得E君的妈妈是位令人恐惧的母亲呢?实际上,正好相反,那是一位十分稳重温柔的母亲。那么F君的妈妈又是怎样的母亲呢?大家也许猜得到,那是一位情绪波动十分强烈的母亲。不但经常训斥F,就连和他一块儿玩耍的小朋友们也会遭殃。

F的妈妈总是大声喊叫:"又不收拾!你究竟让我说几次你才明白啊!!"诸如此类的话。而E君的妈妈是绝不会这样说话的。

孩子们在不知不觉中,给自己的母亲排了顺序。E君的妈妈排第一,F君的妈妈排在最后。孩子们不是有意识地进行了排列,完全是无意识的,只是孩子们心底印象的自然流露。不可思议的是,每个孩子的心里,顺序竟然是一致的。

很多时候,父母生气、发怒似乎是为了调教孩子,说到底是"为了孩子好",可是要知道父母生气发怒,不仅可能会让自己长色斑、脑细胞衰老加速、胃溃疡、心肌缺氧、伤肝伤肺、引发甲亢、损伤免疫系统,还可能对年幼的孩子造成很多负面的心理影响。

加拿大、英国和意大利的研究人员对一些一岁半到两岁的孩子进行了观察实验。他们让这些孩子在房间里和父母一起玩耍，同时让两个"托儿"在房间的另一头，先用正常的语调聊天，然后再用激烈的语调交谈。

他们发现，大人们用正常的语调聊天，对孩子几乎没有造成任何干扰，孩子们依然很投入地玩着他们的游戏。可是一旦听见有人在大声地、激烈地对话，孩子们会马上停止说笑和游戏，有些惊恐地向那两个争吵的人看过去。并且随后，当孩子们再听见正常语调的交谈时，他们也会受到干扰，停止正在玩的游戏，分明是"一朝被蛇咬，十年怕井绳"的状态。

多伦多大学的肯杰斯博士认为，虽然这个年龄段的孩子还不懂得大人为什么要争吵，也不明白他们争吵些什么，但这并不意味着大人激烈的感情流露对孩子就毫无影响。

害怕，是孩子们最先有的感觉。在父母面前，孩子是绝对的"弱者"，本来就有几分畏惧，更何况面前的父母正在发怒——瞪着眼珠、咬牙切齿、表情扭曲、头发像过了电似的一根根竖起，想想都可怕！

"我爸爸发脾气的时候，我特别害怕，想找个地方躲起来，可是腿上没劲，再说也不敢，我怕他冲上来把我撕成两半！"

"我妈妈是火爆脾气，她一生气就披散着头发砸东西，和她平时完全不一样，好像变成了另外一个人！"

"我讨厌我爸爸，因为我都快上高中了，可他还动不动在我面前咆哮，以为这样我就能听他的话了，他错了，我觉得他要是肯平静地跟我聊聊天，效果可能会更好。"

"我爸爸跟我发脾气的时候，我只觉得害怕，可他跟我妈妈吵架的时候，我觉得更害怕，我担心他们会离婚，还有，我觉得自己很没用，要是我能像哈利·波特那样会魔法就好了，那样我就可以在他们吵架的时候施魔法，让他们别吵了……"

"我爸和我妈都是大嗓门儿，老是对我吼来喝去的，我真是从小被

'吼大'的,上个星期我的几个好朋友突然不爱找我玩了,我还纳闷呢,结果有一个朋友给我打电话说,你太霸道了,他们几个说和你在一起不自在,你总以为你是老大似的,动不动就吼别人……"

孩子们其实是在和成年人的交往中,去观察、认识、学习如何与人打交道,怎样和别人互相交流的,这就和"近墨者黑,近朱者赤"的道理一样。长期生活在一种过于激烈或愤怒的情绪氛围下,不仅会使孩子感到害怕,而且还会影响他们的行为模式——他们不知道怎样才是正确的与人交往的方式,以为吼叫、发怒就是最佳、最自然的方式。

所以,家长们千万别图一时之快,在孩子心里留下这样的阴影。当然,做父母的如果偶尔有一次情绪失控并不会严重伤害孩子,不过一定要注意,等气消了,要找孩子好好地聊聊,语调尽量温和些,这样既有利于真正解决问题,又有利于消除孩子心里的恐惧感。

2.发火时,给情绪安个防火墙

父母很多时候生气,并不是气孩子不好的行为本身,而是因为孩子的这些行为,牵动了父母的某种内在情绪的变化。情绪一变坏,人就会感到十分生气,而人在十分生气的状态下往往是不够冷静的,也不能安心地去想解决问题的好办法。

所以说,大多数时候父母生气,只是在宣泄自己的糟糕情绪而已,对解决问题本身起不到任何作用。以下提供的建议,能让妈妈们在生气的时候,将危害降到最低。

自我隔离

当父母们觉得自己已经进入"怒火中烧状态"的时候,你就要预见到,如果你继续这样待下去,情绪会很快失控,一旦情绪失控,可能连自己都不知道会说出怎样可怕的词汇,就更别说那些擅长"武术"的父母了!所以,此刻最好的选择就是暂时离开这个让人生气的场合。

你的果断离开,在孩子看来是父母具有自我控制的能力,离崩溃还远着呢!同时它还能让你的孩子知道,你有多么不高兴!

或许你要问,那我去哪里呢?另一个房间、阳台、厨房、门口、后院……都可以,你还可以戴上MP3,用耳机隔离那些让你烦躁的声音。等到自己的情绪明显平稳了,再考虑怎么处理后续问题。

你离开的这一小段时间,是孩子进行自我检讨的最佳时机,他能够从你的反应中反省自己,寻找让父母如此生气的原因。当你平静地再次面对他时,他会比你冲他大吼大叫时,更能听进去你的教诲。

沉默是金

人在情绪激动的时候,往往会爆发出连自己都意想不到的语言潜能——挖苦、讽刺、嘲笑、侮辱、中伤,这些本领,一瞬间全都无师自通!

"我真是太佩服你了!全班48个人,你居然能考了47名,八个孙悟空加一起也没你聪明!"

"我真该带你去医院,好好查查你到底是人脑还是猪脑?!"

"你本来就比人笨,还不努力,你到底知不知道什么叫廉耻啊?"

"你不要再说了,我已经数不清这是你第几次保证了,哼!你的话能算数,老母猪都能上树!"

"我说的话你到底有没有在听?!你的耳朵卖到卤肉铺里去了吗?!"

"我上辈子一定是作了什么孽,这辈子才会生出你这么个不争气的小崽子!"

"我的人生算是没有什么希望了，因为你太给我'长脸'了！"

……

听到父母口中爆出如此不堪的话语，即便是个对什么都无所谓惯了的孩子，也免不了会受到伤害。父母教育孩子，永远不要贪图嘴皮子上的快感，与其说一大通没有实际意义的话，不如选择沉默。闭上嘴巴，调整呼吸，眼睛看哪里都行。只有当你冷静下来了，你才会找到更有效的应对方法。不仅如此，还可以避免把局面搞得不可收拾。

快速评估

喜欢逛街的妈妈们应该有这方面的经验，当你看见商场里挂的某件衣服，你通常都会快速地打量一下衣服的颜色、款式、质地，然后心里会立刻评估一个你觉得合理的价格。如果你看标签的时候，发现上面赫然印着"RMB3000"，比你预期的"RMB300"整整多了十倍，咋舌之余，你肯定会觉得不值，当然也就不会考虑买下这件衣服了。但是如果你发现标签价格居然还不到你预期的一半，相信你肯定会乐颠颠地把它买回家。

建议妈妈们把这种"快速评估，合理购买"的方法，转移到孩子惹你生气的时候。

例如，你再三说过吃饭的时候不要把米粒弄到桌子上，可是孩子偏偏就像嘴巴安了漏斗一样，顿顿饭都把米粒撒得到处都是，你觉得你的耐心已经用尽，无明火即将蹿上来，这个时候，请你多做一个工作：快速评估。评估一下这个问题到底有多严重，是否已经严重到让人大发雷霆的地步。

一旦妈妈用这种方法去衡量，就会庆幸自己刚才没有伸手把孩子的饭碗摔掉，因为那相当于花了个大价钱，买了个不值当的东西。

别轻易认输

只有当父母黔驴技穷的时候，才会对孩子展开猛烈的攻击。这从一位妈妈骂孩子的话中,就可以找到证据。

"我实在是无法忍受你了!上个月你就犯过三次这样的错误,这个月才第几天哪,啊?你又来了!你到底要我怎么样你才能改?!你说呀!你哑巴啦?!"

很同情这位妈妈,虽然不知道她孩子犯的到底是什么样的错误,但是我们已经知道了,这是一个失败的、拿孩子没办法的妈妈,不然这个事情在上个月就应该已经解决好了。

妈妈"最后的疯狂"是基于自己没有更好的办法帮助孩子解决这个问题,我们也可以理解为:妈妈在这个问题的处理上,彻底认输了!再也想不出更好的解决办法,唯一可选的,就是做妈妈的"特权"——对孩子展开猛烈攻击,从语言到动作。

没有控制的生气,其实就是一种失态。这种失态,首先会让父母自己觉得沮丧,更会让孩子发现父母的"底线"原来不过如此。

所以,不想轻易认输的话,就别轻易发怒,这是明智的做法。

3.认识自己,才有做好妈妈的资本

著名的心理学家马斯洛认为,人都有一种爱与归属的需要,尤其是女性。到了一定的年龄就会产生想爱一个人、想成家的感觉。当自己成家的需求得到满足之后,自然就会产生要一个孩子的需求,只有当了母亲才会让她的母性情怀得到极大的释放。但是他又提醒想要做母亲的女性,必须要认清楚自己,只有认识自己的母亲心理才是健康的,才有做好母亲的资本。

妈妈们学会认识自己是很重要的。认识自己就好像多了一双睿智的眼睛，时时给自己添一点远见、一点清醒、一点对现实更为透彻的体察与认知。

然而，妈妈要想认识自己，又谈何容易？一辈子不认识自己而做出了可悲之事的大有人在。在今天，还有一部分妈妈正是由于不认识自己，不了解自己的优点和缺点，不能把自身的教育方式和当下教育现状相结合，在教育实践中屡屡受挫，终日在悲观失望中叹息。要做一个心理健康的妈妈首先要认识自己。

对于有些妈妈来说，自己是什么样的人，由于平时没有一个好的参照标准，自己也不知道作为妈妈，哪些事情是做得好的，哪些事情是做得不好的。由于自己对自己的认识不够，以至于在教育孩子的过程中，自己做了傻事情，伤害了孩子，还悄然不知。

作为一位心理健康的妈妈，请你先好好认识自己吧！也许你不善言谈，但你却能给孩子和家人及时的关爱；也许你不善绘画，也不善歌舞，不能亲自把这些才艺教给孩子，但你却有很高的艺术欣赏能力，能给孩子艺术上的熏陶；也许你的自我控制力不是很强，面对孩子的过错，你总是会发脾气，但你却能及时向孩子道歉，把伤害降到最低……认识自己，哪怕看到的都是缺点也没有关系，至少你知道应该怎样去弥补和挽救。如果能扬长避短，你就能成为一位优秀的妈妈。

妈妈们可以通过以下三种渠道来认识自我：

(1)从自己和他人的交往中认识自我

与他人的交往，是个人获得自我认识的重要来源，他人是反映自我的镜子。从与朋友和其他妈妈的交往中对照别人，反观自己。查看作为妈妈自身的教育方式是否能适应孩子的成长需要，从与别人的交往中用心向别人学习，获得足够的经验，然后按照自己的需要去规划自己的教育计划。但是,在与他人的交往中认识自己也要注意一些问题。

第一,在交往中跟人比较,是我们做事的条件还是我们做事的结果?当你去参加一次家长培训课时,你进去之前就觉得自己的教育知识不够丰富,害怕专家对自己进行提问,害怕自己在其他家长面前出丑,然后在听课的时候就会不专注。结果是交了学费,却什么也没学到,这是得不偿失的。参加培训,那说明你明白自己跟别人的差距,没必要为此劳神,只要在培训后能有收获就可以。

第二,跟他人比较的标准是可变的还是不可变的?有的妈妈经常认为自己不如他人,他们关注的常常只是别人的家庭背景等不能改变的先天条件,但对于大多数人来说这些条件是很难改变的,也是没有实际比较意义的。你需要找到可以改变的标准进行比较,比如在能力上或者素养上。

第三,和什么样的人相比较?跟比自己强的人比,才能提高做妈妈的修养和素质;跟不如自己的人比,就会让自己产生自满的情绪,会打消自己的积极性。所以,确立合理的比较对象对自我的认识尤为重要。

(2)从"我"与事的关系认识自我

从"我"与事的关系认识自己,即从做事的经验中了解自己。我们可以通过自己在家庭教育实践中所做的事,所取得的成果,所犯过的错误看到自己身上的优缺点。对那些聪明又善用智慧的妈妈来说,成功、失败的经验都可以促使她们培养出优秀的孩子,因为她们了解自己,有坚强的品格特征,又善于学习,因而可以避免重蹈失败的覆辙。而对于某些比较脆弱的妈妈来说,因为只看到失败反映出的负面因素,而更使其失败,甚至陷入不断失败的恶性循环,这也是常见的现象。因为她们不能从失败中学到教训,改变教育方式去更好地教育孩子,而且挫败后形成害怕失败的心理,不敢面对现实去应付在教育孩子中出现的困境或挑战,甚至失去培养孩子优秀的有利时机。对于一些自大的妈妈而言,成功反而可能成为失败之源。她可能因为一个阶段的教育成功便骄傲自大,以后做起事来自不量力,从而遭受更多的失败,这样的妈妈不明白教育是一项长期任务。

(3)从"我"与自己的关系中认识自我

从"我"与自己的关系中认识自我看似容易,其实要做到这一点是非常困难的。妈妈们可以从以下几个角度去试着认识自己:

第一,自己眼中的我。个人眼中观察到的客观的我,包括身体、容貌、性格、气质、能力等。

第二,自己感觉的我。女性的第六感是很敏感的,也是很准确的。不管是与孩子,还是与其他朋友的交往中,从别人对自己的态度中要认识自己,看看自己是一个能给别人带来痛苦还是快乐的人,能让别人感觉到希望还是失望的人,从他人对自己的反应中归纳出自己。

第三,自己心中的我,也指自己对自己的期待,即理想中的我。我们可以通过自己眼中的我、别人眼中的我、自己心中的我这三个我的比较分析来全面认识自己,进而完善自己,让自己成为一个合格的,甚至更优秀的母亲。

总之,认识自我的妈妈才是一个心理健康的妈妈,认识自我的妈妈才能在教育孩子的过程中扬长避短,才能给孩子一个较优越的成长环境,才会把优秀当做一种习惯,为培养孩子成为一个心理健全的孩子埋下伏笔。

4.爱孩子的本身,而非爱他的条件

如果有人问父母,你们爱孩子吗?相信所有的父母都会不假思索地说:"爱呀!当然爱。"父母对孩子的爱,完全是一种天性,是没有理由、没有条件的爱。

但是,我们还是常常会听见这样的话:

"宝贝你要乖、要听话,这样妈妈才爱你,才给你买糖吃;你要是不乖、不听话的话,妈妈就不爱你了,也不给你买糖了。"

妈妈在说这些话的时候,可能没有想到"自己给孩子的是怎样的爱"这个层面,可是孩子会接收到一个错误的信息,他会以为:我要乖,妈妈才爱我;我不乖,妈妈就不爱我了!

"乖"变成了孩子脑海里一个可以换取妈妈的爱的条件,这岂不是很可悲的事情?就像有部电影里讲述的两个热恋中的年轻人,女孩一直对男孩隐瞒了自己是富家女的身份,所以她也就坚信男孩对自己的爱是不讲条件的真爱。但是有一天,女孩无意间听到男孩给他的朋友打电话说,我要不是因为知道她将会继承五千万的家产,我才不会和她恋爱呢!伤心欲绝的女孩最终和男孩分了手,因为他们之间所谓的"真爱",因有了"条件"而变得浅薄,失去了意义。

孩子乖,做父母的当然值得高兴;然而,孩子不乖,也不能改变他是你的儿女的事实。所以,请不要再要求孩子用条件来换取你对他的爱了。

真爱就是爱孩子本身,而不是爱孩子身上的条件。比如聪明还是笨拙,乖巧还是顽皮,学习好还是成绩烂,长的漂亮还是相貌平平等。就如当初决定要生孩子时唯一的理由是享受当爸爸妈妈的快乐一样,现在爱孩子也有个唯一的理由,那就是他是你的孩子。

如果父母能秉承这样的信念去爱孩子，那么在教养孩子的过程中，问题发生的几率就会小很多,父母生气的几率当然也会少很多。

了解了什么才是对孩子的"真爱",我们还要学会爱的方式。

方式很重要,它是表达爱的一种途径,不管父母这边的爱有多真、有多深,如果不能够选择恰当的方式传达到孩子那边去,可能会造成"失之毫厘,谬以千里"的结果。

实际上父母要做的,就是一定要让孩子知道你爱他,并且要让他知道你爱他是因为他是你的孩子,而不是因为他的表现。

可以不同意孩子的表现,但不可以否定孩子本身

当孩子不小心闯祸时,父母当然会不高兴,会责备,但我们常常听到这样的责备语:"你又把杯子打碎了! 跟你说了多少遍,杯子不能放在这么靠边儿的地方,你怎么就是听不进去呢? 真是笨得出奇! "

孩子打碎杯子固然需要教导, 但父母应该教导的内容不是告诉孩子:你真的很笨,而且不是一般的笨!

在这种时候,父母需要说的话其实只有一句:杯子要放到靠里面一点儿的地方才不会打碎。

又如,一个男孩在幼儿园里和别的小朋友发生争执,他回家跟妈妈哭诉说小朋友打他了,做妈妈的可能会"怒从中来":"人家打你,你不会还手啊! 真没有出息,我怎么会生出你这么个软弱的儿子?! 你下次再这样被人家欺负了还哭哭啼啼地回来,连我也要打你一顿! "

好可怜的孩子,在学校受到的委屈不仅没有有效地宣泄,反倒在心里蒙上了一层更重的阴影:我笨、我没出息、我只会被人家欺负、我软弱、我妈妈嫌弃我……只须把思维稍微延展一些,我们就不难看到这件事对孩子的影响:孩子觉得妈妈一点儿都不关心自己,更谈不上爱自己;孩子在妈妈的话语中学会了解决此类问题的方式——还手,或者走向另一个极端:孩子彻底中了妈妈的"魔咒",从此变得更软弱、更没出息……

实际上,小孩子在学校里和同学发生了摩擦,这是他们走向社会的"必经之路",毕竟人是群居动物,怎么可能不发生各种各样的"人际互动"呢?做父母的在得知孩子和别人发生摩擦的时候,要做的其实只有三件事:

第一,关心孩子的身体和心理有没有受到伤害;

第二,了解事情的原委;

第三,教给孩子处理此类问题的方法(在不用拳头的情况下)。

不一样的因,才会促成不一样的果。孩子在成长过程中,难免会犯错,父母有责任及时指出他错误的表现,鼓励、督促孩子改正,但永远记住:过度的责备是没有意义的,尤其是对孩子本身的否定,更是超越了责备的权限,"傻瓜""笨蛋"的称号会像一把利剑,深深地扎在孩子的心上。

多赞美孩子本身,尤其是他的行为

世界上几乎没有一个人是不喜欢听人赞美的。赞美可以让人心情愉悦,赞美可以让人乐观开朗,赞美还可以让人发挥连自己都意想不到的潜能。

有一位妈妈,她第一次参加幼儿园的家长会,就被老师告知:"你的儿子太调皮好动了,屁股上像长了钉子,我看你得带他去医院看看是不是得了多动症。"

在回家的路上,儿子问妈妈老师跟她说了什么,妈妈说:"老师表扬你了,说我的宝贝最近进步很大,原来在板凳上只能坐一小会儿,现在居然能坐三分钟了!"

孩子听了,眼睛笑成了一个弯,回家破天荒地自己吃了两碗饭,没有让妈妈喂。

妈妈是以这样的方式在保护着孩子的自尊,鼓励着孩子的信心,从幼儿园一直到他高中毕业，不知道有多少次，妈妈把老师的责骂和抱怨，转化成对孩子的肯定与鼓励。直到有一天，儿子把名牌大学的录取通知书放到妈妈的手里，然后突然转身跑到自己的房间里大哭起来，他边哭边说："妈妈，我知道我不是个聪明的孩子，可是，你一直相信我、鼓励我……"

一句赞美，一次鼓励，可以改变一个人的观念与行为，甚至改变一个人的命运！一句责骂，一次贬损，可以刺伤一个人的心灵与身体，甚至毁掉一个人的未来！

在赞美孩子这件事上，我们发现有不少妈妈的做法是欠妥的。

不知这些妈妈是被当今社会激烈的职场竞争给吓到了，还是真的以为孩子的课业好就代表全部都好，总之这部分妈妈，眼睛里似乎只看得到孩子的作业和考试的分数。作文得了优、语文和数学考了双百分、英语口语得了全年级第一，所有这些固然可以成为父母赞美孩子的原因，但绝对不能是唯一的原因。

那些作文水平普通，但彬彬有礼、待人友善、热心公益的孩子值不值得赞美？

那些考试成绩平平，但却和同学相处有道，颇有人缘的孩子值不值得赞美？

那些英语讲得一般，但心地善良、包容豁达、尊老爱幼的孩子值不值得赞美？

这些问题不是没有来由的，确实有太多的父母是"我的眼里只有你的分数"，而忽视了孩子身上真正的无价之宝——均衡的情商发展和良好的道德观念。

或许有些妈妈会说，情商和道德太缥缈，又不能给他在考大学的时候加分。但事实是，考上了大学的孩子，并不代表一定会有一个光明的未来;而那些情商发达、道德品质优秀的孩子,无论在哪里,都会很快地适应周围的环境,同时也会很顺利地被周遭环境所容纳。在这样一种融洽的氛围里,你还怕孩子会过得不开心、不如意吗?孩子要是过得开心、如意,妈妈又哪来那么多气可生呢?

所以,为人父母者,应该彻底放弃"功利"二字,以一种博大的胸怀,无时无刻不在关注孩子的成长,给他赞美,给他无条件的爱,给他奖励,而不仅仅是在孩子考了好成绩的时候。

5.别让担心和爱转化成生气

细心观察的人其实不难发现,妈妈的"生气",绝大多数时候,只是一种"面具"和"外衣"。为什么这样说呢?我们一起来看看一个实例就明白了:

小白今天放了学之后和同学去河边玩了,可能是玩得太高兴,几个孩子直到天黑了才回家。在门口等了三个钟头的妈妈,远远看见小白,疯了似的扑上去,厉声呵斥:"你还知道回来呀?你今天别进门了!反正你有家也不回的!"

小白妈妈想说的话,难道真的是这些吗?不,其实她看到儿子回来,心里首先是庆幸的,但是之前的担心和焦急,让她心里淤积了太多的"气",所以才会在那一刻以"生气"的形式爆发出来。而孩子听见妈妈这样咒骂自己,也一定很生妈妈的气,因为他很难理解妈妈骂自己的原因会是因为关爱自己。

如果小白妈妈换一种表达方式,把自己内心真实的感受告诉孩子,效果会如何呢?"小白,你这么晚回家是不对的,妈妈非常担心你,在这里站了三个钟头等你,就怕你出了什么意外,看见你安全回来,我总算放心了。但是我希望你以后不要再这样做了,你明白吗?"

如果妈妈自己没有让担心和爱转化成"生气",而是对孩子客观地描述自己的心理感受,孩子从妈妈的话里至少能体会到两个意思:第一,我晚回来是不对的,妈妈很为我担心;第二,我妈妈真的很爱我,否则不会站在门口等我三个小时。

同样一件事情,父母采用正确的表达方式,不仅能减少自己和孩子生气的几率,而且还能让孩子心服口服地认识到自己的错误。

常听家长用"生气"二字教导孩子,这里举几个有代表性的例子:你不听话,妈妈生气了。你私自拿钱,姥姥生气了。你满街跑也不看车来了没有,爷爷生气了。你不好好吃饭,奶奶生气了。你不好好学习,爸爸生气了……大家都在这么满不在乎地随意使用"生气"二字,却不知道生气这一情绪的毒性有多大,它不仅会让孩子身体中毒,还会让孩子心灵中毒,扭曲孩子的个性。

尽管生气是人之常情,但却不值得提倡和放任,育儿者尤其需要警惕生气给孩子个性带来的伤害。据研究,对6岁前的孩子经常性生气,会令孩子形成消极的负面人格:自卑、内向、忧郁,害怕与人相处,自杀倾向严重。

外孙女西西出生后,全家专门开过一个家庭会议,并达成协议:不对西西生气,即使真的生气了,也要控制好情绪不爆发出来。当然,如果没能控制住脾气,就要实事求是地告诉孩子自己生气了,还要告诉孩子,自己生气不等于不爱她了。

是什么事情让你生气,一定要具体问题具体分析,而不是用生气来管教孩子。

如果孩子出了问题要具体分析,首先要想想孩子是不是病了或累了,这种情况只能用爱的抚慰来谦让孩子,生气是无用的。对于孩子的不良行为,要给予耐心教导。如孩子随手乱扔东西,要告诉孩子将东西放回原处,一旦孩子照做了,要紧跟着表扬。如果孩子说脏话,告诉他这是不尊重他人的行为,会失去朋友,没有朋友的人是不开心的。如果孩子上街乱跑,告诉他被车撞上那可就疼了,甚至有可能命都没了,那有多么不幸。这一教育可以起到双重作用:能听懂话的孩子都会对疼有认识,就可能有效制止孩子在街上乱跑,同时,这个实例可以让孩子对他人的情感产生责任感——大人说到"命没了",可夸张地表演悲痛、哭泣,让孩子明白自己的不当行为能给别人造成这么大痛苦。

如果孩子不听话,那也要看不听什么话,是孩子的行为错了,还是大人的理念错了。

比如,孩子玩苍蝇拍是把苍蝇拍当作玩具,而大人却不懂孩子的心,认为孩子在玩脏东西,必须坚决制止,并用生气的语气恐吓孩子,其实这就大错特错了。正确的做法是跟随孩子,指导孩子,如果看到孩子要把苍蝇拍拍到饭食上,就赶紧引导孩子用苍蝇拍打个苍蝇,如果没有苍蝇,就找个黑点,或者用铅笔在地上画个苍蝇让孩子去拍,一旦孩子拍准了,立即拍手叫好。孩子当然不知道苍蝇拍上有多少细菌,他们会好奇地抚摸苍蝇拍。对于5岁以下的孩子不必做关于细菌的解释,只需孩子玩够了苍蝇拍之后给他好好洗洗手就是。而对于5岁以上的孩子,可以解释苍蝇拍上有好多细菌,让孩子玩完后去洗手,同时讲讲有关细菌的知识。

如果孩子不好好学习,原因不外乎两条,但都不是能用生气解决的。第一可能是孩子还小,专注力达不到家长要求,这种情况家长应当让孩子先玩玩再说。第二可能是孩子的智力开发不到位,学不进去。这种情况下,家长要停止催促孩子学习,转而培养孩子阅读课外书的习惯。越是成绩不好,越要多读课外书来开发大脑的快速运转能力。每个孩子都有好奇心,好奇心与好学是一码事,换句话说,每个孩子天生都好学,只是被不懂孩子的家长给扼杀了:为了家居生活美观整洁,这也不让孩子动,那也不让孩子摸;为了省钱,不给孩子买玩具,不带孩子去郊外与大自然亲近;忙于工作,孩子去公园的机会都没有……这一切都会让好学的孩子变得呆板、迟钝、自闭,失去好奇心,而失去好奇心也就失去了好学的能力。

大人要以清晰的是非观来解释问题,给孩子以向善的指引,而不是以生气制服孩子。

如果孩子犯了无伤大雅的小错,大人要装作不知道,让孩子的不良行为不因家长的关注而强化,让不良小毛病自行消失。孩子都有向善能力,若大人事无巨细什么都管,尤其是用生气来管,则会形成两类副作用:性情较弱的孩子会变得内向自闭郁闷;开朗外向的孩子,尤其男孩会变得故意调皮捣蛋。

孩子五六岁后,讲道理是可以的,教导的方向必须不偏离育儿三大理念,这三大理念就是让孩子身体好、心态好、事业好。具体说来就是让孩子有正确的价值观与是非观,让孩子实现健康、快乐和成功这三项目标。最有效而简单易行的办法是关注孩子的正向行为并加以赞赏鼓励,同时抓住机会用行动给孩子树立美德样板。比如,孩子不洗澡,大人不妨通融一次,告诉孩子今天不洗就算了,但明天要洗,这等于期待孩子能做到说话算数,是对孩子信任的具体表现,孩子都很重视爸妈对自己的信任,一般会乐意第二天洗澡的。

如果孩子用生闷气来要挟大人怎么办?大人不要买他的账,他越生气,越不给他想要的东西,久而久之,孩子就会改掉用生气要挟别人的习惯,就不会因为爱生气而导致人际关系不良。

6.好妈妈要懂点"心理学"

在养育孩子的过程中,妈妈不但要是一个膳食专家,一个教育专家,还要是一个业余的心理专家。这样才能完善自己说的教育方式,为培养一个聪明健康的孩子奠定良好的基础。

黎巴嫩文坛骄子纪伯伦在他的《先知》中谈到家庭时,写下了这样几段话:

你的儿女不是你的儿女,他们是生命对自身渴望所产生的儿女。

他们经由你出生,但不是从你而来,虽然在你身边,却不属于你。

你可以给他们你的爱,而不是你的思想,因为他们有自己的思想。

庇护他们的身体,而不是他们的灵魂,因为他们的灵魂住在你梦中也无法企及的明天。

你要向他们学习,而不是使他们像你。因为生命不会后退,也不会在昨日流连。

你是弓,儿女是从你发射而出的活生生的箭。

弓箭手望着永恒之路上的箭靶,他会施全力将你拉开,使他的箭射得又快又远。

欣喜地在弓箭手中屈曲吧!因为他爱飞翔的箭,也爱稳定的弓。

纪伯伦的看法精辟而深刻,他阐释了家庭教育中亲子关系的真相。孩子也是一个个体,他虽然是父母生命的延续,但他有自己的个性、思想、灵魂和生活。他需要自由,需要不断奔跑,需要梦想,更需要理解和爱。

但在现实生活中，母亲却常常忽略了孩子最需要的东西，而把一些他并不需要的塞给他。很多妈妈把所有的业余时间都用在孩子身上，接送孩子、陪写作业、监督学习、找老师了解孩子情况等；把辛辛苦苦挣的钱也全部投到这个"成长股"身上，送他去最好的学校，报各种各样的兴趣班，找家教老师补课……然而很多时候，父母牺牲了自己，却也没有能够成全孩子。结果使得自己身心疲惫，孩子不但没长进，反而也会变得脆弱不堪。

究其根源便在于母亲不了解孩子的心理。21世纪被视为生命科学的时代，心理学在这个世纪显示出了不可或缺的作用，很多科学家开始从不同的领域和视角进行研究和探索，想揭开心理学的奥秘。心理学也渗透到了教育领域，妈妈不但要完善自身的心理素质，更重要的是要懂得孩子的心理，妈妈掌握一些心理常识会在教育中发挥很神奇的作用。

比如，跳蚤效应告诉我们，只有给足孩子面子，他才会自信；杜利奥定律告诉我们，只有父母幸福了，孩子才会快乐；定势心理告诉我们，把河流画成粉色的孩子更有创意；感觉剥夺心理告诉我们，老师留的那些"暴力作业"会彻底破坏孩子的学习兴趣；模仿心理告诉我们，在每个孩子眼中，父母都是"英雄"，只不过父母的品质决定孩子要做一个"好英雄"，还是一个"坏英雄"；叛逆心理告诉我们，当孩子进入青春期后，他最好多拥有一些父母之外的朋友，这些朋友包括和他年龄相仿的舅舅、叔叔、小姨等；代偿心理告诉我们，孩子不能代替我们去生活，我们不妨回到童年，想想那时的自己，或许会更体谅现在的孩子……

只有掌握了孩子成长过程会遇到的心理问题，因势利导才会让孩子健康成长。

妈妈在养育孩子的过程中如果能恰当运用皮格玛丽效应，即：热切的期望有可能使被期望者达到期望者的要求。所谓热切的期望是指积极正确的期望暗示，妈妈们对孩子的积极期待能够使孩子的状态随之发生变化，由消极转为积极进取，由自卑转为乐观自信，从而向好的方向发展。

大发明家爱迪生小时候,只上了三个月学就被学校开除了,老师说他太笨,但爱迪生的妈妈坚信自己的孩子并不笨。她对爱迪生说:"你肯定比别人聪明,我对此坚信不疑,所以你一定要坚持读书。"在母亲的鼓励下,爱迪生刻苦攻读,长大后终于成了伟大的发明家。

在现实生活中,我们经常能看到期望成真的奇迹。那么,这种神奇作用是如何发生的呢?心理学家经过研究认为,这是通过对对方的暗示作用实现的。暗示是指在无对抗条件下,用某种间接的方法对人们的心理和行为产生影响,从而使人们按照一定的方式去行为或接受一定的意见、思想。在教育孩子的过程中,妈妈对孩子实施积极的暗示,会使孩子发生改变,甚至是很巨大的改变。

另外,作为一个业余心理专家的妈妈肯定不会忽视自我实现,这是人需要的最高层次,孩子也不例外。

马斯洛认为,人的需求有五个层次,其中,自我实现是最高层次,而挑战自我则是其中的一部分,是指正常的人都需要发挥自己的潜力,表现自己的才能。只有潜力、才能充分发挥出来,人才会感到最大的满足。马斯洛说:"每个人都必须成为自己所希望的那种人。""自我实现的需要就是使他的潜在能力得以实现的趋势。"这些话的确揭示了人类深层的本性。

人本性就是注定要向前发展的。如果停滞不前,人会无法忍受。孩子们也不例外,比如,他们会因为冥思苦想做对了一道难题而欣喜若狂,会因为努力学习,取得好成绩而高兴不已。但是也有这样的情况,孩子绞尽脑汁也想不出答案,费尽心思也没有答好一张试卷。这时,他们"挑战自我"没有达到预期的效果,可能会因为挫折而沮丧,也可能会屡败屡战。无论是哪种情况,母亲一定要积极引导其向好的方面发展。

7.测试你对孩子的情绪反应

当你的孩子发脾气、任性的时候，你是温柔地开解他，还是严肃地责骂他？你对孩子发脾气这件事的态度，也将影响到他日后的健康发展程度。因此作为妈妈，一定要学会控制自己的情绪。先来测一测你对孩子的情绪反应。

在孩子闹情绪时，你的反应常常是——

A："别哭了，妈妈带你去买雪糕吃。""来，妈妈带你去动物园，不要再发脾气啦！""你再这个样子，我就不让你出去玩了！"

B："你这个样子像个男孩子吗？真丢人！""你再吵我就打你了！""你自己做错了事还耍脾气，想挨打啊？"

C："回你自己的房间吧，等气消了再出来！""爱哭你就哭个够吧！哭够了再来找我。"

D：不理会孩子的情绪反应，喋喋不休地唠叨——"人总会遇到不如意的事嘛。妈妈像你这么大的时候，已经会自己照顾自己了。你想想，爸爸妈妈在你身上花了多少心血……"

测试结果

★A类——"交换型"父母：

你认为负面情绪有害，所以每当孩子有忧伤的感觉时，你就努力把世界"修补"好，却忽略了孩子更需要的是了解和慰藉。

看到父母的这些反应后，孩子会对自己产生怀疑："既然这不是什么大不了的事情，为什么我的感觉这么糟糕？"次数多了，孩子会变得缺乏自信，在情绪上很容易产生压力。

★B类——"惩罚型"父母:

孩子常常由于表达哀伤、愤怒和恐惧而受到你的责备、训斥或惩罚。你以为这样不会"惯"出孩子的坏脾气,或者能够让孩子变得更坚强。但在孩子看来,表达出自己的情绪可能会带来耻辱、被抛弃、痛苦、受虐待。所以,对于负面的情绪孩子是又憎恨又无可奈何。长大后面对人生的挑战时,孩子会显得力不从心。

★C类——"冷漠型"父母:

你接受孩子的负面情绪,既不否定也不责骂,而是"不予干涉",让孩子自己去找办法宣泄一下或者冷静下来。

因为没有父母积极的引导,一个愤怒的孩子可能会变得有侵略性,用伤害别人的方式来发泄;一个伤心的孩子会尽情和长时间地哭闹,不知道怎样去安抚和舒解自己。

★D类——"说教型"父母:

你以为孩子只要明白了道理,负面情绪就会消失,所以你热衷于滔滔不绝地讲道理。

此时,孩子感到孤单无助,仿佛身处黑洞,得独自面对负面情绪带来的痛苦。而父母喋喋不休的训导,只会令他苦上加苦。

以上四种是传统的处理孩子情绪的方式,显然都不利于孩子的情商培养。

一个好妈妈要善于感觉孩子的情绪。看到孩子流泪时,能设身处地地想象孩子的处境,并且能感受到孩子的悲痛;看到孩子生气时,能感受到孩子的挫败与愤怒。因为妈妈的接受与分享,孩子感到身边有可以信赖的支撑,所以会更有信心去学习怎样处理面临的问题。

步骤1:肯定

直截了当地说出你看到的在孩子脸上流露出的情绪。

例如:"宝贝,我看到你很伤心的样子,告诉我发生了什么事?"或者,

"你看起来不太高兴,什么事让你生气呀?"作为处理情绪的第一步,"肯定"的意义是向孩子表达:"我注意到你有这个情绪,并且我接受有这个情绪的你。"

父母须明白,跟所有人一样,孩子的情绪也都是有原因的。对孩子来说,那些原因都很重要。尝试换到孩子的角度,你会更容易接受孩子的情绪。无论孩子怎样回应你,你都应该让孩子知道,你尊重并完全接受他的感受。

步骤2:分享

孩子们对情绪的认识不多，也没有足够和适当的语言描述情绪,要他们正确表达内心的感受是比较困难的。你可以提供一些情绪词汇,帮助孩子把那种无形的恐慌和不舒适的感觉转换成一些可以被下定义、有界限的情绪类别,刻画出自己当时的内心感受。

例如:"那让你觉得担心,对吗?"或者"你觉得被人冤枉了,很愤怒,是吗?"

孩子越能精确地以言辞表达他们的感觉,就越能掌握处理情绪的能力。例如,当孩子生气时,他可能也感到失望、愤怒、混乱、妒忌等;当他感到难过时,可能也感到受伤害、被排斥、空虚、沮丧等。认识到这些情绪的存在,孩子便更容易了解和处理他们所面对的事情了。

如果孩子急于说出事情的内容、始末、谁对谁错,你可以用说话把孩子带回到情绪部分。例如:"原来是这些使你这样不开心。来,先告诉我你心里的感觉怎样?""哦,怪不得你这样反应呢!现在你心里觉得怎样?"

步骤3:设范

设范是指为孩子的行为设立规范,即划出一个明确的范围,里面的是可以理解或接受的,而外面的则是不合适和不能接受的。

比如孩子受挫后打人、骂人或摔玩具,在了解这些行为背后的情绪并帮他描述感觉后,你应当使孩子明白,某些行为是不合适的,而且是不被容忍的。

例如:"你对亮亮拿走你的游戏机很生气,妈妈明白你的感觉。但是你打他就不对了。你想,你打了他,现在他也想打你,以后你们俩就不能做朋友了,对吗?"对6岁以下的孩子,无须深入解释"不对"的理由,除非他主动发问。

重要的是让孩子明白,他的感受不是问题,不良的言行才是问题的关键。所有的感受和期望都是可以被接受的,但并非所有的行为都可以被接受。

步骤4:策划

人生的每次经验都会让我们学到一些东西,使我们更有效地创造一个成功快乐的未来。不明白这个道理的人,总是抱怨人生处处不如意。而明白这个道理的人,则不断进步、享受人生、心境开朗、自信十足。

当孩子很小的时候,便应该教导他懂得这个道理,而经过上述的肯定、分享、设范三个阶段,现在正是恰当的时候。

此时,孩子已经领悟到:现在我知道我感觉糟糕的原因了,而且我知道引起这些不舒服感觉的问题所在,我应该怎样去处理这些问题呢?孩子需要一些时间去表达他的感受。耐心些,当孩子正努力地说出情绪时,不要打断他,鼓励他继续说下去。

当孩子有足够的情绪表达后,你会发现孩子的面部表情、身体语言、说话速度、音调、音量和语气等都变得舒缓了。

待孩子的情绪稍微平静下来后,就可以继续引导他说出事情的细节。接下来,你就可以引导孩子找出更恰当的方法来处理负面情绪。

先问孩子他想得到些什么,再与孩子一起讨论解决问题的方法。引导他自己想办法,帮助他做出最好的选择,鼓励他自己解决问题。

例如:"如果重新来过,除了打他,你能想到其他的方法吗?""下次发生同样的情况,怎么做会更好?"妈妈以爽快和愉快的态度参与,与孩子一起解决问题。

第三章

学思并重，开发孩子的创造力

1.坐拥书香，多读书是明智的选择

美国人说："全世界的财富在美国的口袋里，美国的财富在犹太人的口袋里。"犹太人在历史上有很多令人肃然起敬的名字：达尔文、爱因斯坦、马克思、弗洛伊德、海涅、卓别林、毕加索、门德尔松、大卫·李嘉图、斯皮尔伯格、华尔街的超级富豪摩根、第一个亿万巨富洛克菲勒、股神巴菲特、钢铁大王卡耐基……为什么犹太人可以这样优秀？犹太人与其他民族最大的生活区别不是在宗教信仰上，而是在读书上。

犹太人从小就爱读书，据说在他们出生的时候，母亲会在《圣经》上滴一点蜂蜜，让小孩去舔，告诉他"书是甜的"。世界上没有哪个民族像犹太人一样爱读书，他们的书橱放在床头，要是放在床尾，就会被认为是对书的不敬。即使是一本攻击犹太人的书，他们也从来不会烧毁。联合国教科文组织曾调查发现，以犹太人为主的以色列国，14岁以上的人平均每月读一本书，是世界之最。

犹太人爱读书的性格是整个环境熏陶所致，不仅孩子读书，父母都爱读书，他们对知识的喜欢，已经到了崇拜的地步。

"假如有一天你的房子被烧毁，你将带什么东西逃跑呢？"几乎每个犹太家庭的孩子都要回答这一个问题，要是孩子回答是钱或钻石，母亲将进一步问："有一种没有形状、没有颜色、没有气味的宝贝，你知道是什么呢？"要是孩子回答不出来，母亲就会说："孩子，你要带走的不是钱，也不是钻石，而是智慧。"

犹太人说，世界上唯有智慧是任何人都抢不走的，只要你活着，智慧就永远跟着你。所以他们把最宝贵的财富——智慧代代相传。

但犹太人并不欣赏书呆子，很多犹太小孩回到家中，妈妈的第一句话就是："你又提问题了吗？"犹太民族就像是一个企图揭示自然和人类秘密的哲学家民族，在他们的家庭教育中，有宏观、深入的思考和抽象、逻辑的思辨，这一点是我们家庭教育中最缺少的。

单从阅读量来说，我国国民阅读水平令人担忧。中国出版科学研究所发布的《2008全国国民阅读与购买倾向抽样调查报告》中说，我国的阅读主体是18周岁以下未成年人，他们因为学习，阅读率达到了81.4%，而成年人只有49.3%。成人人均年阅读图书4.72本，这个可怜的数字，还比2007年多0.14本。

超过六成的国民对自己阅读的情况表示不太满意或很不满意，但是大家都有各种各样的原因：工作太忙没时间读书、没有读书的习惯或不喜欢读书、因看电视而没有时间读书、文化水平有限读书有困难、找不到感兴趣的书、不知道该读什么……你是其中的哪种情况呢？

很多家长牺牲了自己的休息时间来给孩子料理生活,却从来没有想过通过自己给孩子做一个爱学习的好榜样。妈妈们每天在琐碎的家务中脱不开身,但想要帮助孩子提高学习的积极性,就需要拿出时间来阅读,做给孩子看。

女人的知识和教养都是从学习中得来的。以书润心,可以熏染出女人清新淡雅的气质,让女人的聪慧与日俱增。一个不爱看书、不爱学习的女人,很容易被时代所淘汰。

但,在这个世界上,并不是所有的女人都爱看书。

萍就是一个不爱看书的女人。婚后萍就辞职了,在她看来自己不需要工作,老公工资高,她只要安心"相夫教子"就好。每天,萍早起给孩子和老公做饭,送走了老公孩子就打打麻将,做做家务,看看电影,上上网。可不知道为什么,萍觉得孩子对她越来越淡漠,也不爱和她说话,总说和她在一起没意思,每想到这儿萍就很不开心,立即揣上钱包出去逛街。对她来说,购物可以忘记一切不快。

实际上,萍很时尚,她选用最好的化妆品,穿最名牌的衣裙。有时间她也看看好莱坞的片子,吃西式快餐,心情好了还会打打网球,听听摇滚。大学里积攒的英文单词她还勉强记得几千个,歌星影星的名字至少也知道几百……

在萍看来,自己是最懂得生活的女人,她不明白为什么自己在孩子眼里竟然那么索然无味。

在我们的身边,有很多女人和萍一样。大学一毕业,求知欲也跟着毕业了。她们的脑子里来来回回转着的就是男友、老公,偶尔还会关注一下周围人的是是非非,或者是自己的新衣服,以及眼角悄悄爬上来的皱纹。

至于自己的内心,她们是顾不上想的。这样的女人,不管容貌如何漂亮，衣着如何光鲜，认真体味起来都是无味的。女人不看书，就不能时时把自己的智能翻新。看书可以让自己的气质新陈代谢，一年优雅过一年，像计算机的系统一样，时不时地要跟进，免得落伍。

阅读并不一定要从四大名著、三言二拍这些古典小说开始，读报纸、看杂志也是一种阅读。如果孩子每天看报纸，那说明他还有读书的欲望，妈妈可以带他去书店，给他和自己都买点书来读；如果孩子连新闻都懒得看了，那就说明他的阅读兴趣已经大大被破坏了。这时候就需要妈妈根据他的爱好来刺激他的阅读兴趣。

如果孩子喜欢集邮，可以买一些邮票历史、常识方面的书；如果孩子喜欢玩三国游戏，可以买一本三国历史书，如此来开发孩子的阅读潜能。而妈妈们自己，也可以挑选一些家庭养生、健康食谱、编织、园艺等自己感兴趣的书。

我们常说"书香世家"，可见我们相信，书有香气，可以浸染整个家庭的氛围。妈妈爱读书，孩子也会好奇是什么这么吸引妈妈，自己也会跟着效仿，找到读书的乐趣。闲下来的时候，如果孩子在身边，先不要着急打开电视，看看书吧。一个人陷入阅读中的状态是美丽的，也是吸引人的。不管是为了孩子，还是为了自己，多多读书都是最明智的选择。

2.称职的好妈妈是学出来的

孩子让女人开始放弃自己的清高、固执、自私，耐着性子去做同一件简单的事、重复相同的话、打扫被弄乱弄脏的家庭。他们像一颗颗小小的炸弹,打乱了妈妈们平静的生活,不管她们之前是怎样一个人,都要匆忙学习,智慧"应战"。

"天将降大任于斯人也,必先苦其心志,劳其筋骨",可能上天给每一个母亲都赋予了大任——抚养子女。所以才让她们面对很多的磨炼,这是一种人性上的锤炼,每个准备或者已经做了妈妈的人,都要接受这项考验。

不管是明星妈妈还是普通母亲,养育孩子的路上同样要面对新的困难和挑战,只有善于学习的妈妈,善于自我教育的母亲,才能禁得住考验。只有经受住自我教育的挑战的妈妈,才会赢得更多的快乐。

杨澜说:"做母亲是要学习的。"母亲会从孩子的身上学到很多东西,也在养育孩子的过程中有了很多从未体验过的快乐、担忧、满足,这些都是人生的收获,无可替代。孩子对一个女人的改变是巨大的,十月怀胎的艰辛,分娩的痛苦,抚养的压力等,妈妈在学习抚养、养育中越来越成熟,灵魂越来越完整。

斯托夫人明确指出,孩子能否成为杰出人物,完全取决于母亲施行了什么样的教育。做母亲的知道这一点十分重要。但是更重要的要懂得怎样才能成为一个好母亲。称职的好母亲是学出来的。

好母亲不是天生的,尽管女性都有母性情怀,但是在养育孩子这件事情上,没有哪位妈妈是天才,只有不断完善自己的育儿知识和教育方式,才能真正成为一个好母亲,成为一个合格的母亲。

斯托夫人就是一位学出来的好母亲。她在教育孩子的过程中,不断学习和研究,形成了自己独具特色的自然教育。凝结斯托夫人心血的自然教育,与赛德尔兹的教育理念有异曲同工之妙,但是斯托夫人的方法有更鲜明的女性特征。

斯托夫人有个女儿,名叫维尼夫雷特。在得到《卡尔·威特的教育》一书之后,她一边按照老威特的教育方法来培养女儿,一边研究自己的育儿方法,并且取得了非凡的成功。在母亲的训练下,女儿从3岁起就会写诗歌和散文,4岁时便能写剧本。她的诗歌和散文,从5岁起被刊载在各种报刊上并汇集成书,博得了广泛的好评。

斯托夫人也不满足于仅将自己的女儿培养成才,她也渴望让世人了解早期教育对孩子成长的重要性,她的"伟大始于家庭"的观念已深入美国的千家万户,并使越来越多的美国家庭从中获益。

斯托夫人明确指出,孩子能否成为杰出人物,完全取决于母亲施行了什么样的教育。做母亲的知道这一点是十分重要的。但是更重要的是懂得怎样才能成为一个好母亲。称职的好母亲是学出来的,美国《女性生活月刊》曾经对读者做了一次问卷调查,问他们的母亲是如何教育他们的,问怎样才能做个好妈妈。最后他们选取了好妈妈有代表性的八大素养,列举如下:

(1)读书是关键

在我童年时,我记得母亲每天都读书给我听,并常常带我去图书馆。我清晰地记得我头一次读书给母亲听时,她的眼里带着泪花。在我有了女儿爱米后我也一直读书给她听——从她出生的那一天起,因为婴儿也爱听读书时那有节奏的声音。我的女儿爱米是一个好动的孩子,一会儿也坐不下来。但是在她两岁半时,她每天夜里都要带上20本书放在自己的床边。当她能够复述我给她讲的《棕熊》时,我的眼里也涌出了泪水。

(2)使用神奇的身体接触

当妈妈同我聊天或是当我问她问题时,妈妈总是抚摸我的胳膊、手、肩和头,她时而将我额前的刘海梳梳,时而将我的头发拢在耳后。这些动作让我觉得自己被珍视。现在我养育了两个孩子后,当他们在我身边走过时,我都要去抚摸一下他们。

(3)不要抱怨

我知道我父母比任何人都努力地工作,以养育我们4个女儿,送我们上大学,但我从来没有听他们说过疲倦或是要我们给他们回报。妈妈现在身体不太健康,但她从不把她的健康问题归咎于其他人。

(4)坚持做你认为好的事

作为一个母亲,她通常知道什么对她的孩子是最好的,就算它不合时宜她也坚持。比如说,我的母亲用母乳喂养了她的3个孩子,这在当时并不时髦。人们说母乳的营养不够,但是她不为所动。我赞成她的态度,她坚持做了自己认为最好的。

(5)停止指手画脚的评论

我母亲经常说:"不要急于评论其他母亲是如何养育孩子的,免得在最后你发现也许你还没有她们做得好。"对于一个家庭来说正确的东西,在另一个家庭也许是行不通的。因为孩子们有不同的需要和不同的个性,家长也有不同的要求与习惯。只要不存在虐待与冷淡孩子,我们就不要去絮絮叨叨地评价别人家的教养方式。

(6)不要老是坐在电视机旁

我母亲限制我看电视的时间和电视节目的种类。她常常说童年时光很珍贵,很美好,不要只坐在那"方盒子"前。因此我的童年不仅有电视卡通,还有野外早餐、攀登翠绿的山冈、玩耍和交谈。

现在我也是一个母亲了,我继承了这种很少看电视与录像的教养方式,结果是我和我的孩子们有更多的时间去阅读、唱歌、烹任、交谈与去图书馆。我们家也更安静,没有电视吵吵闹闹的声音。我的孩子们被"强迫"通过看书、读报去发展他们的想象力。

(7)充分享受二人品茶的欢乐

和孩子一起饮茶的作用是相当大的。以前当我神情忧伤地从学校回到家,我妈妈总是彻上一壶茶,然后我们边喝边聊。我们在一起的时间没有电视的打扰。在这安静的时刻,我乐于说出心里的任何想法、看法,甚至小秘密。无论是她给我劝告还是只让我去诉说,都能使我慢慢平静下来。我们现在还保持着这种方式:无论何时,当我看到妈妈有些神伤时,我都会沏上一壶热茶。现在,每当我的两个孪生小女儿与我谈论她们的问题时,也都有一壶好茶陪伴着我们。

(8)庆幸孩子们的差异

我的母亲并不对我们强求一致,现在我试着对我的孩子做得更好一些。我母亲认为,每一个孩子都有独特的能力与兴趣,绝不能统一要求孩子们,应该让他们成为他们自己,帮助他们去发展他们的潜能——无论他们选择了什么道路。最重要的是,要记住平等并不意味着给你的孩子们绝对相同的东西,而是给每一个孩子他所需要的东西。

看了上述人们心目中好妈妈的样子,现在你是不是不再迷茫,不再彷徨了呢?知道自己该朝哪方面努力了吧!我们一定要记住,好妈妈是学出来的。只有向优秀的母亲学习,我们才能变得越来越优秀。

3.拥有创造力,做智慧妈妈

俗话有云:创造力,是一流人才和三流人才的分水岭。妈妈希望自己的孩子具备发现和创造新事物的能力,前提是自身具备酝酿新思想的本领。妈妈是孩子最好的老师,作为妈妈的你不妨激活大脑细胞,成功地完成教育孩子的创造性活动,做一位伟大而智慧的母亲。

什么是创造力?指的是产生新思想、发现和创造新事物的能力。它是完成某种创造性活动内心所必需的一种品质,是一系列连续不断运作的复杂的高水平心理活动，是在高水平的创造性思维之上产生和进行的。根据西方学者研究结果表明，智商超过一定水平的情况下，智力和创造力之间的区别和界限也就变得并不明显。

创造力较高的人对于客观事物中存在的一些明显失常、矛盾和不平衡的现象更能产生强烈的兴趣，对事物的感受性是比较强的，能抓住别人不注意的问题和现象，进行仔细推敲。作为妈妈更应该培养自己的创造力，提高自己的自信心，关注客观事物中存在的异常现象，坚守自己的兴趣点，从而培养自己的创造思维。

近期，王丽娜总是做事心不在焉、无精打采的样子，同事问她发生什么事，她也不肯说。后来，听其他同事说，王丽娜可能是在为孩子的事情发愁。

原来，王丽娜有一个7岁的女儿，女儿在五个月之前，一直在张家口老家跟姥姥生活。为了让女儿接受好的教育，她便将女儿接到了市里。不料，王丽娜发现女儿跟自己很少说话，不管她怎么样和女儿沟通，女儿总是闷闷不乐，因为长时间的分离，让母女之间产生了隔阂。

听了这件事情，想必很多妈妈都有这样的感受，一位有相同经历的同事为王丽娜找到了解决的办法——让孩子感到好奇。

她问王丽娜："你女儿最喜欢玩什么游戏？"

没想到王丽娜顿时愣住了，五秒钟后摇摇头说道："我不知道。"

"其实我早已猜到会是这个结果。"同事笑着说道，"没关系的，你如果想要让女儿主动靠近你，那你必须做到吸引她的眼球。"

"怎么吸引她的眼球？"王丽娜眼睛中充满了好奇。

随后，女同事将一些个人方法和见解告诉了她，过了半个月，她兴冲冲地跑来找女同事，说是她告诉自己的方法奏效了，现在她的女儿放学之后就主动和她亲近。其他同事听了之后，都很好奇王丽娜是怎么做到的,王丽娜将女同事的"妙招"告诉了其他同事们。

第一,在小细节上创新。比如在为孩子叠被子时,选择不同的叠法和摆放方式,激起孩子学习的欲望。

第二,为孩子置办日用品时,要适当站在孩子的思维角度上去购买。比如,智慧的妈妈应该知道孩子喜欢看什么动画片,在购买毛巾、牙刷时,尽量选带有动画片图案的。给孩子制造惊喜,让孩子有冲动感激妈妈。

激发孩子的创造性,首先就是要求妈妈们提供给孩子观看、模仿、尝试的动力,也就是妈妈们要具备一定的创造力。创造力具有神奇的力量,可以拉近与孩子之间的感情,也可以让你成为孩子内心的"聪明妈妈"。

两个妈妈分别带着自己的孩子去野营,在野外,孩子们都很开心。到了下午,两个孩子玩腻了,想要回家。本来两位妈妈打算好了在野外过夜,第二天才回家的,只是两个孩子一直哭闹着想回家。

其中一个妈妈冲自己的儿子嚷道:"回什么回?不是说好明天回去吗?再哭你自己回去,妈妈不要你了。"听完妈妈的话,儿子哭得更加厉害了。

另一位妈妈见状,微笑着对自己的女儿说:"宝贝,妈妈本来想教你编头上戴的花环的,你看这里这么多鲜花。如果你真想回去,以后就没机会编这么漂亮的花环了哦。"听了妈妈的话,女儿顿时不哭了,在不远处苦恼的男孩也不哭了,而是跑过来恳求阿姨也教自己编花环。

妈妈们需要有一定的创新认识,尤其是在培养自己创造力前,必然要具备一定的心理特质,这些心理特质和孩子的内心发展是分不开的。从上面的例子可以看出,两个妈妈的不同思维会造成不同的结果,具有创新力的妈妈不仅能够让孩子停止哭闹，还能给孩子带来亲切感，从而教会他们更多知识。故此可见，创造力的魅力是巨大的，智慧妈妈需要这种神奇的创造力。

妈妈都希望成为孩子心目中的偶像，和孩子亲密无间，这就离不开创造力的培养。在培养创造力之前，妈妈要懂得从哪几方面着手：

第一，大胆而合理的怀疑。具有质疑精神，才可能激发出创造力。无论是在生活中还是在教子过程中，要对固有的环节和方法产生怀疑，多问问自己是不是有新的方式来解决同类问题，这样妈妈们便能够更好地进行创新思维的培养。

第二，不盲从于大众的抗压心理。独立思维是创造力形成的因素之一，很多妈妈喜欢借用别人的教子方法，觉得别人用过的一定是好的、没有弊端的。其实不然，要善于独立进行思考，分析孩子特点，抵抗外界对你思想产生的压力和干扰力。

第三，不断否定自己的健康心理。只有不断否定，才能找到更正确的方法。妈妈们对于同一个问题，不妨学着否定之前的做法，逼迫自己想出更为正确和准确的观点，这样一来，创造力自然而然就形成了。

创造力具有神奇的力量，是解决固有问题的新钥匙。智慧妈妈完全可以利用自身培养的创造力来拉近与孩子之间的距离，让孩子学到更多的知识。孩子喜欢模仿妈妈的做法，如果妈妈具有创造力，孩子自然会模仿妈妈的创造性活动，间接地开启了孩子的创造性思维，这个时候，创造力的神奇魔力就能展现出来了。

4.做个"为什么"型的好奇妈妈

幸福学认为，人的本性是不满足，即充满好奇。孩子天生具有好奇心，他们总是会时不时地冒出个"为什么"。妈妈们会随着阅历增加和压力增大，磨灭了本应具有的好奇心，这对于了解孩子、亲子沟通是十分不利的。好奇心是创造人才的重要特征，智慧的妈妈能够不断提升自己的好奇心，更全面透彻地了解孩子的内心世界。

心理学专家认为，好奇心主要是指在一个人遇到新奇事情或者是处在新的外部环境下所产生的一种引起注意、操作、提问的心理倾向。好奇心是人类进行学习、前进的内在动机之一，也是人类寻求知识的动力，是创造性人才的重要特征之一。对于妈妈们来讲，也需要对周围的一切充满好奇。

作为妈妈，自然听说过《十万个为什么》这套青少年读物，在实际生活中，很多妈妈也会给孩子购买这套书，让孩子适时地去阅读。妈妈们让孩子阅读这套书的目的无非是希望孩子明白更多的事情。对好奇的事情，找到适合的答案。这种想法本没有错误，可妈妈们自己是否看过这套书呢？

一个具有开创性的人，通常是具有好奇心的。然而随着阅历的增加，人们的好奇心往往会逐渐减退，在日常生活中，妈妈们不会有那么多的困惑，即便是有困惑产生，也往往会忘记问几个"为什么"。日积月累，妈妈们似乎已经忘记问"为什么"了。随着生活压力的增大，妈妈们的内心可能会变得麻木，失去了好奇的本性。

"我的孩子经常问我，为什么树叶会是绿色的，为什么花朵会散发出芬芳……面对孩子诸多的为什么, 我也不知道怎么回答。为了应付孩子, 我只能乱说一气。"有的妈妈可能会这样描述被孩子问及"为什么"时的感受和做法, 但是这种做法不仅不利于孩子去了解事物的本质, 更不利于自身的发展。作为妈妈不应该只让孩子了解十万个为什么, 更重要的是多问自己几个为什么。"为什么"型的妈妈总是比别人懂得更多, 也更能得到孩子的信任。

妈妈们可能会问, 怎么样才能培养自己的好奇心, 成为孩子心目中的智慧妈妈。其实要做到这一点并不难, 妈妈们不妨从以下几点做起。

第一, 小孩子的书妈妈们不一定都能读懂。随着社会的发展, 青少年读物, 妈妈们也要适当地去阅读。比如, 妈妈们应该读一读《十万个为什么》, 这样做不仅能够了解孩子们的思想, 也能够在短暂的时间内回答孩子更多的问题, 成为孩子内心敬佩的智慧妈妈。

第二, 对于不懂的问题, 不妨帮孩子找到答案。孩子是古灵精怪的, 对于他们提出的问题, 妈妈们不可能都知道答案。如果遇到孩子提出的问题自己也不明白时, 不妨和孩子一起努力, 帮助孩子找到答案, 这样做不仅能够拉近母亲与孩子之间的距离, 更能够培养妈妈们的好奇心。

第三, 多问为什么。古话说得好:学问学问, 一学二问。孔老夫子也曾经说过"不耻下问", 要知道每个妈妈的阅历都是有限的, 都有许多不了解的东西, 因此要想达到了解的境界, 就必须通过学、问的过程。不问不得, 有问必得! 妈妈们不妨在生活小事上多问自己几个为什么, 即便是在工作中, 也不妨多问自己几个为什么。

周末, 王丽雅去朋友家玩儿, 一进家门发现朋友的沙发上摆着好几本《十万个为什么》, 开始的时候王丽雅以为是朋友的孩子在看, 后来在交谈中, 才知道是朋友在读这些书, 她很好奇, 便问朋友为什么要读这些青少年读物, 朋友的回答更让王丽雅感到十分吃惊。

"是我儿子逼着我看的。"朋友看到王丽雅好奇的目光，继续说道，"我儿子上初中了，一次他从学校回来，突然问我：'妈妈为什么世界上没有两片完全相同的树叶呢？'听完儿子的问题，我哑口无言，因为我也不知道答案。没办法，我直接告诉儿子，妈妈也不知道，当时儿子很失望。然而没过一会儿，儿子兴奋地跑来对我说：'妈妈，我知道答案了，不同的植物，叶子都会是千差万别的，这是植物具有不同的遗传特点，长针状叶子的树是不可能生出圆形的叶子来。另外，植物受到其生长环境的不同，长出来的叶子形状和脉络也不同。比如在干燥寒冷环境下，植物叶子就会小一些，通常是毛茸茸的；炎热湿润的地区，树叶就会是比较宽大的，还十分的光滑。'他说完之后高兴地回到了自己的房间，晚饭的时候我问他从哪儿找到的答案，他告诉我说是在书上看到的，当时我没在意。"

好朋友继续讲述道："这件事情过去有两三天的时间吧，他放学又问了我一个问题，他问我植物为什么要开花，当时我还是一样的表情，一样的回答。过了会儿，他又跑到厨房告诉我他在书本上看到的答案。儿子念完答案，说了一句话：'妈妈，你要是闲着没事别看电视了，看看我的《十万个为什么》，这样就不会一问三不知了。'听完孩子的话，我深感惭愧，从那天开始我便开始陪孩子一起看这套书，目的是能够帮助孩子解答更多的问题，这样也能丰富自己的知识。"

听了朋友的讲述，王丽雅开始思考，为什么妈妈们不主动去读一些有助于扩展知识面，解决生活中不明白问题的书籍呢？主要还是因为妈妈们没有对外界产生应有的好奇心。

孩子都有打破砂锅问到底的"毛病"，即便书本上给出了答案，他们也很可能会继续问为什么，这个时候需要妈妈们根据自己的阅历和经验，给孩子做详细的分析和解释，自然这个过程就离不开妈妈们对自身好奇心的培养以及找到解决问题的办法了。

　　好奇心让妈妈充满童心。孩子喜欢跟同等年龄的孩子玩耍,原因无非是他们有共同的语言和爱好,都具有一样的童心。当妈妈们充满了好奇心,自然会跟孩子似的对外界充满了激情,这在一定程度上会促使妈妈们变得更加有魅力,成为孩子心目中"最年轻"的妈妈。

　　总之,多问"为什么"是培养耐心和创造力的手段之一。妈妈们问"为什么"的时候,通常是一种创造力的表现。

5.把故事当营养"喂"孩子

　　妈妈们都知道孩子是故事的忠实爱好者,在孩子的世界中,故事是必不可少的。儿童专家统计发现,在家庭成员中,无论是谁只要会讲故事,便能够和孩子保持最为亲密的关系。当然,在实际生活中,不乏听到有妈妈抱怨道:"孩子总是缠着我讲故事,可我脑子里就那么几个故事,讲来讲去孩子都听烦了。"妈妈没有新鲜的故事可讲,这究竟是为什么呢?

　　按照一般规律来讲,随着年龄的增长、阅历的增加,妈妈们对外界事物的了解深度也会增加,自然就会更宽泛地了解新鲜事物,按正常推断妈妈们的脑袋里会装着更多的新鲜故事。

　　一天早上,同事垂头丧气地来到公司,王思思好奇地问她发生了什么事情,她说道:"昨天晚上我儿子让我给他讲故事,我想了半天也没想出新鲜的故事,他都十二岁了,我肚子里所有的故事,都讲过了,哪儿还有新鲜的故事啊?"

王思思问她后来是怎么做的,她继续说道:"我儿子比较倔强,说如果我不给他讲故事,他便不睡觉,没有办法,我为了让他早点睡觉,便在电脑上查找故事,最终找到一个比较适合的故事。给孩子讲完故事已经十一点了,我心想孩子为什么喜欢听故事呢?越想越难以入眠了。"

作为妈妈,应该知道孩子为什么喜欢听故事,因为只有了解到这些,才能成为一名智慧妈妈。

第一,故事是幻想与现实的合理结合。

妈妈们知道很多孩子喜欢听童话故事,要知道所有的童话故事都是虚构的,即便是虚构的,孩子也会十分的痴迷。因为故事是幻想与现实巧妙而合理的结合。

一个故事的形成总是离不开起始、故事情节和结尾这三个部分。作者所创造出的每一个幻想中的人物,都是无法离开生活原型的。这些人物通常是在虚构的环境中进行活动,从而实现了人们所希望的意义。孩子通常都喜欢以自身的生活作类比,甚至会将自己定位为故事中的主人公。妈妈们在讲述故事的过程中,孩子不仅仅是在用耳朵听,更是在全身心地投入其中,进行感觉上的感受和体现,自觉地调动所有的思维与情感。

第二,故事来源于生活却又高于生活。

孩子都乐于听故事,其中一个因素就是故事常常是高于现实的。在故事里,生活变得更加丰富多彩,具有乐趣。即使是一个悲惨的故事,也总是有一个完满的结局,总会引发孩子的幻想。而听一个故事多半可以让孩子体验到一种新的生活,并且这种生活允许孩子加入幻想,幻想促使生活变得更加优雅浪漫。在故事里,孩子不仅能够感到温暖和感动,更能体会到智慧和幽默。妈妈需要幻想,孩子更需要幻想。

孩子喜欢听故事,因为故事能够表现出世界上各种完全不同的风貌。它表达了一种意义，反映出了美丑、善恶和智慧。当孩子每次听到好的故事后，他在心中便能够留下许多美好的画面，比如森林中的城堡、美丽的公主，等等。尽管孩子在生活中无法亲眼看到这些事情，但是他的内心会感知到美好的存在，会激发出他们更为丰富的想象力。想象力越是丰富的孩子，就越喜欢听别人讲故事。

面对好奇心极重的孩子，妈妈脑子中竟然没有新鲜的故事，自然会让孩子感受到失望和无奈。作为妈妈，不仅需要了解孩子，更多的是满足孩子精神上的需求，满足孩子的好奇心和对新鲜感的追求。

那么，妈妈们要怎么做才能够充实大脑，有新鲜的故事讲述给孩子听呢？

第一，要多接触外界事物，对新鲜的事物投入更多的精力。无论是在看电视还是在看报纸，都可以将其上面有教育意义的故事记录下来，或者是铭记在心，这样一来给孩子讲故事时，便能够在大脑中搜罗到既有价值又新鲜的故事了。

第二，要多阅读一些儿童读物。作为妈妈应该了解孩子的内心需求，而最直接的了解方式，便是阅读孩子的读物，了解孩子的心理特点。在阅读儿童读物时，自然能够看到很多适合孩子聆听的、有趣的故事。智慧妈妈可以每天抽出半个小时的时间，去阅读孩子的读物，这样日积月累，自然能够搜罗到不少新鲜的故事。

还要对生活中的故事进行总结。在妈妈们的身边可能会发生很多事情，这些事情有的和妈妈们无关，有的和妈妈们有关，作为妈妈完全可以对自己了解到的事情进行总结分析，把那些适合讲述给孩子听的故事进行记录，以便能够随时找到新鲜故事。

孩子喜欢听新鲜的故事，这是不争的事实，那么为什么呢？其实随着孩子年龄的增长，其大脑也在极速成长，在大脑功能分化的过程中，孩子需要大量地学习和辨别各种从外界传来的讯息，而故事之所以能够特别吸引孩子的注意，除了可以学习语言外，更是因为故事中富含了声调和各种情绪。妈妈们会发现，在讲故事的时候，妈妈们的神情和语调越夸张，孩子就愈容易被吸引，精神越容易集中。

一本书上曾经记录了这样一个故事：一位妈妈带着她自认为十分聪明且具有数学天赋的儿子，向阿尔伯特·爱因斯坦请教如何学好数学，爱因斯坦很直接地回答道："给他讲故事。"那位母亲还是不死心，坚持要请教爱因斯坦学习数学的方法和技巧。爱因斯坦解释道："如果你希望自己的孩子聪明，就给他讲故事；如果你想要自己的孩子变得智慧，那就给他讲更多的故事。"

爱因斯坦认为，一个孩子的想象力比知识更重要，而扩展孩子想象力的有效途径就是讲故事，给孩子讲更多的故事。可见故事对孩子的成长和智慧的形成具有无法替代的作用，妈妈应该为孩子的成长而储备更多的故事，学习更多的新故事。

6.善于创新，尽可能激发孩子的潜能

很多妈妈认为，孩子从出生就有了优劣之分，只有本身优秀的人才能生出优秀的子女，一般的家庭也只能养育一般的孩子。但事实上，遗传对孩子智力的影响，远不如它对孩子身高、体重和外表的影响那样明显。几乎绝大部分健康的儿童，在智力上都是差不多的，即使存在天赋上的差异，经过母亲带有创新意识的教育，这种差异是看不出来的。

以教育理念闻名的老威特有一个经典的运算例证：天才的天赋为100，那么普通孩子的天赋大概只有50，低智商的孩子大概在10以下。

要是孩子都接受相同的教育，那么他们所具备的天赋优劣就决定其命运。但是，目前孩子受到的教育各不相同，有60的天赋的孩子，结果也许只能发挥出30；而如果对孩子进行可以发挥其天赋80~90的有效教育，就算生下来天赋只有50的孩子，也能比天赋有80的孩子优秀。

这笔账我们都会算，天赋的优劣是一回事，能否以创新的方式激发孩子的天赋是另外一回事。妈妈要做的，就是通过科学、适合孩子的方法来教育子女，尽可能地激发他们的潜能，培养他们的学习能力和处世方式，将他们引向精英之路。

孩子身上巨大的潜能和各种各样的特质，等待着母亲去为他创造条件来施展。不同的母亲教育出完全不同的孩子，一个善于创新的妈妈，面对相同的食物总能变换花样做出不同的美味来，对于教育孩子也是如此。在熟悉的教育技巧和方法的情况下，要善于创新，这样才能培养出优秀的孩子。

比如，当孩子偶然有一次成绩不理想的时候，你也许跟很多母亲一样，让孩子认真找出失败的原因，去鼓励他继续努力，争取下次考得更好。但是鼓励的话语孩子听多了也会厌烦，遇到这样的情况曾有一个聪明的妈妈，逆向思维，突发奇想给孩子发了一个失败奖，结果收到很好的效果，孩子的成绩也稳步上升了。当妈妈发现失败奖对孩子的激励效果很大，很容易让孩子找到信心时，于是就把这种方法沉淀到了自己的思想意识中，不管遇到什么事情她都会给孩子发奖，就在这样特色的教育下孩子一步步获得了成功。

所以,作为当下的妈妈,一定不能墨守成规,善于在教育孩子的过程中用心思考,来点创新,每一个孩子都会成为天才,每一个孩子都能成为未来社会的精英。

一把锋利的刀,落在坏人手中可能危害社会,落在好人手中就可能惩恶扬善、除暴安良。好的教育方法也是一把利器,再科学民主的教育方式,没有正确的教育思想来引导,也只会让孩子成为实践一种危险的教育理念的牺牲品。所以,妈妈在家庭教育中要掌握一些正确的教育思想,融入自己的家教活动中来。

在教育领域,有一个人是妈妈不能不知道的,他就是"教育奇书"《卡尔·威特的教育》的作者卡尔·威特。这位德国乡村牧师的教子经验,被中国图书界以各种版本推荐给家长,书中的故事富有传奇色彩。卡尔·威特的教子经验之所以能够得到大众的热捧,"非功利教育"理念就是其中的亮点。

卡尔·威特在他的书中非常强调自己的教育理想,就是将孩子培养成一个"接近完美的人"。在他看来,那些接受了片面教育的偏才和高分低能的儿童都是"俗人",一个真正的天才应该是身体和心灵都得到健康发展的人。要让孩子做到全面发展,妈妈首先必须抛弃功利性的教育思维,杜绝将孩子培养成"供人观赏的玩物"。

在生活中,很多母亲为了将孩子推上各种荣誉的位置,不惜大刀阔斧地改造孩子的成长空间,让他们向着自己满意的方向成长,结果养出一盆盆"病梅",满足了观众的眼睛,却捆绑了孩子的天性。正如卡尔·威特所说,真正有意义的教育,应该着力于对孩子本身的培养,抛弃种种功利性,以合理的方式开发出他们潜在的能力。如果仅仅是为了实现父母的愿望,教育将变成可怕的改造人的手段,孩子的一生都将生活在痛苦当中。

具有创新意识的妈妈懂得:成功不能一蹴而就。决定一时抛弃功利性去教育子女,可能并不难,但要自始至终地秉承关照孩子心灵的教育思想,对很多母亲来说并非易事。因为非功利的教育首先关注的是孩子本身的成长节奏和需求,可能不会让孩子在短期之内有学识上的进步。而社会会给家长诸多压力:特长生潮流、高分名校情结、就业竞争激烈等,在讲求效率和速度的现实面前,家长未必能够稳住阵脚。

我们相信,心胸的大小决定一个人事业的大小。在决定孩子心胸和视野的宽度和深度的少年时期,孩子最大的收获不在于有多少荣誉证书,而是学会今后做学问、做事情的道理和方式。因而早期教育就需要家长接受一个事实:教育不会立竿见影,但是它是成功的基础。

据统计,1500~1960年间,全世界的1249名杰出科学家和1928项重大科研成果的创造者在年龄上有一个阶段划分:科学创造的最佳年龄区是在25~45岁,最佳峰值年龄在37岁前后。更为精准的数据是,在诺贝尔奖的大部分获得者中,物理学家的平均年龄为35岁,化学家的平均年龄为39岁。

当然,科学家只是社会精英中的一类,但他们也是最能代表智商的一类人。普通人对科学家总有一种崇拜的情感,因为他们代表人类的思维精英,可以办到我们办不到的事情。上面的统计显示,科学家往往在青壮年才能够有所成就。

精英人士的成功经历了漫长的酝酿过程,绝非突然被幸运眷顾而成功。如果仅仅看到别人取得的成绩,而忽视他们努力的过程,相信出人意料的奇遇,那他的一生也将在等待中度过。同样,妈妈如果放弃教育孩子的黄金时段,而盼望他日后自己成才,也往往不能如愿。

成功不能一蹴而就,成才如是,教育亦如是。妈妈教育孩子的时候要有信心,只有相信孩子会向我们期待的方向发展,看到孩子未来的发展,才会有耐心,教育的目标也才能慢慢实现。

此外,妈妈要读懂多湖辉先生所说的"恰当的批评是有益的"。

在对待孩子的奖惩上,日本教育家多湖辉有自己的看法。他认为,孩子会在被批评的过程中,学会辨别是非,学会区分哪些事情是好的、哪些事情是坏的。因此,妈妈要学会使用既改正孩子缺点、又不伤害孩子自尊心的批评。

批评孩子,应该保持冷静的态度,向他讲道理,以理服人,而且自己的立场也要始终如一。另外,批评孩子要有分寸、方法得当。

多湖辉曾因不满学校的严格管理,作出了伙同他人一起破坏学校部分校舍的荒唐之举。学校的规章制度非常严格,所以他已做好了退学的思想准备。而校长却把他们叫到校长室,流着眼泪说了下面的一段话:"太令人遗憾了。我现在什么也不说,想必你们也在反省自己吧?希望你们能再一次反思一下自己所做的事情。"校长宽宏大量的批评,深深地刺激了学生们,使他们进行深刻的自我反省。因此,采用什么样的批评方式非常重要,它既能使孩子的才能得到提高,用之不当,也能使之下降。

多湖辉一直主张:"批评时要正襟危坐。"进行重要的谈话时,任何人都要端正姿势,创造一种严肃的气氛。而且,不是单方面地命令别人如何去做,而要采取一种理解对方的立场、倾听对方意见的具有包容性的态度。不论做了多么荒唐的事情,都应该有其原因。问清这些原因并予以理解是能让孩子接受批评的先决条件。

总之,妈妈在这些世界先进的教育思想和理念的指引下,结合自己的孩子的情况,把这些先进的教育思想和方式融入自己的生活中来,培养一个优秀出色的孩子指日可待。

7.开发孩子的想象力

歌德曾在一篇散文中写道："我继承了父亲的身材和认真生活的态度。从母亲那里，我得到的是幸福和讲故事的快乐。"

爱因斯坦曾说过："想象力比知识更重要，因为知识是有限的，而想象力概括着世界的一切，推动着进步，并且是知识进化的源泉。"

一个有创新意识的母亲必然会注重对孩子想象力的开发和培养。在这方面歌德的母亲做得很出色。

歌德是德国文坛上的泰斗，他的创作涉及诗歌、散文、戏曲等各种体裁。他的《少年维特的烦恼》一出版，就让他闻名远扬，代表作《浮士德》可以与《荷马史诗》和莎士比亚的戏剧相媲美。这位伟大的作家之所以能奏响壮丽的人生乐章，和父母对他进行有计划的多方面的早期教育，尤其是他母亲对他早期想象力的开发，有着密切的关系。

歌德的成就当然还有很多其他方面的原因，如丰富的学识才艺（父母还培养他学习外语，学习文理科知识、美术、音乐、舞蹈等）。可我们知道，博学者未必就是大文学家。黑格尔说："想象是最杰出的艺术本领。"成功的文学创作离不开特殊的想象力，而未成年时期又是这种特殊想象力形成的关键时期。

歌德有一位优秀的母亲，她是当时法兰克福市长特克斯托尔的女儿，从小受过文学的熏陶，她的文学素养很高，平时喜欢给儿子讲有趣的故事。她为了使歌德养成勤于动脑的好习惯，从不一次性把故事讲完，每讲到故事情节的关键处，她就会停下来问歌德："你说以后会发生什么呀？"母亲像老师给学生留作业那样，让歌德自己回去好好想想后面的情节，到底应该怎样发展才合乎情理。歌德对母亲留的作业，非常认真地去完成。晚上，他躺在床上，回想着母亲讲的故事，按照故事发展的脉络想象下去，设想故事发展的多种可能性。有时还同奶奶商量，直到想出一个自己认为满意的答案为止。第二天，母亲让孩子自己先说，然后再继续讲。有时歌德说得不尽合理，母亲就让他想想以后再说。

有时候歌德会在听故事中途插话："妈妈，公主不应该嫁给那个肮脏的裁缝，即使是他帮她杀了那个巨人。"听到歌德这些话，妈妈心里很高兴，因为歌德已经学会自己动脑子了。

歌德丰富的想象力和构思能力就是这样被母亲培养出来的。歌德7岁时能编出饶有诗趣的《新帕利斯》童话，与此不无关系。这也为他后写剧本和小说打下了良好的基础。

想象力是一种很必要的创新能力，对孩子以后参与工作会有很大的帮助。开发想象力要趁早，也要讲究科学的方式，其实开发孩子想象力的方式是多种多样的。

斯托夫人认为，电影对孩子还是很有教育价值的。好的电影会开发孩子的智力和想象力。为此，她经常带女儿去看好的儿童剧和电影。她们不光看，回去以后还模仿电影中的情景进行表演。角色不够时，就用玩偶和其他物品代替。不仅对电影情节如此，对于读过的故事，她们差不多也都表演过。

在开发孩子想象力上，妈妈带领孩子做孩子喜欢的游戏十分必要，也容易开展，因为这是孩子的本能。比如，妈妈和女儿常常做蒙眼睛的游戏。事实上，几乎所有孩子都喜好这一游戏。具体的玩法是把孩子的眼睛蒙上，给她各种物品让她猜是什么东西。另一种玩法是蒙上眼睛，在屋子里摸索，碰到一件东西让她猜是什么。这类游戏能有效地发展孩子的想象力,但是要注意安全。

用纸、布等材料制作物品等也会开发孩子的想象力,对发展孩子的能力十分有效。只要肯动脑筋,可做的东西种类是很多的,孩子们在任何时候都可以高兴地玩。妈妈还可以和孩子做蝴蝶、船等,用剪好的布做娃娃,用卷烟盒做小马车和火车,用厚纸建造房屋和城市,建造桥梁和宝塔等。还可以用花生做娃娃,用香蕉做马,这些游戏,不仅可以让孩子高兴,而且还能发展他们的创造能力。

斯托夫人在她女儿很小的时候就教她做玩偶的衣服和简单的刺绣。女儿4岁时,就已能把首次做成的刺绣成品赠送给婶母了。这是一个在白布上用各种颜色的丝线绣成的头戴遮阳帽的少女。此外,斯托夫人还教女儿各种针织方法。女儿的手工艺品种类很多,都是从小逐渐积累的。下雨天不能在室外玩时,她总是十分高兴地把这些物品拿出来欣赏。

每一个优秀和负责任的妈妈都希望孩子将来能成为精英,希望孩子在各自的领域创造性地做出一番事业,那么孩子想象力的培养是不可或缺的,拥有丰富想象力的孩子才有创新的想法,在竞争中独占鳌头。

第四章

永不落伍,成为孩子的美丽偶像

1.避免"代沟",聪明的妈妈要跟上潮流

在生活中,你听到过孩子这样的抱怨吗:"妈妈的思想古板,观念守旧,但又总喜欢管我的事情,她的方法根本就是错误的,又跟不上时代,简直无法沟通,这严重影响了我的很多事情,不听她错误的方法,她就说我不听话。"如果作为妈妈的你听到孩子如此抱怨,那么你就应该认真思考一下了。

在生活中,你的子女喜欢和你进行沟通吗?他们会将自己的心事告诉你吗?如果答案是否定的,那么作为妈妈的你应该好好地进行思索了。

如果你的子女开始抱怨和你没有共同语言,或者是不喜欢跟你交流,那么证明两代人之间出现了代沟。提到"代沟"一词,可能会让很多妈妈产生惧怕的心理。

代沟通常是指两代人因为价值观念、思维方式、行为方式或者是道德标准等方面的不同所带来的思想观念和行为习惯等的严重差异。一旦两代人之间出现了代沟,那么便很可能出现"代际冲突",即由代沟而导致的两代人在解决某些问题方式、评价问题标准等方面产生的分歧和矛盾。

妈妈们可能会问两代人之间产生代沟的因素有哪些呢?

一是自然方面原因。随着孩子年龄的增长,其生理和心理方面也会发生变化。孩子的身高体重迅速增加,中小学的孩子慢慢进入青春发育期,第二性征开始出现,到了初中,孩子们会成长为一个个健壮的小伙子和漂亮的大姑娘。这时,他们心理上也会迅速地向成人过渡。此时,他们的自我意识会逐渐增强,独立意识明显增强。在心理方面,则是处在变化的"断乳期",人格成长的"危险期"和学业能力的"分化期",故此,教育引导也就进入了"困难期"。

在这一时期,孩子面临的矛盾表现为:希望受到尊重与他人不予尊重的矛盾;要求能够独立自主与不能完全独立自主的矛盾;渴求理解却不希望过多表达的矛盾。妈妈们应正确认识和对待孩子的这些心理特点与心理矛盾,以便有的放矢地进行沟通。

随着孩子慢慢地长大,他们也开始变得重视自我的感受,因此,对于妈妈的教育都会有"闭锁"倾向,这是很正常的。如果此时妈妈们不能用更为科学的方法和孩子进行交流,那么很可能会出现代沟。代沟的出现也会让家庭产生矛盾,从而造成不良的家庭气氛。

二是社会原因。由于社会的急剧变化,两代人的教育和经历是不同的,因此妈妈们和孩子对生活、工作以及社会问题的态度和观点必然也会有所不同。如果此时,妈妈们不能够根据社会的发展,了解孩子这一代的思维方式和态度观念,自然会和孩子产生分歧,争论就会不断发生。

譬如,现在有很多孩子对社会问题很关心,受到科技的影响,他们了解外界事物也比较多,因此他们有自己的分析和判断,这是信息时代对孩子的影响。如果妈妈们还是固守观念,整天除了逼迫孩子学习,不允许孩子将精力投入到社会新闻等方面,自然会给孩子带来一种压迫感,孩子会觉得妈妈跟不上社会的发展,从而产生代沟。

故此,妈妈不要再对孩子说"只要专心读书就行了,别的不要过问"、"小孩子不要管什么国家大事,这和你没关系"等这样的话,当孩子看电视新闻,关心社会热点的时候,妈妈们不妨给予鼓励和支持,不要怕孩子受到消极影响而不让他走出家门面向社会。

三是家庭原因。形成代际冲突和矛盾的主要原因自然是来自家庭,具体表现在以下几方面:

首先是妈妈们的教育态度不正确。有的妈妈受到封建伦理观念的影响很深,总是认为子女是自己辛苦养大的,是自己的私有财产,应该属于自己的管辖范围之内,因此自己拥有绝对的权威和尊严。甚至有的妈妈会有"孩子必须听我的话""我所说的都是对的"这种"霸道"的思想,根本没有给孩子足够的尊重和信任,总是专横跋扈,不讲民主。不分时间、场合地对孩子进行唠叨说教和批评指责,使孩子感到难以接受。

有的妈妈根本不能从孩子的现实条件和学习基础进行实际情况分析,总是认为自己的思想认识都是正确的,在很多时候根本不在意孩子的内心所想,硬是要按照自己的意愿为孩子设计未来的人生之路,要求孩子做到样样争先,出类拔萃,这样一来孩子会觉得妈妈根本不理解自己,便会产生矛盾和代沟。

其次是家长的教育方法不得当。随着孩子的成长,妈妈们对孩子的教育方法也要有所改变,一定要适应孩子的年龄段,不要用教育幼儿的方式来对待已经上了中小学的孩子。过多的关心、过细的要求和过严的管束都会令孩子反感,因此,在对待孩子教育的问题上,妈妈们一定要根据孩子的年龄段做出适当的改变,学会尊重孩子的心理变化和思想,得不到尊重和理解的孩子和高高在上的妈妈之间的距离会越来越大。

再次是缺乏了解和沟通。有的妈妈总是忙于事业工作,忙于操劳的生活,很少与孩子在一起活动、交流和沟通。除了偶尔过问孩子的学习之外,无视孩子的情绪和心理,两代人很少接触,造成缺乏情感和思想的交流。在生活中,妈妈们对孩子的内心世界了解得太少,这样就难免会产生代沟。

如果妈妈们的思想过于传统或者保守,对社会的发展和新问题没有适当的认识,而孩子所受教育又比较现代化,自然会和妈妈的思想产生分歧,久而久之,便会有代沟。一旦产生代沟,两代人之间的沟通就会出现障碍,这对孩子的成长完全不利。由于"代沟"的存在,妈妈的教育方法难以实施,甚至会以失败告终。缺少妈妈正确的教育和指导,孩子的思想、情感和行为也难免会出现缺失和偏差,从而给孩子的性格形成和道德观念的形成产生不良影响。

看到代沟会出现如此多的问题,作为妈妈的你究竟要如何来做呢?

第一,接受外界新鲜事物,开阔自己的眼界。时代在发展,妈妈们要跟随时代的脚步,主动了解新鲜事物,对社会敏感话题、热点话题进行了解。对于孩子关注的问题,一定要有一个比较科学的认知,不要拒绝接受新鲜事物,更不要责备孩子去接触新鲜事物。

第二,多与孩子进行沟通。在和孩子进行沟通的过程中,要有意识地去了解孩子的思想和心理变化,站在孩子的角度去思考问题。对于孩子合理的思想要进行表扬和鼓励,让孩子感知到来自妈妈的支持和关心。

第三,关注孩子感兴趣的事情。当孩子进入中小学之后,都会拥有自己的兴趣爱好,此时,妈妈们不妨鼓励孩子向着兴趣点发展。在孩子追求兴趣爱好的过程中,如果遇到了困难,妈妈们应该帮助孩子去解决问题,让孩子了解到妈妈对自己的支持和鼓励。

第四,遇到问题要与孩子讨论。不管是家庭问题还是工作中的问题,都可以拿出来和孩子一起讨论，这样不仅能够知道孩子这一代的思想，还能间接培养孩子的思维能力。给孩子提供参与的机会，这能够让孩子感受到来自妈妈的尊重。

聪明的妈妈是不会让自己的思想停滞不前的，更不会允许自己的想法固步自封。随着社会的发展，智慧妈妈会更加关注新生代的心理变化和思想发展，从而跟随社会的发展，改进自己的思想，让自己的思想变得与时俱进，从而和孩子达成共识，避免代沟的出现。

2.在细节上传达给孩子美好

在生活中，妈妈们需要不断地改善自己的生活。妈妈们是家庭生活的核心塑造人，因此有责任让自己的生活变得更加美好。在生活中，妈妈们应该成为一个细心的人，在细节上进行质量提升，从而让生活变得更加完美。

就拿妈妈们与孩子相处来讲，应该尽量给孩子提供一种美好的环境和气氛。

比如平日里妈妈们叫孩子起床会说："儿子（女儿）快点起床，要迟到啦！"现在不妨改成："宝贝，今天天气特别好，你听到外面小鸟的叫声了没，起来看看外面的阳光吧。"这样的表达方式能够让孩子聆听到来自大自然的音符，从而留意观察生活中的点点滴滴。

"儿子（女儿），到学校一定要听话，上课要认真听讲，不懂的一定要问老师。"经常会听到妈妈们说这样的话，这样的话其实起不到多大的效果，因为一个人只有在被要求、被期待的时候，才能够表现得很乖。随着孩子一天天长大，这种乖和听话也不会很持久。那么妈妈们要注意这些细节问题，改成："宝贝，妈妈希望你能够开心愉快地度过这一天，放学回家后，妈妈等着你分享在学校里发生的有趣的事情。"

要注意给孩子输入的信念应该是开心愉快的，也是非常有趣的。即使在生活中遇到不开心的事情，回家了妈妈也愿意聆听和陪伴我。这样不仅能够让孩子感受到来自妈妈的温暖，更是提升生活质量的一种方式。

妈妈们在细节上要传递给孩子一种美好的感觉，这种美好并不是假象，而是一种美好的感受。

比如说当妈妈们带着孩子在外面玩耍时，天气突然发生变化，瞬间就下起了大雨，很多妈妈抱怨说："这是什么鬼天气，周末也不能玩儿一下。"虽然妈妈们的这句话是无意的，但是却会给孩子带来一种抵抗和烦躁的情绪和感受。一个聪明的妈妈会这样说道："雨中漫步的感觉也不错呀，感觉空气变得更加清新了。"妈妈们换一种情绪，孩子就能够有不同的感受。

又比如在接孩子放学回家的路上堵车了，如果妈妈们总是抱怨："唉，烦死了，又堵车，回家都几点了，还一堆事情呢？"这样的语言势必会让孩子同样感到很急躁，不如改成："正好有机会可以好好看看路边的风景了。"

在这些细节问题上着手，我们的生活会变得更加完美。

所谓细节决定一切，有的妈妈不注意自己在孩子心目中的形象，更不注意在孩子面前的言语，认为那些根本不重要。

孩子问道："妈妈，你的工作是不是很辛苦呀？我看你整天都无精打采的。"

妈妈不假思索地回答道："是很累呀，妈妈要辛苦工作，供你上学，上最好的大学。"

妈妈的一句话造成了严重的后果，在期末考试的时候，孩子的成绩出奇得差，就连老师都觉得惊讶。当妈妈问孩子怎么会考这么差的时候，孩子的一句话吓到了妈妈："这样就考不上好大学了，妈妈也就不用那么辛苦地工作了。"

其实，孩子从心里是很爱自己的父母的，妈妈们没有必要时刻给孩子灌输辛苦的思想，这会给孩子造成心理负担。

在日常生活中，妈妈们要从细节上注意自己的行为，通常包括以下几点：

第一，语言上要三思而后语。不要认为孩子天真，没有太多思想，就不会胡思乱想。在家庭生活中，妈妈要注意自己的言辞，很多时候妈妈的语言不当会让家庭生活变得不和睦。

英国剑桥大学曾经有一项研究显示，父母经常吵架争论，会增加孩子患抑郁症的风险。父母因为言语上的不注意发生争吵，最终出现离异的概率很大，这对家庭生活是很不利的影响，也会给孩子心理带来极大的伤害。然而，作为妈妈的你在很多时候是不会考虑到孩子的感受的，在孩子面前把"领导"、"干部"、"员工"的角色扮演得淋漓尽致，却没有担当好妈妈的角色。随着时间的积累，孩子会出现反感、厌恶情绪。故此，妈妈应该注意自己的日常言语，尽量不要破坏家庭和睦的气氛，更要在乎孩子的真实感受，给孩子表达自我的机会。否则，在这种不良情绪的长期影响下，孩子学习成绩下降，各种不良行为习惯也逐渐形成。

第二，行动上三思而后行。在现实生活中，有的妈妈经常会将工作中的情绪带到家庭生活中，这种负面情绪会影响到孩子的成长，对孩子内心的发展十分不利。甚至在很多时候,妈妈根本不会考虑到自己的所作所为是否会对孩子的内心产生不利影响。聪明的妈妈会注意自己的一举一动,尤其是在孩子面前,会变得更加小心,这样做是为了不给孩子带来负面的影响。

随着社会的发展,我们的生活是需要不断改变的,而妈妈作为家庭重要成员之一,更是需要进行创新活动,尤其是在细节上进行创新,注重对细节的改造,这样会让生活质量不断提高,也会让孩子感受到你给其带来的快乐生活。妈妈在生活中注意了质量,孩子也会效仿的。

3.通过动画片跟进孩子的想象空间

动画片是孩子生活中不可或缺的一部分,很多时候孩子会通过动画片想象自己的世界,感受外界事物,此时妈妈们要想成为孩子知心的朋友,必须也要了解一些孩子常看的动画片。很多时候孩子的想象都是从动画片中得来的,妈妈们只有了解孩子所看的动画片之后,才能够跟上孩子的思想步伐,展开想象,实现更适合孩子成长的创新活动。

即便是作为孩子的妈妈,也很难说清孩子为什么那么迷恋动画片。关于孩子的心灵世界,妈妈们不可能完全用"为什么"来找到清清楚楚、明明白白的理由,但不要以为找不到足够的理由,就是没有价值。当妈妈们说不清这个问题的时候,可以像孩子一样投入地看一回孩子喜欢的动画片,用心去体悟可能比用嘴去解释更好。这个时候,妈妈们或许会明白孩子为什么喜欢动画片,也会和孩子有同样的想象。

一位妈妈这样描述道：有一阵，我的女儿非常喜欢看《葫芦娃》，也常常在游戏时当"水娃"。当时，我不明白女儿为什么会喜欢看这部动画片，一天我终于忍不住像女儿那样看起了动画片。在看动画片的过程中，我将自己想象成水娃，并和女儿玩游戏，当我变成水娃"喷水"的时候，我觉得自己好有力量！此时，我开始明白孩子为什么喜欢看动画片了，因为像《黑猫警长》《葫芦娃》这样的动画片都能给孩子带来正义的想象，这些都是孩子的梦想，让孩子感受到自己充满力量。作为妈妈的我也开始明白孩子的思想，了解到孩子为什么会充满想象，因为此时我也通过动画片展开了想象，想象自己是一名充满正义的水娃，彰显着自己的能量。

对妈妈来讲，动画片可能没有吸引人的地方，如果妈妈们能够将自己看成孩子，静静地观看动画片，便会跟随着动画片中的情节发生想象，要知道这个过程就是孩子提高想象力的过程。这样一来，妈妈们会更加了解孩子，进行的创新活动也更能得到孩子的喜爱。

小美说她的女儿特别喜欢看《喜羊羊与灰太狼》，不管是哪个电视台播出，她都会看，即便是看过两三遍了。后来，小美也开始喜欢上这部动画片，在看完这部动画片后，她叫上所有的家庭成员，扮演起了动画片中的情景，女儿当了美羊羊，自己充当了喜洋洋，丈夫充当了灰太狼。在游戏的过程中，女儿很开心，并且还说以后要经常玩这个游戏。

经过调查表明，外国一些优秀动画片似乎更受孩子欢迎，比如《米老鼠和唐老鸭》《猫和老鼠》等。究其原因，可能是这些动画片制作比较精良，人物形象也很可爱，想象大胆丰富。面对这些动画片，孩子们的思想会变得更加积极活跃，因此妈妈们要想跟上孩子的想象步伐，不妨加入到看动画片的行列，了解孩子的思想，这样便能够打开自己的想象空间，创造出更适合孩子的游戏，给孩子的生活增添更多快乐。

关于动画片，孩子总是有说不完的话，只要妈妈们提到一部动画片，孩子的嘴巴就会滔滔不绝地说个不停，通过孩子的讲述，妈妈们能够感知到孩子的思想是多么的活跃。那么，妈妈们通过动画片来跟进孩子的想象空间，到底有什么好处呢？

第一，应对孩子淘气的好战术。面对淘气的孩子，妈妈们完全可以通过动画片中的人物来对孩子进行教导，这种想象能够让孩子瞬间摆脱调皮。比如，当孩子淘气不听话的时候，妈妈们可以主动邀请孩子一起玩黑猫警长的游戏，孩子自然会听话。

第二，和孩子一起幻想，成为孩子的"朋友"。孩子喜欢幻想自己是动画片中人物，比如看完《喜洋洋与灰太狼》后，孩子自然会喜欢上聪明勇敢的喜洋洋，如果妈妈们能够跟着孩子一起想象，配合孩子的思想，充当一下灰太狼，那么孩子会很乐意与妈妈玩耍，自然心中有什么事情也会告诉妈妈。

需要提醒的是，在生活中，很多妈妈们在自己繁忙的时候，将孩子的空余时间完全交给动画片，这种做法是不可取的。作为妈妈，你有责任让孩子的生活变得更加充实，也有必要通过动画片打开想象的空间，为孩子制造出更多的乐趣。

聪明的妈妈会通过孩子喜欢的动画片，创新出很多有趣的游戏，然后和孩子一起参与其中，既能达到拉近亲子关系的目的，又能够开发孩子的智力，让孩子在快乐中进行想象。

4.多为孩子创造一些小惊喜

生活,是琐碎的堆积。妈妈们习惯了生活的琐碎,习惯了一贯的行事风格,这样一来,就不想去寻找新的出路,或是为自己的生活增添一些新奇。而孩子的成长过程是需要新奇玩意的,故此,妈妈们必须发挥自己的创造性思维,多为家庭生活创造出一些惊喜,给孩子创造出更多进行思考的机会。

刘梅去朋友家做客,朋友十分热情地迎她入门。一进家门,她看到朋友的妻子在包饺子,笑着打完招呼后,问道:"是不是中午要请我吃饺子呀?"朋友的妻子也是十分热情,笑着答道:"对啊。"此时,刘梅发现饺子奇形怪状,有的像老鼠,有的像葵花。她更加好奇了,问朋友的妻子怎么包出这么多花样。朋友的妻子笑着说道:"我的女儿琪琪有些挑食,而饺子的营养价值挺高的,为了让她能够不挑食,我故意将饺子包得好看一些,这样她就会吃得多一些。"听完她的话,刘梅心想这个女人真是太聪明了,中午的饺子,小琪琪一定会吃很多。

热腾腾的饺子端上了桌子,琪琪正好从朋友家回来,她盯着桌子上的饺子不开心地说道:"又吃饺子呀?我不想吃。"只听朋友的妻子说道:"这可是你说的哦,等会儿可别后悔。"

四个人坐定,刘梅和夫妻两人都吃了起来,琪琪还是愣在一旁。此时,她似乎发现了什么,指着盘子里的饺子说道:"妈妈,葵花,那个饺子长得跟葵花一样。"朋友的妻子笑着说道:"这是妈妈专门给琪琪包的,可琪琪还说不吃。"

还没等朋友的妻子说完，只见琪琪的筷子已经伸向了那个长得像葵花的饺子，琪琪边吃边叫道："真香。"最后，琪琪将所有奇形怪状的饺子都吃了，吃完之后还要求妈妈下次包饺子的时候叫上她。

从朋友家出来，刘梅回想着吃饺子的那一幕，心中不由得感叹朋友的妻子是一位智慧的妈妈。

在生活中，如果妈妈们无法满足孩子的好奇心，孩子势必会进行一些反抗。就拿琪琪不吃饺子来讲，如果妈妈不知道想方设法勾起孩子的好奇心，"诱惑"她去吃，她是不会吃的。

妈妈们为孩子创造新奇玩意儿，到底有什么好处呢？

首先，有利于激发孩子的好奇心，这对孩子的思维形成是有一定帮助的。尤其是在孩子产生好奇后，进行求知的过程，是有助于孩子的成长和智力开发的。再者，有助于拉近亲子距离。当孩子渐渐与母亲感情疏远时，妈妈们不妨以此为拉近彼此距离的有效途径。第三，让家庭生活更加丰富多彩。很多妈妈都会抱怨自己的家庭生活过于平淡，此时不妨进行这方面的创新，这有利于为生活制造新的闪光点。

一位妈妈和儿子分开了五年，孩子一直在老家由奶奶照看着，在儿子十岁的时候，妈妈将他接到了身边。此时，儿子已经上了小学，妈妈却发现他很少和自己亲近。妈妈因为这件事情十分苦恼，于是，她想出了一个办法。

这天，她提早下班回家，去了花鸟鱼市场，在市场上买回来一只乌龟。回到家中，她将这只乌龟放进了不大不小的鱼缸中，并将鱼缸放进儿子的房间。儿子放学之后，走进自己的房间写作业，突然看到了桌子上的乌龟，兴奋地叫了起来："有只乌龟。"

儿子跑到妈妈面前，问是不是妈妈买给自己的，此时，儿子突然开始跟妈妈交流,说道:"在奶奶家的时候,我也养了一只乌龟,可是后来生病死了。这只乌龟,我一定好好养,一定要把它养大。"

从那之后,母子之间开始围绕着这只乌龟进行交流,渐渐地,两个人的关系变得融洽,儿子也越来越愿意和妈妈交流了。

智慧妈妈懂得利用一些小方法来让孩子变得快乐。我们需要付出自己的心智,激发孩子的好奇心,从而激发孩子的探索精神。在平淡的生活中,妈妈们有责任让生活充满新奇,这不仅是为了孩子,也是为了让你的生活变得更加丰富,家庭成员之间变得更加和睦。

以下几个小方法可供参考:

(1)饭菜出新招:将胡萝卜片雕刻成各种形状,比如小草、小猪、小树等,在炒菜的时候放进去。

(2)早上孩子的起床问题是很多妈妈的难题,妈妈们完全可以用碗或者杯子做手机扩音器,将手机放进去,早上可以当闹钟,很响。即便孩子想睡懒觉,手机也不会允许的。

(3)生活中突发情况很多,比如当妈妈们给孩子烧好了热水,孩子正要去洗澡的时候,突然发现家里洗澡间的喷头坏了,此时,妈妈们不妨用矿泉水瓶直接套在喷水管子上,将瓶子底部打上密密的小孔,这样自制的喷头就做好了,孩子可以在短短的五分钟后继续洗澡。

5.注重外在，穿出时尚妈妈范儿

在生活中，每个女人都应该注重自己的外在形象，有的妈妈认为自己的孩子已经十几岁了，根本没必要在乎那么多外在形象。

一次微微听到娜娜抱怨道："我妈简直太土了，她从来不打扮自己，穿衣服也不讲究。如果在家里不讲究也就算了，上次参加家长会，其他同学的妈妈都打扮得很漂亮，只有我妈妈，上面穿了一件蓝色的T恤，下面穿了条土色的裤子，又背了一个鲜红色的包，当时我感觉自己丢脸死了。"

娜娜的妈妈是微微的好姐妹，她年轻时长得很漂亮，只是随着孩子的成长，她越来越不在意自己的着装了。妈妈也是女人，是女人就需要打扮，即便是简单的服装搭配也能够让自己变得美丽起来，起码能够让孩子感受到妈妈的魅力所在。

微微将娜娜的话讲述给了好姐妹听，她说道："孩子都上初中了，自己也老了，哪儿还有心思打扮自己，再说打扮那么漂亮给谁看呀？"微微说孩子很在意自己的妈妈是不是漂亮的，他们都有一种潜在的攀比心理，如果自己的妈妈不如别人的妈妈漂亮，他们很可能形成自卑心理。朋友听了微微的话，没有多说什么。

过了有两个月的时间，微微再一次拜访了朋友家，这一次朋友给薇薇带来了惊喜。薇薇说："她这次给我的感觉完全不一样，穿得是那么时尚，发型也发生了变化。"娜娜笑着小声对微微说："阿姨，我妈妈现在可臭美了，不过同学们都夸我妈妈漂亮呢！"

　　智慧妈妈不会在出门时，拿起一件衣服穿上就走，她们总是会选择适合的衣服进行搭配，然后整理好自己的每一件饰品后，再出门。聪明的妈妈明白在孩子心中树立良好的形象是一件非常重要的事情，只有做到这一点，孩子才能够更加敬重妈妈。

　　都说孩子眼中妈妈是最漂亮的，其实要成为孩子眼中漂亮的妈妈，多多少少都应该了解一些服饰搭配的技巧。即便妈妈长得再漂亮、再天生丽质，如果不懂得服饰搭配，在穿着上一点也不讲究，那么美丽也会被掩盖，当你和其他孩子的妈妈走到一起时，孩子难免会在内心形成对比，从而感觉到自己的妈妈没有别人的妈妈漂亮。如果孩子产生这种想法，他们可能会形成自卑心理，这一点是不可小视的。

　　搭配技巧一：掌握主色、辅助色、点缀色的用法

　　妈妈们都知道主色是占据全身色彩面积最多的颜色，大概占到全身面积的60%以上。在生活中，主要是妈妈们经常穿的套装、风衣、大衣、裤子、裙子等。辅助色指的是与主色搭配的颜色，占全身面积的40%左右。比如妈妈们穿戴的上衣、外套、衬衫、背心等。点缀色一般只占全身面积的5%到15%。比如丝巾、鞋、包、饰品等，只是起到画龙点睛的作用。据相关资料统计，世界各国女性的服装搭配技巧中，日本女人最多的饰品是丝巾，她们会将丝巾与自己的服装做成不同的风格搭配。法国妈妈们经常会选择胸针，以展示女人的浪漫情怀。

　　搭配技巧二：自然色系搭配法

　　妈妈们在服饰颜色的选择上，一定要格外注意，尤其要分清楚暖色系与冷色系。暖色系除了黄色、橙色、橘红色以外，还包括所有以黄色为底色的颜色。暖色系的服饰一般会给人华丽、成熟、朝气蓬勃的感觉，而在生活中适合与这些暖色基调相搭配的无彩色系，除了常见的白、黑，最好使用驼色、棕色、咖啡色。再者说到冷色系，通常是以蓝色为底的七彩色。与冷色基调搭配和谐的无彩色，最好是选用黑、灰色，避免与驼色、咖啡色系服饰搭配。

搭配技巧三:有层次地运用色彩的渐变搭配

一是只选择用一种颜色、结合不同的明暗搭配,带来和谐、和睦、有层次的感受。

二是对不同颜色相同色调的服饰搭配,同样能够给人和谐的美感。

搭配技巧四:主要色配色轻松化解搭配的困扰

妈妈们会发现单色的服装搭配起来并不是那么难,只要找到能和它进行搭配的和谐色彩就可以了,但有花样的衣服往往是着装的难点。不过妈妈们只要掌握以下几点也就很容易了。

(1)黑、白、灰这些颜色的衣服是永恒色,很少有过失的一说,不管多么复杂的衣物,只要融入这些颜色都能够显示出一定的张力。

(2)选择搭配的单品时,在已有的色彩组合中选择与其相搭配的,给人一种整体、和谐的印象。

(3)同样一件花色的衣物,搭配的饰品要选择不同色彩组合搭配,这样做不但协调、美丽,还可以变化心情感受。

搭配技巧五:运用小饰品的装点打破沉闷的局面

如果妈妈们是上班族,衣柜里的衣服色彩不够丰富,此时不妨点缀一些颜色鲜艳的饰品或者是小物品,这样就能够显得内容丰富了。

6.让孩子感受到妈妈的心灵手巧

每个妈妈都希望成为孩子的骄傲,成为孩子的榜样。虽然妈妈不可能成为"超人",但是在很多时候,妈妈们要想让孩子信服,就要做到一些孩子认为不平常的事情。这并不仅仅是为了让孩子敬佩自己，更多的是为了让亲子关系变得更加融洽，培养孩子的动手和创造能力。

智慧妈妈多半是心灵手巧的，不仅将家庭事务打理得有条不紊，还能够给孩子制作出新鲜玩意儿。

苏苏的女儿说道："我喜欢妈妈给我织的毛衣，因为她织的毛衣穿起来很舒服，也很合身。平时我一点也不喜欢穿高领毛衣，因为穿上去会感觉脖子很难受，和针刺一样。我妈妈织出来的高领毛衣却不这样，好像施了魔法一样，穿进去感觉软软的、暖暖的，一点针刺的感觉都没有。"

在女儿眼中，苏苏长着一双灵巧的手，无论做什么事情都做得很好。

不仅如此，她还在作文里这样写道：

我的妈妈年轻漂亮，她不仅长着一双明亮的大眼睛，还有一双勤劳的手。妈妈每天白天要上班，晚上下班还要做很多家务，她是那么的辛苦。妈妈不但勤劳，她还是一个勤俭持家的好能手。

今年夏天，妈妈在收拾装满了我的衣服的衣橱柜时，收拾出好多春天穿的裤子，这些裤子都是去年买的，有些已经短了，我根本没法穿。于是，妈妈将我叫到卧室，让我试起了衣服。可能是因为我长得太快，裤子短了一大截。

只听妈妈惋惜地说："多可惜的裤子，才穿了一两次，还跟新的差不多。"随后，妈妈将所有变短的裤子都拿到了自己的房间，只听房间里发出"咔嚓、咔嚓"的声音，随后又听到家里的缝纫机发出了"噔噔噔……"的声音。过了两个小时，妈妈又将我叫到了卧室，我发现这次妈妈手中拿的有七分裤，也有短裤。每个"新"裤子上都有漂亮的图案，原来妈妈将那些变短的裤子，进行了"改造"。

当我穿上妈妈亲手给我改做的新裤子后，我高兴地在镜子面前不停地转着圈，简直不敢相信自己的眼睛。此时，我不得不佩服妈妈，她的手是如此的巧。我非常喜欢这些"新裤子",后来,这些妈妈缝制的裤子成为我夏天最爱的衣物。妈妈真是一位心灵手巧、勤俭持家的好妈妈。妈妈,做您的女儿我感到很幸福、很自豪!

孩子是天真的,也是直爽的,他们不会掩饰自己的心情,更不会掩盖对妈妈的感情。一个心灵手巧的妈妈,总会成为孩子学习的榜样,也会让孩子引以为荣,感受到来自妈妈的智慧。

"我们没有理由去拒绝孩子合理的请求或者是要求。"这是一个妈妈的原话,"一天,我女儿拿着一双穿破的袜子,说让我给她缝补一下。我拿过来看了一下,发现两只袜子都已经洗得变了颜色,在每双袜子的大拇指部位都有一个小洞,我问她可不可以扔了,还主动说妈妈给你买新袜子。我以为这样女儿会更开心,没想到女儿却说:'妈妈,小丽的妈妈手可巧了,小丽的袜子破了,她妈妈都会给她缝好的,还在破的地方绣上了漂亮的图案。'听了女儿的话,我知道她的心思了。随后,我也尽力将袜子缝好,并且绣上了两只小蝴蝶。女儿拿到缝好的袜子开心不已,叫嚷着让我教她做针线活。"

很多时候,智慧的妈妈不是给孩子买多少东西,而是教会孩子多少东西。妈妈们需要为孩子的生活负责,而负责的方式并不是单纯地提供给孩子好的物质生活条件,而是让孩子明白如何解决事情。

那么,在生活中,妈妈们如何才能让孩子感受到自己的心灵手巧呢?

第一,废旧衣物变新装。心灵手巧的妈妈总是不会允许家中存放很多废旧的衣物,随着孩子身体的发育和成长,每个妈妈手中都会有很多孩子穿不了的衣服,这些衣服多半没穿几次,还是八成新。很多妈妈们会将这些衣服压箱底,可这样会占据很大的空间。此时,妈妈们不妨将这些衣服拿出来，给孩子设计成新样子的衣服，比如将短了的裤子修剪成短裤，将袖子短了的长袖改成短袖和吊带。这样不仅能够节约空间，还能给孩子增添一些衣服。

第二，旧款式增添时尚元素。还有很多衣服是因为样子太老了，所以选择压箱底。此时，心灵手巧的妈妈不妨将给这些衣服加上一些时尚元素，成为不过时的衣服，孩子会更加喜欢穿。比如，在短袖下面加上一圈蕾丝边，在孩子毛衣上缝上小挂件，等等。

在孩子的心中，妈妈不仅是自己的亲人，更是自己生活中的榜样。不难看到，如果在妈妈尝试做一些事情时，孩子也会主动参与其中。比如，当妈妈给孩子缝补衣服的时候，孩子会学着妈妈的样子，给自己的布娃娃缝制衣服，甚至会邀请妈妈一起给布娃娃做衣服，这就间接地培养了孩子的创新能力和动手能力。

7.多询问其他妈妈的经验

每个人的生活都会存在一定的困惑，而"当局者迷"的情况更是经常会出现。在妈妈们的视野中，很多事情也并不是自己就能够解决的，因此，在面对这些事情的时候，不妨谦虚地请教他人，最终揭开疑惑，实现创新活动。

陈平最近一直愁眉不展，听朋友们讲，她的家庭生活出现了一些问题。周六，陈平将大家邀请到她的家中，开始诉说自己的"苦衷"。

原来,她的儿子上了初中之后,开始迷恋网络游戏,学习也不再认真,成绩一落千丈。更为可气的是,儿子学会了逃学,有的时候会逃学去玩游戏。面对儿子的变化,陈平苦口婆心地进行劝告,儿子还是不好好学习。

在她诉说完毕后,很快就有一个朋友说自己也遇到了同样的问题。此时,另一位朋友说自己的儿子也曾经有过这么一段时间,而她是这样应对的:她没有急于阻止孩子,而是先了解了为什么孩子喜欢玩游戏,为什么厌恶学习。后来才发现,因为孩子遭到了老师的批评,出现了抵抗情绪,故此才喜欢上玩网络游戏的。找到原因之后,再想解决的办法就容易多了。并且自己还会时不时地和孩子进行思想沟通,帮助孩子解决思想上的问题和压力,最后自己的孩子不但摆脱了游戏,学习也变得积极主动了。

听了这位朋友的话,陈平豁然开朗,似乎也有了方向。

很多时候,我们需要借助别人的经验来做事情,这样做的目的并不是为了让自己减轻负担,而是为了更好地达到目的。妈妈们在遇到困境或者是自己无法解决的问题时,不妨多询问一下其他妈妈的经验,俗话说得好:"当局者迷,旁观者清。"很多时候,在自己的事情上,往往会"犯糊涂",而如果这件事情发生在别人身上,自己往往会有千百种方法来解决。

生活是难以预测的,不管是怎样的生活,都不可能一帆风顺。在生活中,多多少少会遇到一些困境和无奈,因为这些事情发生在自己身上,所以多半会感觉到紧张和在意,而正是过于紧张和在意,才致使我们自己无法找到正确的解决途径。

小薇每次在聚会时,都会讲述自己的生活,比如自己的生活枯燥无聊,生活中的各种烦恼,等等。她似乎成了聚会中的典型,每次她在讲述自己生活中的无奈和无聊时,作为好朋友的娜娜都会给她提出各种各样的建议和意见。

今年的聚会中,娜娜发现小薇发生了很大变化,她再也不抱怨自己的生活无聊了,而是开心地讲述起工作上的事情,话语中也少了很多抱怨的情绪,这让娜娜感到很吃惊。等到大家都开始吃饭时,娜娜将心中的好奇之处说了出来。小薇回答道:"我的变化还要感谢倩倩。"倩倩也是她们的好朋友,小薇继续说道,"上次聚会时,倩倩的一句话让我感到很震惊,也正是她的这句话,让我的生活发生了重大的改变。"娜娜不禁开始回忆上次聚会倩倩到底说了什么。小薇说道:"上次聚会,我在讲述自己教育孩子时的困扰,不料倩倩说了一句'孩子都是有自尊的,生活也是需要用心去对待的,抱怨不会让生活变得有激情。'当时听了倩倩的话,我没怎么多想,回家之后,再次面对孩子时,我突然明白了自己的困扰所在,当即有一种豁然开朗的感受。"

聪明的妈妈多是一个善于交际的妈妈,她会经常和其他妈妈一起讨论生活中的趣事或者是无奈,希望从别人口中得到更多有助于自己生活幸福的东西。如果妈妈们过于内向,不够积极,不善交际,身边自然就会少很多这样的朋友,也就自然学不到那么多对自己生活有帮助的东西了。

交流不仅是互相了解的过程,也是互助的过程。在妈妈们相互沟通和交流的过程中,由于各自生活环境和认识事物的不同,从而对待一件事情的见解和处理方式也会不同。如果妈妈们在生活中遇到了困扰的问题,不妨积极地去咨询一家其他人,或许从其他妈妈口中你能够找到事情的解决方法。很多时候,一件自己困扰很久的事情,可能会被别人的一句话点破,自己也会因为这句话而豁然开朗,瞬间找到解决事情的捷径。

因此,妈妈们不妨积极地加入"妈妈团",聆听别人的生活妙招,让自己的生活重新恢复活力。

第五章

尊重孩子,善于谈话更要懂得倾听

1.给孩子自由的时间和空间

　　教育专家陶行知认为,孩子的成长和发展需要有一个宽松的、开放的、积极的环境,需要在妈妈的热切期望和等待中引导。孩子的发展,要遵循天性,不能任意抹杀孩子创造的欲望和玩乐的心态,要给予孩子空间,让孩子自由地发展。

　　孩子的成长不仅包括身体的增长,更主要的是语言、精神、气质、思想以及为人处世能力的提高和发展。然而为了使孩子的成长迅速一些,许多妈妈往往采取一些过于积极的教育措施,例如请家教、报特长班,等等,根本无视孩子的兴趣。

　　不可否认,孩子多掌握点知识,多学点本领,本没有什么坏处,但关键是要孩子自己愿意。否则只能适得其反,不但不能使孩子按照自己的愿望发展,还可能极大地挫伤孩子的积极性,结果得不偿失。

妈妈指导孩子太多,关注孩子太多,或者采取的强制措施和管束太严格,都会不利于孩子自由、健康、快乐的发展。所以,对于孩子的发展一定要因人而异,一定要给予孩子一定的自由空间。

在孩子成长的过程中,自由发展的空间对于孩子是十分必要的。有个大学生在一篇题为"我的自由时空"的作文里写道:

我的外公是一位艺术家,我的父亲是一家医科大学的物理学教授,我的家如同一个人文与科学的梦幻组合:一个用亲身的经历告诫我为人要真诚坦荡,对世间万物都心怀爱与感激,即使身处逆境也要发现身边的美;一个则用严谨的数学语言让我坚信这个世界必有规律可循,求真务实善于开拓的科学精神是人们寻找安全感的良方。

有一段时间,外公告诉我,月满则亏,万物皆有必然之理;而父亲告诉我世界可以用偶然来描述,甚至每个人都只不过因为偶然才成为自己。当我将两句话完整地理解而发现其中的一致时,我觉得对未知世界充满了探索的自信。我认为这种感觉永远不是来自于灌输,而是启发式的诱导。记得小时候,父亲从幼儿园接我回家,总带我在路边的咖啡馆小坐片刻。在那儿,他让我试着把不同质地的咖啡勺浮在咖啡中,就这样我理解了阿基米德的发现。

我的家庭氛围首先是民主。从我记事起,我对家中的事务就有发言权,而且妈妈从不强求我做什么,他们对我采取认同和尊重的态度。记得高中毕业填高考志愿时,家里希望我考医科大学,而当我欲报考华东师范大学心理学时,妈妈所做的仅仅是确认我是否真的做了慎重的考虑,而后便全力支持我的选择。

我从小写作文就不爱打草稿,做数学题也不爱将整个步骤都写上,我认为只要抓住重点就可以了,能用简单的方法完成一件事,何乐而不为呢。而这种"偷懒"的做法妈妈也认可了，他们的态度使我的个性在宽松的家庭环境下得到充分的发展。

良好的家庭教育必有善于教育的妈妈。上述案例中的主人公就是在重视教育、懂得教育、氛围民主的家庭环境中成长起来的。家庭教育不仅为他开拓了一个融知识与能力为一体的多维空间，而且使他学会了宽容和谦让、理解和融洽，使他的求知欲得到了重视和满足，人格得到了健康的发展。

由此可见，妈妈作为家庭教育的实施者，必须树立正确的人才观、教育观，必须提高自身的素质，才能使家庭教育由经验育人向科学育人转变，由片面注重书本知识向注重教孩子怎样做人转变，由简单命令向平等沟通转变，使家庭教育真正发挥应有的作用。

孩子到了一定年龄，可能会要求拥有独立的房间，为此可以顺应孩子的意愿行事。孩子因知道"空间"的意义而要求独立的房间，与妈妈随便就为之安排一个房间，意义截然不同。孩子要求拥有自己的房间，想确保完全独立的空间，表示他的独立意识已前进了一大步。在这种情况下，妈妈应该给予积极的满足和帮助。给予孩子自由的空间，是孩子成长的必然需要。作为妈妈，一定要大胆放手，积极为孩子创造自由的"物理"空间和"心灵"空间。

调查表明，很多孩子因为课业和妈妈的双重压力，普遍感到乏力、瞌睡、头痛、视力和感知能力下降，甚至厌学。时间长了就会形成抑制状态，孩子非常需要自由支配的时间以进行有效调节、发泄，通过玩游戏、谈心交流、散步等方式消除疲劳，缓解心理压力，以充足的精力和良好的心态投入到学习、生活中去。

心理学家的研究也表明，孩子在成长过程中，非常需要妈妈视线之外的、由孩子自己来规划的、属于他们个人的自然空间和心理空间，这种空间的扩大就是孩子自我的扩大。因此,家长保证孩子自由支配的时间非常重要,让他们做自己的事,以保证这种独立空间的存在和扩大。

给孩子自由的支配时间,能激发孩子的积极主动性,让孩子自己去探索,培养孩子各种各样的兴趣,让孩子在交往、独处、分析与解决问题时,学会思考,学会生活,提高适应、合作与协调能力。而家长支配和控制了孩子的时间,孩子就无法自由活动,便会极大限制孩子身心的自由发展和对社会的适应能力。

给孩子自由支配的时间,还原孩子童年的快乐、幻想和自由,奠定其幸福人生的根基。教育专家说:"童年的快乐是一生快乐的源头,童年的不幸是一生不幸的开端。一个人如果失去了快乐的童年,将来是无法弥补的。"给孩子自由支配的时间,让他们沉浸在自己的世界里,愉悦身心、陶冶性情、促进身心和谐健康。

因此,孩子每天一定要有玩的时间,有自由支配的时间。双休日两天,最少有一天能够比较充分地玩乐。

除了自由的时间,自由的空间也是孩子迫切需要的。

很多妈妈知道孩子需要自己的小天地,就会特意划分出一个孩子的房间,而且在孩子的房间里,安置最豪华的照明设备,没想到孩子却喜欢在餐厅做功课,这就是因为家长没有认清"空间"的意义。其实孩子所需要的,并不是单纯的独立房间,而是一个能安心游玩、安心做功课的空间。所谓没有约束的空间,首先必须让他有待下去的欲望。

所以说,孩子需要的自由空间不必是一个独立的房间,只要在客厅的一角划分出"孩子的角落"就可以了,那个角落不要摆其他的任何杂物,可以只放一些孩子喜爱的玩具和物品。

空间感觉强烈的孩子,纵使没有门或帘幕的划分,也会在自己的场所上挂上看不见的屏幕,然后在其中自由玩耍。等到孩子年纪稍大之后,可加一扇屏风,让空间更加独立,这样孩子便会用自己的头脑去改善空间,考虑怎样才能更好地利用这里。有的孩子自己动手钉的桌子、椅子,可能比妈妈所购买的书桌,更能给予他"个人"的感觉。

妈妈要注意,不用勉强把孩子的房间区分出来,而且可以做一个孩子创造自我空间时的助手,如此,自然能培养出孩子的自主性,孩子也就能自由进出自己的空间与妈妈的空间,而且在喜欢的情况下,自由选择关闭自己的空间,这在培养孩子的自我意识方面,好处是非常多的。等孩子更大一些,要求拥有独立的房间时,在符合家庭空间的前提下,妈妈可以答应。

2.放下身架,"蹲着"说话

很多妈妈在潜意识中拒绝接受与孩子平等,放不下家长的架子。"我是你的妈妈,我不管你谁管你?""我过的桥比你走的路还多。"等等,这些传统观念还残留在家长的头脑中。有的家长认为,十来岁的孩子啥都不懂,小毛孩一个,我是大人,是父母,怎么可能平等呢?我说他就得听,我要求他就得做。

孩子在大人面前总没有平等对话的机会,被动地接受父母的管束,有话不能说,有意见不敢提,久而久之自己有想法也不愿与父母交流。

为什么家长与孩子就不能像朋友一样平等相处、互尊互爱呢?为什么大人不能与孩子"一般见识"呢?美国家庭教育专家史蒂文说:"成功的家庭教育,是家长舍得拿出时间与孩子在一起,以一种平等的态度与孩子交流,对孩子正确的想法和行为给予充分的肯定。"

一位美国母亲开车带着两个儿子出去。路上，妈妈一直在与大儿子说话，无意中发现小儿子在气呼呼地用脚踏前面的座位。妈妈急忙停止了与大儿子的对话，转过头来问小儿子怎么了。

"你只顾和哥哥说话，为什么就不理我呢？"

妈妈连忙道歉："哦，孩子，对不起，因为哥哥要去参加比赛，所以妈妈就多叮嘱了他两句。好了，现在与哥哥的谈话告一段落，告诉妈妈你想说些什么？"

"妈妈，我想听儿童歌曲。"

"好的，妈妈放给你听。"

"妈妈，您真好。"

"好听吗？"

"嗯，这个小孩唱得真好，我长大了也要学唱歌。"

"好的，儿子，只要你努力，一定也会唱得很棒！"

"妈妈，我们过会儿吃什么？"

"儿子，你想吃什么呢？"

"嗯，让我想想。我想要一个汉堡，一杯果汁，再要一个鸡腿。"

"好的。看，前面不远处就有一个汉堡店，我们过会儿去那里买。"

"好的。谢谢妈妈。"

在很多西方国家的父母看来，孩子是一个独立的个体，有自己的权利，有自己的尊严，作为父母，不管是说话还是做事，都要听听孩子的意见，站在与孩子平等的位置上与他们对话。

那么，中国父母应该如何与孩子进行平等的交流与对话呢？关键在于父母要放低姿态，放下家长的架子，以平等的心态对待孩子，把孩子作为一个独立的个体来看待，在相互尊重的前提下，进行平等的对话。给孩子平等的对话机会，你说的话孩子才能听到心里去。

在教育孩子时，父母们早已习惯了站着说话，对孩子发号施令，把自己的思维和主观愿望强加到孩子身上，而很少考虑到孩子内心的想法。当自己的愿望与孩子的想法产生碰撞的时候，父母就会对孩子大失所望，然后强制孩子按自己的意愿行事，根本不会考虑孩子的感受。

如果父母"蹲下来"，蹲到和孩子一般高时再开口说话，情况又会怎样呢？

无数事实表明，父母以居高临下的姿态来关心孩子，反而会使孩子产生逆反心理。只有父母转变姿态，像对待朋友那样去关爱孩子，才有可能让孩子感受到平等。

一天，刘芳接到学校老师的电话，说儿子在学校和别人打架，被扣在学校，老师让家长到学校领人。刘芳听完电话当即火冒三丈，决定这次一定要狠狠教训一顿这个调皮鬼。

于是在去学校的路上，刘芳忽然产生了一个想法：如果我打儿子一顿，难道就真的能收到预想的教育效果，保证儿子以后不再打架了吗？有了这样的念头，在学校见到儿子之后，刘芳什么都没说，平静地将儿子带回了家。

回家之后，刘芳也没有发火，而是耐心地帮儿子在伤口上贴上创可贴，并且下厨为儿子做了可口的饭菜。当儿子一口口吃着饭菜时，刘芳才开口，述说自己是如何担心儿子，又是如何盼望儿子早点回家。听着听着，儿子的声音哽咽了，哭着扑进刘芳怀里，说自己错了，对不起妈妈，以后再也不打架了，再也不让妈妈担心了。

听了儿子的承诺，刘芳会心地笑了。

刘芳从孩子的角度出发看待他的过失，使孩子能感受到母亲对他人格的尊重,感受到他与母亲在地位上的平等。在现实生活中,有许多父母喜欢用成人的思维方式来看待孩子的行为,孩子稍有失误,就对孩子进行指责和批评,这是不正确的。

孩子本身就是一个独立的个体,有自己的思想,自己的人格和尊严,他们都希望父母能够给予他们尊重和平等。父母只有和孩子站在同一水平线上,孩子才有可能感受到平等。

"蹲下来"和孩子说话,是增强孩子独立意识的有效方式。至少,孩子肯定会认真地听你说话,这一点非常重要。倘若你在说话,而他心不在焉,那么即使你说得再多,道理再正确,又有什么用呢?

"蹲下来"吧,只有"蹲下来",不再居高临下,与孩子完全处于平等时,孩子才会把他的真实想法告诉你——这就是孩子为什么喜欢把心里话对自己的朋友说,却不愿与父母说的原因。"蹲下来",这一步很关键,因为不管孩子的想法对还是不对、有无道理,你只有在了解了孩子的真实想法之后,才可能有的放矢地教育孩子。

那么父母如果真心实意地愿意以平等、尊重的态度同孩子进行沟通和交流,有没有什么捷径或者最佳方式呢?以下是一些教育专家的意见,妈妈们不妨参照一下试试。

忌用过激的语言

好的意识还得用好的语言来表达才行。父母的感情和孩子的幸福紧密相连,自然没有哪位父母能在任何时候都沉得住气。越是激动的时候,越有可能把不该说的话说出来。

跟孩子说话不宜啰嗦

有些父母教育孩子费尽心力,但是效果并不理想。表面上看来,他们是在与孩子公开交谈,殊不知他们的某些话,恰恰堵住了孩子的嘴巴和耳朵。最常见的弊病就是某些父母那种教条似的长篇独白,一开始就是:"当我和你一样年纪的时候……"绝大多数的孩子对父母的这种表演评论说:"这种说教式的谈话,我们不喜欢。"其效果可见一斑。

语言一定要发自真心

凡是关系融洽的家庭,家人之间交谈时,语言都充满着爱心和亲切感,态度和蔼。而那种直来直去,不讲究方式的语言,用意虽好,也可能会得到相反的效果。具体的语言方式,因人而异。

尊重孩子的个人意见

在讨论一般的家事时,不妨也让孩子"参政"一下。不管最后是否采纳了他的意见,也让他感受他自己在家庭中的重要性,是家庭一员。如此,他们也会尊重长辈的。

总之,"蹲下来"说话,不仅仅是一种行为的表现,还是一种教育观的体现。只有怀着崇高的责任心和热切的期望才能"蹲下来",只有把孩子看作是平等的个体才能"蹲下来"。

只有"蹲下来",父母才能平视孩子,才能获得和孩子真正交流的机会,才能真正明白孩子心中所想以及其行为的真正动机。

3.减少唠叨数量,提高说话质量

身为妈妈,每天都可能有很多烦心事,但最烦心的莫过于孩子的叛逆、不听话。殊不知,妈妈们也有让孩子感到特别"头痛"的地方和烦心的事,那就是妈妈的唠叨。很多妈妈总在孩子身边唠叨个不停,这个怎么样,那个又如何……于是,很多孩子开始不耐烦,进而厌烦家长,甚至顶撞妈妈。

烦心的妈妈们哪里会知道,孩子的不听话、逆反,正是自己没完没了的唠叨逼出来的!

听听吧,这些声音很多妈妈肯定再熟悉不过:

"妈妈,我求您别说了! 您说了好多遍啦!"

"知道了知道了! 您有完没完啊,我耳朵听得都起茧啦! 真是烦死了!"

有资料显示,九成以上的孩子认为家长"太唠叨",以下是一些孩子倾吐的"苦水":

"我妈妈什么都好,就是太爱唠叨。她的唠叨说不准什么时候就会发作,而且如果她一唠叨准没完,有时能够持续半个多小时,说来说去总是那么几句,我一直都生活在老妈的喋喋不休之中,我都怕了她这位唠叨女侠了,我一直认为,凭她那张嘴去参加武林大会一定是天下第一。"

"妈妈对我的学习很重视,没事就叫我好好学习,什么学海无涯苦作舟,要头悬梁锥刺骨,要有时间的紧迫感不能放松自己,去学校要认真读书不要贪玩,学习一定要尽最大最大的努力,最近成绩退步了,学习不好就上不了重点高中,看看人家某某某学习多好,你一定要考上一个大学为我们争口气……我妈天天这样唠叨,也不管人家爱听不爱听,我本来还有些决心和抱负的,心情也不错,结果被她这么一唠叨,连学习的兴趣也没了。"

"每天放学回到家里,妈妈就唠叨开了:快去做作业吧! 今天有多少功课要做? 语文作业是什么? 数学作业是什么? 当我拿出作业本时,妈妈又会千叮咛万嘱咐:把字写工整了! 把头抬高点! 腰挺直了! 把窗帘拉开,小心眼睛! 作业写到中间时,妈妈还忘不了时时干扰:现在做完几样了? 抄错题了没有? 题目做对了没有? 抓紧时间,不要磨蹭! 妈妈,您整天这样在旁边吵吵闹闹,就没有想过我怎么能安静下来做功课呢?"

"妈妈的唠叨是我生活中的一项重要内容,大到做事做人,小到生活起居，她总是对我唠叨个没完。早上一起床她就唠叨开了：快点，快点起床！动作要快，不然要迟到了！在餐桌上她的唠叨也从来不停：要细嚼慢咽不能狼吞虎咽，维生素对智力发育有益一定要多吃些菜，掉在桌上的饭粒要拣起来！背起书包去上学，她又开始唠叨了：骑车要小心，要注意红绿灯，小心不要撞了别人！就是外出春游，妈妈也忘不了唠叨：带水了没有？吃的东西够不够？路上注意安全，不要到处乱跑。本来挺高兴的心情都给破坏掉了。"

"我有的时候会上上网，可爸妈整天在我跟前唠叨网瘾的事，我觉得很烦，因为我相信自己并没有多少网瘾，上网也只是和同学们聊聊天放松一下，可他们经常却教训我说：又上QQ了？真想不通你怎么就爱搞不三不四的东西，什么QQ？既耗时又无聊，去网上找点资料不是挺好吗，听英语也可以嘛，快把那QQ给关了。如此不理解我，有时我真的想永远离开这个家！"

"人人都有妈妈，但我觉得我的妈妈特别烦人，整天唠叨个没完。一丁点事她就可以唠叨上半天，像磨豆腐一样没完没了，她的话虽多但讲不到点子上，天天老一套，让人听起来既单调又乏味，我早就听腻了，听得耳朵都长茧子了。"

……

妈妈们看到孩子们这些心里话，也许会感到委屈：我们再怎么唠叨，不都是为了孩子好吗，不正是爱他们的表现吗？他们为什么不能理解呢？

确实，普天之下没有母亲是不爱孩子的，但是，妈妈用唠叨来表示爱，效果会怎样呢？你唠叨太多太久，孩子的耳朵就真的起"茧"了。也许面对你的喋喋不休，你的孩子在心里或背着你大喊"烦死了！""烦透了！"只是你没听到罢了！

一个让孩子产生"烦死了"的念头的家长，显然有待提高。妈妈要把话说到孩子心里去，不能靠一次又一次的重复，不能靠没完没了的唠叨。俗话说："好话不说二遍。"说十次不一定比说一次有效。妈妈要让孩子听话，首先必须改变唠叨的习惯，掌握用一两句话就能打动孩子的说话艺术。

家长唠叨的原因不在孩子身上，而是在自身。妈妈要改掉唠叨的坏习惯，就要勇于反思，从自身找原因。

大致而言，妈妈的思想、性格、观念和教养方式等，会导致对孩子的唠叨。

思想上，妈妈大多将所有的希望都寄托在孩子身上，有的妈妈甚至将自己当年未实现的理想也寄托到孩子身上，想让孩子去实现自己未能实现的理想。这样简单的理想"位移"，十有八九会给孩子增添一股无形的压力。孩子实现了妈妈的"理想"，当然是皆大欢喜，而一旦家长发现孩子没有按照自己预期的步骤去做，便会为了加强"督促"，不自觉地就开始了"强化教育"——唠叨。

据心理学研究分析，性格软弱和紧张型的家长一般容易唠叨。唠叨是不相信自己的表现，由于不放心，才会一次次地重复，就像有人出门的时候，不相信自己已经关好了门，还要重复去看一次一样。软弱和紧张型的家长不相信别人已听见自己的话了，当然也不相信孩子会照着自己的话去做，所以要重复，要唠叨。

观念上，随着孩子渐渐长大，接触的事物越来越多，会对事物逐渐产生自己的看法和独立思考的能力。而妈妈这一代，跟子女成长的时代不同，接触的事物也有很大的差异，有些妈妈往往不能正视这一点，以老观点、老办法看问题，把自己奉行的观点强加到孩子身上，而不从子女的角度去思考，更不了解子女在想什么。

教养方式上，一些妈妈乃至祖母骄纵、溺爱孩子，养成了孩子骄横、任性、贪图享乐的习惯和唯我独尊的心理，这样的孩子不听话是很自然的。有的家长觉得言语教育不起效果，一时却也找不到其他的好办法，于是错误地认为,遇到孩子不听话,一次不听就说两次,两次不听就说三次,三次不听就说五次,直至十次八次,只要自己多说几次,他们总会听进去吧。

不同的家长,唠叨的原因可能各有不同,但总体上可以分为以下几类:

(1)关心呵护式唠叨

这是一种无意识的爱孩子的本能,妈妈认为这是为孩子好。孩子还小,自控力差,做事常常顾此失彼,丢三落四,所以需要大人不断提醒。以至于对孩子照顾得无微不至,事无巨细都会叮嘱又叮嘱:出门衣服要多穿;晚上睡觉要盖好被子;吃饭时不要看电视;放学了不要在学校逗留,早些回来……这类家长把孩子当成永远长不大的小不点,对孩子事事不放心,不敢放手让他去经历风雨,不放心他独立做事。唠叨的结果是:孩子产生了依赖心理——反正有人提醒我,因而变得懒惰、散漫,没有责任感。培养独立生活能力成了一句空话。

(2)催促命令式唠叨

有的孩子性格活泼,顽皮贪玩,在妈妈看来是"不听话"、不自觉、不好管教的孩子。妈妈认为他需要有人催促,像皮球一样,踢一下才动一下。于是,"该做作业啦!""到睡觉时间了,该上床啦!""不要在外面玩得太久,七点前要回家!"的命令声在孩子耳边定时响起。当然,对于还没有养成良好作息习惯的孩子来说,适当的催促是应该的;但是,当催促过多过量,孩子就算听从你的话,也会在内心对你产生抵触或怨恨情绪,疏远了亲子关系。

(3)习惯批评式唠叨

特别是有些习惯了对家庭成员,比如丈夫,唠叨的母亲,自然也会以同样的方式对待孩子。这也和家长的性格有关,有些家长属于那种喜欢说个不停的人,似乎一天不唠叨就不舒服。这类家长会把唠叨紧紧挂在嘴边,怕孩子不上进,怕孩子还会再犯错。但后果往往是,孩子在心理上与你的距离疏远了,因为没有孩子喜欢听你不断地批评和指责。

(4)发泄不满式唠叨

工作上的压力,生活中的不愉快,人际关系的紧张,家庭的不和睦,对孩子的期望值太高等,都会影响到妈妈的情绪,而妈妈的情绪又直接影响到孩子。经常看到这样的家长,孩子考试没考好,就对孩子大发脾气:"你看你,怎么就这么笨!人家某某都比你考得好!怎么就这么不争气!气死我了!""你怎么就这么没出息呢,长大了去扫厕所算了!"这类家长实际上是在发泄自己的情绪,孩子成了他们的出气筒。他们根本不去体谅孩子的心情,不去考虑孩子的心理承受力,最后受伤的只能是孩子。

你唠叨的原因是什么呢?你属于哪一类的"唠叨型家长"呢?反躬自省一下,是大有益处的,因为这有利于你自觉地改掉唠叨的毛病,成为会说话的妈妈,成为受孩子欢迎和尊敬的妈妈。

点燃熊熊烈焰,有时只需要星星之火;打动孩子的心,有时只需要只言片语。家长对孩子说的话要发挥效力,要诀在于少而精。简洁是智慧的镜子,而唠叨则是教子乏术的表现。因此,妈妈通过语言对孩子施以及时的、有效的引导时,要提高说话质量,减少唠叨数量,使得每一句话都掷地有声,都能说到孩子的心里去,都能在孩子心中引起反响。

要做到以最少的语言,达到最佳的家教效果,妈妈应该做到:尊重孩子;正确把握孩子的心理状态;针对孩子的个性特征;选对说话的时机;施以正确引导;讲究批评的艺术;以身作则,教子先正己,等等。

妈妈在特别想唠叨的时候,不妨先忍一忍,改变一下方式,试一试"把唠叨变成提问"。

比如,当孩子刚要开始写作业,却同时打开了音响,妈妈一般就会唠叨什么"一心不可二用",其实这些大道理丝毫不起作用。如果能换成提问:"你为什么做作业要听音响,这里有什么科学道理呢?"这时,家长可能会听到一些过去闻所未闻的知识,什么音乐会激活大脑,左右脑需要协调等。当然,如果家长是个乐于学习的人,就会在最新的资料中看到:

通过科学对比实验证实,音乐虽然能激活大脑,但是总的效果还是不如专心致志地学习。家长拿出这个新信息,再和孩子交换意见,这和唠叨相比恐怕要高明千百倍!

有时候,孩子的某个做法明显不对,妈妈尽量不要直接指责,也不要揪着小辫子不放,说个不停。与其直接向孩子说教"这样做的坏处是什么什么",还不如向孩子提问"说说这样做有什么科学根据"或"如果换种做法效果会如何呢?"在妈妈的提问和启发下,孩子自觉地发现和改正自己的错误之处,那就再好不过了。

具体而言,妈妈把唠叨变成提问,至少有三点好处:

其一,有利于融洽亲子关系。妈妈一般都是高居于孩子之上的,很少和孩子平等地对话。如果妈妈能向孩子虚心提问,孩子肯定会受到震动,当然乐于给妈妈解答,不会感到厌烦。

其二,有利于激发孩子开动脑筋。提高孩子思考能力的方法之一,就是不断地向其发问。孩子们有时做事情并没有动脑筋,或是随大流,或是随意做。当他们听到问题时,必然要动脑筋思考,久而久之就养成了爱思考的良好习惯。

其三,有利于了解孩子目前的真实认知水平。提问之后,可能会出现两种情况:一种是通过孩子的回答,了解孩子目前的真实认识。如果孩子的认识是错误的,这时妈妈再进行教导,哪怕是现在开始唠叨,也比一开始就唠叨强。因为这时妈妈了解了情况,属于"有的放矢",而不是"心有成见"。还有一种更可能发生的情况是:孩子的回答不仅正确,而且非常精彩,大大超过妈妈原来的认知。这时妈妈反而会暗中庆幸自己没有先唠叨,不然真在孩子面前现眼了。

当然,妈妈向孩子提问时态度一定要和蔼,更要虚心,不能摆着架子,把提问整成"提审",变相为"审判式"唠叨。

4.听懂孩子的"话外音"

虽然做妈妈的已经为孩子付出了很多,可是,越来越多的妈妈还是发出了这样的抱怨:孩子怎么离我们越来越远了? 我们都不知道他们每天在想什么?

孩子们为什么不想和妈妈说话呢? 因为他们认为"跟妈妈说也没有用"。在孩子刚要开始说话时,很多妈妈都会用老祖宗留给我们的金科玉律"小孩子有耳没嘴"来搪塞孩子想说的话。长此以往,孩子的心灵就会被封闭。在这种情况下,怎么能够听懂孩子话里的弦外之音呢?

如果你不知道孩子的哪些话里面有弦外之音,那么,就先看看下面的孩子是怎么说的吧!

情景一：

看见邻居家的小朋友手中拿着一个冰激凌,儿子抬起脸庞,天真地对妈妈说:"妈妈,天气好热啊。"

妈妈说:"怎么会热?"

情景二：

妈妈对女儿说:"不要再看漫画书了!"

女儿回答说:"妈妈不是说让人快乐的书就是好书吗? 漫画书让我快乐,不也是好书吗?"

母亲愕然,只好回答了一句:"……作业写完了再看吧。"

情景三：

君君说:"爸爸,老师今天表扬明明了。"

妈妈说："是吗？那你可要好好向他学习啊。"

说完了这句，妈妈发现儿子的眼神竟有些黯淡。

……

妈妈们根本就不知道，自己的孩子已经学会使用"话外音"了。明明是想吃冰激凌，却不说想吃，而说天气热；本来是想看漫画书，却不说自己想看，反问"妈妈不是说让人快乐的书就是好书吗"；本来是想要得到妈妈的表扬，却不说，而是告诉妈妈"老师今天表扬了明明"……面对闪现在孩子身上的这些微小细致的智慧，有时候，真是不得不叫做妈妈的"佩服"。

最近一段时间，健健总是在"唱反调"：明明是他喜欢喝的果汁，可是等妈妈将果汁倒进杯里的时候，他却说："不喝。"

外婆很疼健健，健健也很爱外婆，可是，当妈妈带他到商场去为外婆选生日礼物时，他却很不高兴地说："我不愿意让妈妈给外婆送礼物。"

爸爸出差回来，问健健："这几天，想爸爸没有？"他明明很想，却回答说："不想！"事实上，就在前一天晚上，健健还因为想爸爸哭了一场呢。

如果遇到上面的这些情况，做家长的，就要仔细解析一下孩子的"话外音"了。

学会听懂孩子的"话外音"，就是当孩子讲述一件事情的时候，不只是要就事件本身与孩子探讨，而要分析孩子的"话外音"。比如，当孩子对你说"不喝"的时候，其实，就表明他是想喝的；当孩子说"不喜欢妈妈送礼物给外婆"的时候，其实是想自己买个礼物送给外婆；当孩子说"不想爸爸的"时候，其实是在说："我很想你。"聪明的妈妈一定是可以觉察出这一点的。

童童今年5岁,正在上幼儿园。星期五下午,童童的妈妈去参加儿子的家长会。会后,老师向童童的妈妈反映:在幼儿园,童童经常不和其他小朋友说话,也很少看到他和别的小朋友在一起玩。有时候,老师要小朋友们一起出去散步,他都不愿意去。

童童的妈妈听了老师的话,想了想:每天去幼儿园的时候,童童总会哭;可是,下午奶奶去接的时候又说孩子的情绪很好。妈妈有点担心儿子不愿意去幼儿园,便问儿子:"怎么回事?"

儿子回答说:"妈妈,他们都不愿意跟我玩!"

妈妈听了之后,说:"他们不与你玩,你可以主动找他们玩呀。"

但是,孩子却说:"我就不找他们玩,谁让他们不找我玩的。"

……

遇到童童这样的孩子,做妈妈的应该怎么做呢?这时如果能够体会到孩子"话外音"所表达的心情,当孩子发现自己被妈妈理解了的时候,他会感到很欣慰。这时候,妈妈可以说:"哦,他们不跟你玩,你很生气?"

为了和孩子实现畅通地交流,当发现孩子的表达不再直白,而是有些拐弯抹角的时候,一定要给予深深的理解,听懂孩子的"话外音"。

有些家长可能会觉得,孩子这么小怎么就学会这样说话了,这都是从哪里学的呀?其实,孩子能够通过一些非正面的描述来表达自己的想法,并不一定就是学坏了。从某种意义上说,孩子有了这样的举动,只能说明孩子的思考能力加强了,思维活跃程度提高了。

当孩子已经学会了"话外音"这一表达方式的时候,妈妈根本用不着过于大惊小怪,而要以平常心对待,积极应对,争取搞明白孩子的真正意图,这样才不会给孩子造成不适感和挫败感,才能实现和孩子的畅通交流。

千万不要小瞧自己的孩子,他们其实是很灵巧的。当你面对这样的孩子,和这样的孩子进行沟通的时候,千万不要直白地理解,否则很容易误解孩子的意思。为了让自己和孩子的沟通进行得顺利,当孩子出现了"话外音"的时候,要为他们感到由衷地高兴。

5.让孩子感觉到"你在听"

生活中,很多妈妈都会犯下同样的错误:当知道孩子遇到问题的时候,有些妈妈不是说:"怎么回事?"就是说:"你怎么搞的?"接着,马上就会给孩子提出一大堆的建议。

其实,作为成年人,有时候也会遇到一些事情。在情绪比较激动、生气的时候,就算有人给你提建议,即使这个建议再好,你可能也听不进去。同样,这个道理对孩子们也适用。只有当孩子安静下来、情绪平静的时候,那些好的建议才能被听进去。

在孩子叙述事情的时候,如果家长能够给予及时的"嗯、啊"等简单回应,会让孩子在不知不觉中,找出其中的原因,找到解决问题的办法。

孩子们心情不好的时候,思考问题的思路一般都不是很清晰。这时候,如果对他进行狂轰滥炸,他怎么会耐心地去思考呢?这时候,就需要学会用"嗯""啊"等简短的语言来回应孩子的感受。

放学回到家里之后,赵明满脸的不高兴,对妈妈说:"有人偷了我的作业本。"

妈妈听了儿子的述说,问:"你确认不是自己弄丢的,是别人偷的吗?"

赵明回答说:"是啊,我去洗手间的时候,作业本还在桌子上,等我回来以后就不见了。"

妈妈说:"你怎么一点记性都没有? 我早就跟你说过,要将自己的东西收好,怎么又把东西给弄丢了!"

放学回到家里之后,田晓曦满脸的不高兴,对妈妈说:"妈妈,今天我的笔记本被别人偷走了。"

妈妈听了,淡淡地说:"嗯?"

田晓曦接着说:"课间,我去了一趟洗手间。当我回来的时候,放在课桌上笔记本就没有了。"

"哦,是这样啊。"

"我已经吸取教训了,下次在离开座位的时候,我一定把东西收好,这样我就不会再丢了。"

比较上面两位妈妈的反应,可以肯定的是,第二位妈妈得到了她想要的结果。如果像第一位妈妈那样,只是一味地长篇大论,不仅会让自己生气、让孩子沮丧,而且也得不到好的效果。

倾听是有诀窍的。首先,当孩子有了情绪,向妈妈倾诉的时候,千万不要光听不说,而应该安静下来,认真地倾听,同时,还要给予孩子简短的回应。

遥遥是个"小不点",长着一张胖乎乎的小脸,大家都喜欢她。每次放学回到家里之后,她不是亲亲爸爸,就是抱抱妈妈。

今天,爸爸一回来,妈妈就向他讲起关于女儿的事情来:"今天我一回到家,遥遥就跟我说家里有'绿色心情',反复说了好几次。"

听了妈妈的讲述,爸爸一笑了之。正说着,遥遥跑到了爸爸的面前,她搂着爸爸的腿说:"我家有'绿色心情'!"说完,就跑开了。

爸爸和妈妈彼此看了看,大笑起来,继续说着话。过了一会儿,遥遥又跑来了,说了同样的一句话。这时,引起了爸爸的注意,女儿今天这是怎么了?

爸爸把遥遥叫了过来:"谁给你买'绿色心情'了?"

女儿嘻嘻一笑:"爷爷!"

"你喜欢'绿色心情'吗?"爸爸问。

"电视里有广告。"遥遥答非所问地回了一句。

"那你明天把'绿色心情'带去学校,和同学们一起分享,好吗?"

"好!"听了爸爸的话,遥遥愉快地跑开了。这次以后,她再也没有跑来报告。

生活中,如果孩子向妈妈求助,妈妈一般都会给予及时的声音回应,可是,对孩子某些声音的回应却比较少。比如:分享快乐的声音、交流爱的声音、亲近你的声音……

回应孩子的声音,可以保护孩子的热情,在听孩子述说的过程中,妈妈不仅要做个好听众,还要及时做出回应,要让孩子感觉到你在听。

甜甜今年8岁了,上小学二年级,是家里的掌上明珠。她聪明伶俐、活泼可爱,老师们也都很喜欢她。

星期天,小姨带小表弟壮壮来家里玩。看到甜甜正在看动画片,壮壮便跟着一起看起来。可是,刚看了一会儿,甜甜便拿起遥控器换到了自己喜欢的节目上。壮壮很喜欢看动画片,看到甜甜变换了频道,壮壮觉得满腹的委屈。

开饭了,大家坐在一起高高兴兴地吃饭。忽然,甜甜叫了起来:"踢我干什么?我的裤子被你弄脏了。"甜甜的语气中充满了不耐烦和责怪,并向壮壮踢了一脚。原来壮壮不小心在桌下踢了甜甜一下。

小姨带着壮壮走了之后,甜甜的妈妈叫来女儿:"今天,你犯了几个错误?"

甜甜痛快地回答说:"两个! 不就是没有让壮壮看动画片、吃饭的时候踢了壮壮吗?"

"喔!"妈妈生气了。

"凭什么,只能看他喜欢的频道,我就不想让他看! 他踢了我,我为什么就不能还击? 我都跟你说过了,不要让我和壮壮吃饭的时候挨在一起,你非要那么做!"甜甜大叫着。

听了甜甜的话,妈妈想了想:"是啊!"女儿是和自己提过,她想看《小兵张嘎》;自己不想和壮壮挨着坐……都怪自己没有听孩子的话。

也许,文中的情景在很多人家中都上演过。相信每一位妈妈都希望自己的孩子能够和自己进行良好的沟通,那就需要我们做妈妈的及时回应孩子的感受,让孩子知道你在听。为了表示妈妈对孩子的注意,当孩子开口向妈妈讲话时,妈妈不仅要停下手中正在做的事情,转向他,仔细地听。而且还要通过"嗯……""是……""这么回事……"等简短的词语来回应他的感受。最后,要将自己听到的、看到的告诉孩子。

睡觉之前,杜晓红和老公来到女儿的屋里,他们发现女儿的褥子有点靠外了,便决定帮她向里拉一拉。女儿积极配合。

女儿迅速地上了床——双层床的上铺。杜晓红发出了口令:"一二三、拉!"当大家随着口令一起拉的时候,女儿"哇"的一声哭了出来。原来由于用力过猛,女儿的头撞到天花板了。

女儿捂着头哭起来,杜晓红伸出手把女儿从上铺抱下来。一只手扶着女儿,另一只手捂着女儿的头顶,轻轻地安抚着:"是不是特别疼,没事的,一会儿就好了……"

老公赶紧拿了毛巾帮女儿擦泪。女儿的哭声慢慢降低了,疼痛也减少了,她开始与爸爸妈妈交流:"妈妈,你说这样一撞会不会影响到我的智力。"

"不会的,放心吧。"妈妈回答说。

"哦。"女儿放心了。最后,女儿的情绪恢复到了正常。

杜晓红虽然没有说太多的话,但是她安慰女儿的语言却让孩子心里感到特别安全,同时也使孩子的情绪渐渐平静下来。

在和子女的沟通中,仅仅倾听和理解是不够的,妈妈还必须用语言和他们进行沟通,对他们所想、所感的事情做出一定的反应,并将自己听到的、看到的告诉孩子。

6.正面评价孩子,并让孩子无意中听到

作为妈妈,从孩子很小的时候起,就会对他的脾性、行为、习惯甚至相貌等,做出这样那样的评价,可以说孩子是在妈妈的评价声中长大的。其实,不管是正面的评价,或是负面的评价,都会对孩子的心理造成影响,有的甚至可能妨碍孩子的人格发展。

评价分为积极评价和消极评价,积极评价对孩子的成长起正面作用,消极评价对孩子的成长起负面作用。妈妈对孩子的成长多给一些积极正面的评价,可以让孩子享受到心理阳光的照耀。

心理学家曾经做过一个调查:孩子最怕什么? 研究结果表明:孩子不是怕苦,也不是怕物质生活条件差,而是怕丢面子、失面子。

美国有一个家庭,母亲是俄罗斯人,不懂英语,根本看不懂儿子的作业,可是每次儿子把作业拿回来让她看,她都说:"棒极了!"然后,仔细地挂在客厅的墙壁上。

客人来了,她总要很自豪地炫耀:"瞧,我儿子写得多棒!"其实,儿子写得并不好,可客人见主人这么说,便连连点头附和:"不错,不错,真是不错!"

儿子受到鼓励,心想:"我明天还要比今天写得更好!"于是,他的作业一天比一天写得好,学习成绩也一天比一天提高,后来终于成为一名优秀的学生。

我国著名的教育家、赏识教育的创始人周弘先生用自己的实践证明:赏识教育能使一位先天耳聋的孩子成为一名对社会有用的人才。

这就是爱的真谛,爱能给人勇气,给人信心。你说他行,他就行。你说他不行,他就不行。你为他喝彩,他会给你一个又一个惊喜。你说他不如别人,他会用行动证明他真的很笨。大人就是这样用语言来塑造孩子的。

有一个小女孩叫兰兰,她三四岁时,妈妈总对她说:"兰兰就是懂礼貌,来客人还会给人家倒水呢!"妈妈越这么讲,女儿越发懂事,一来人就忙乎。

一个大热天,一位老爷爷来家里串门。女儿见了,立刻找来一把大芭蕉扇给爷爷。老爷爷高兴极了,摸着孩子的头说:"这孩子可真懂事,这么小就会照顾人!"

　　设想一下,如果换一种做法,来了客人,孩子出来"接待",大人不耐烦地说:"去,去,去,写作业去! 大人说话你凑什么热闹? 别找机会出来玩!"在这种挑剔责怪声中长大的孩子能不变得压抑、冷漠、不合群吗?

　　有的妈妈并不避讳在孩子面前说什么,认为孩子未必听得到或听得懂,但事实上,孩子听得懂的远远超过他用语言所能表达的。所以,不能用孩子的语言发展来衡量孩子的理解能力。有时候,即使孩子不能完全听懂你的话,也能从你的声调、表情中略窥一二。

　　私下里,妈妈都很爱自己的孩子,但是,在公众场合中,往往会在不自觉中谈及子女的缺点,不是说孩子懒惰,就是说孩子散漫。如果妈妈经常这么说,就会给孩子一种心理暗示,他们会只接受你的评价,而不积极地改善自己,最后变"预言"为事实。总之,负面评价比正面评价对孩子的影响更大,而让孩子在无意中听到你对他的正面评价,效果会更好。

　　家长要避免消极言词。故意轻视、贬低孩子的能力,对孩子来说,就是一种"精神惩罚"。有的妈妈为了防止孩子产生骄傲情绪,经常会贬低孩子的进步,即使孩子有了进步,他们也会盲目地拿别的孩子的长处和自己孩子的短处相比。

　　一味地责骂训斥、讽刺挖苦,不但会使孩子看不到自己的长处,而且还容易让他们在很小的时候就萌生自卑意识,所以,一定要少对孩子说消极词语。

　　那么,怎样才能做到这一点呢?

　　强强活泼聪明,刚刚5岁,就会背唐诗、数数、画画,在幼儿园里经常得到老师的表扬。可是强强却不开心,因为他总得不到妈妈的肯定,相反,妈妈却常常批评他。

　　有一次,强强画的画得了三等奖。当他兴冲冲地跑回家拿给妈妈看时,妈妈却说:"别忘乎所以,你只得了三等奖。"强强觉得没意思,便去了洗手间。

当时,姑姑正好来家里玩,姑姑说:"你怎么不表扬一下孩子?"

妈妈说:"得个三等奖,就要表扬,太不像话了吧!不就是第三名吗,给我考个第一名看看!"

洗手间中的强强,听到了姑姑和妈妈的对话,心里难过极了。

一个自尊心从小就受过挫折的人,会出现很多心理行为的障碍,比如自我否定、缺乏爱心、焦虑等,长大也难以适应社会,甚至会走上犯罪道路。

在日常生活中,爸爸妈妈要避免自己对孩子的消极评价,应该注意以下几个问题:

家长要注意场合,不要在大庭广众下粗暴地讽刺、挖苦和训斥孩子,要多采取一些正面引导、个别谈心的方法,以情动人,以理服人。

当孩子做错了事的时候,不要训斥和责怪,要先弄清楚孩子的动机和缘由,再加以引导,帮助孩子找出其中的问题所在。

在教育孩子时,要有针对性,就事论事,不要把从前的"历史问题"和"陈年旧账"抖出来,唠叨个不停,使孩子灰心丧气,以致自暴自弃。

对孩子要求适度,不要过分严格。在过分严格的背景下长大的孩子,往往缺乏自尊心,过分依赖妈妈。妈妈们要在不损伤孩子自尊心的情况下,应采取循循善诱的方法,使孩子克服自己的缺点。

当孩子取得成绩和进步时,哪怕对成人而言微不足道,也应该给予及时的表扬和肯定。

7.平等交流,孩子也要给"面子"

为了得到孩子的合作,家长们使用了各种各样的方法,比如:哄骗、规劝、诱导、命令、威胁、惩罚等,可以说是办法尽施。可是,有多少孩子因为这些手段,而积极地与父母合作了呢?

自从上了小学之后,儿子就特别不听话。江雪每次和他商量事情,他永远都是用"不"来回答,而且,总会摆出一副不合作的架势。江雪让他收拾下桌子,他不是说要去写作业,就是说自己正忙;如果让他帮忙拿个东西,他也会找各种理由推脱掉……

有一次,江雪和丈夫带着儿子外出旅游,他们报的是旅游团。在旅游大巴上,江雪和丈夫坐在一起,儿子和一位阿姨坐在前面的座位上。

汽车走了一半,阿姨晕车了。导游小姐想让儿子和这位阿姨换换位置:"小朋友,阿姨晕车了,你可以换到里面去吗?"

儿子看都没看说:"为什么让我换!车上这么多人!"

江雪看到儿子的表现,有点生气了,说:"阿姨晕车了,坐在外边,会方便一些……"

"那跟我有什么关系?"江雪还没有说完,儿子便蹦出了这样的一句话。

"儿子,你再这样,以后就不带你出来玩了!"爸爸看到儿子太不像话了,下了最后的通牒。可是,儿子还是一动不动。

……

随着年龄的增长,孩子们了解的事情越来越多,动手能力也会越越越强，这会让他们感觉到自己是一个完全独立的人，觉得自己很有能力，已经能够脱离父母和他人的管束了。所以，当父母或者他人要求孩子合作时，他们总会尝试着举起自己手上的表决牌，试探下自己的权利。

在和孩子沟通的时候，如果父母态度专横，经常采用命令的语气，孩子会觉得很没有面子，就会采取一些对抗的做法。

孩子们往往对他人的感受关注得比较少，他们眼中只有自己，很少有别人，而且完全没有与人合作的意识。其实，如果父母的期望和孩子的需求实现了一致，彼此之间的合作也是很容易实现的。

通常来说，孩子也是十分要"面子"的，他不希望自己在外人面前是一个没有主见的人。所以，如果父母能够对孩子多一些理解，满足孩子的这种心理需求，就会赢得孩子的好感，孩子也会愿意合作。

爸爸给5岁的乐乐买了一个新型汽车玩具。

一次，乐乐正在玩汽车玩具时，舅舅家的哥哥来了。哥哥想和他一起玩，但乐乐始终抱着玩具车不肯撒手。没办法，哥哥只好说："那我不跟你玩了。"转身便要回家。

爸爸看到了，说："将玩具拿给哥哥！快点！"乐乐看到爸爸生气了，很不服气，便将自己的所有玩具都搬进了书房。

爸爸见他这样，气不打一处来："你这样，看看以后谁还会和你交朋友？"

乐乐认识到如果不和小哥哥分享玩具，将会失去一个小伙伴，于是，转而用恳求的口吻说："我给你还不行吗！"

说完，乐乐立即将汽车给了小哥哥，两个人一起玩起了合作游戏。

这一幕恰巧被乐乐的妈妈看到了，妈妈问爸爸："你怎么能这么对儿子说话呢？当第三者在场的时候，要尽量杜绝用命令的语气跟他说话！否则会让孩子很没面子!"

作为父母,要多为孩子们创造与伙伴交往的机会,在实践活动中引导孩子学会合作,但不要当着其他孩子的面,批评自己的孩子。如果想让孩子学会合作,有"第三者"在场时,就要尽量避免以命令的口气要求孩子按照自己的方式行事。

你可以事先提醒孩子:你希望他在某个场合能有什么样的表现,什么样的表现是你所欣赏的,什么样的表现是会让你感到难堪的。只要父母与孩子之间不存在很大的"冲突",孩子大都是会愿意照办的。

为了孩子的发展,许多家长都用近似于"完人"的眼光来要求自己的孩子。表面上看起来,这样做似乎是为了孩子好,可往往会让孩子因此而失去幸福感。

为了让孩子无所不知,赵女士给孩子买了很多的图书。好在孩子没有让她失望,每一本妈妈买的书,他都要看一遍。赵女士知道"伴读"的好处,因此,有时候会让儿子的好朋友一起来家里看书。

一次,儿子邀请他的同学来家里看书。赵女士在给他们端水果的时候,发现有一个孩子一直都在书架边走来走去。她走过去才了解到,原来这个孩子想看《一千零一夜》,一直都找不到。

赵女士看了看手中端着书的孩子们,发现这本书正好在儿子的手中:"儿子,这本书先让朋友看吧!"

"为什么?我先拿到的!"儿子正看得津津有味,当然不乐意了。

"妈妈不是一直都教育你要谦虚、合作、分享吗?"说着,便将儿子手中的书一把夺了过来。

"妈妈……"儿子显然要哭了。

晚上,妈妈和丈夫说起了这件事情,丈夫听了说:"孩子还小,你不能拿'完人'的标准来要求他……"

　　根据孩子的年龄特征采取应对的方法只是一种策略,要从根本上解决问题,父母就要积极改变不科学的教育方式,不要试图让孩子做一个"完人"。

第六章

教子理财,做冰雪聪明的妈妈

1.妈妈不要"羞于谈钱"

"羞于谈钱"仍然是人们的普遍心理,针对少年儿童的金钱和理财知识的教育,更是一片空白。很多家长在孩子面前闭口不谈钱,担心跟孩子谈钱或者让孩子过早地接触钱,会使孩子"钻进钱眼里",或者给孩子造成阴暗、负面的心理影响。这使得很多孩子从小不能对金钱形成正确的认识,"不会花钱",更谈不上规划钱,规划自己的事业和人生。

有位朋友谈过这样一件事。她刚上小学的儿子很想参加一个小记者班,她就为儿子交了学费。某天,小记者班要到户外举行采访拍摄活动,儿子兴致勃勃向妈妈要活动费,可这位妈妈很郑重地告诉她的儿子:"要去参加活动,费用自理!"

小朋友傻眼了:"我的压岁钱早就用光了呀!"于是妈妈就开始诱导他:"你已经长大了,可以帮妈妈干家务活了,要不这样,从今天起,你负责饭后的洗碗。每次的报酬为1元钱,怎么样?"儿子很爽快地答应了,因为他太想去采访拍摄了。

接下来小朋友就上岗了。考核制度挺严厉,因为打碎了碗是要罚款的!开始这种机械而繁重的活让他感到很不适应,可是为了攒钱,他还是坚持了下来。尽管期间他曾抱怨过工资太低,妈妈就向他分析说:"这是一件很简单的事情,不需要什么技能就可以做到,所以报酬低。如果你做的事需要动一些脑筋,不是所有人都能随便做到的话,那么报酬就会高起来的,这就需要你不断学习才能做到。"小朋友似懂非懂地点点头,终于他攒够了钱参加活动去了。

然而,不久在购买胶卷的问题上,母子俩又发生了争执。小朋友执意买两卷36张的,而没有听从妈妈的劝告买一卷。结果,冲印的时候,钱不够,只能借。他有点难过,因为辛苦赚的钱这么快就用光了,而且还不够用。这时候他"总结"说:"其实那么多照片很多都差不多,拍出来也是重复,还要浪费冲胶卷的钱,我应该买一卷的!"这位小朋友终于开窍了!

这位妈妈教育孩子的方式是不是能给你一点启发呢?看来,可以利用孩子的兴趣,好好培养一下他们的"赚钱"意识。只有学会了自己赚钱,才能真正做到"会花钱"。一个人如果不善于预算消费,就会入不敷出,无法自立,也就根本谈不上成功。

事实上,孩子一般在三四岁时,已萌发了花钱的意识,此时,父母就要开始教育孩子理财方面的知识。告诉孩子他劳动所得的钱存到一定数目时,才可以花,以使孩子形成良好的处理钱财的观念,同时还能培养孩子从小形成金钱来之不易的意识。随着孩子一点点长大,他就会自然养成珍惜金钱的习惯。

从心理特点和可接受程度来分析,中国青少年理财意识的形成和发展一般经历4个阶段:0岁至6岁的萌芽期、6岁至12岁的确立期、12岁至18岁的发展期和18岁以后的升华期。如果你还没教孩子如何理财,那么现在就赶快行动吧。

第一,让孩子掌控钱。在日常生活中,很多家长担心孩子乱花钱,所以剥夺了他们掌控钱财的机会,这样一来孩子反而容易养成要花钱就伸手,有钱就花光的习惯。其实父母不妨多给子女一些接触钱的机会。

比如,以月为单位,给孩子一定额度的零花钱,让他们自己来掌控这笔钱的花销。家长可以为他们出谋划策,对岁数稍大一点的孩子,可以给他们设计一个账本,由他们自己来登记支出和结余。让孩子掌控钱的好处是,可以培养他们量入为出的理财意识,好习惯一旦养成,则会终身受益。

第二,模拟成人生活开支训练。许多孩子住在家里,没有太多的生活开支让他们承担。处在这种状态中的孩子,长大后不得不开始自己付房租、水电费,买食物和衣服以及支付交通费用时,他们会感到束手无策。为了帮助孩子为未来生活做好准备,可以让年龄大一些的孩子为自己的电话费和公交车费以及一部分家庭开支付账。一旦孩子成熟了,家长还可以翻开账本,告诉他们家中的钱是怎么花的,以帮助孩子了解该如何掌管家庭的"财政"。

第三,示范明智消费。家长带着孩子购物,要货比三家。在寻找物美价廉商品的过程中,同种商品的差价可以使孩子更直接地感触到消费过程中的浪费与节俭,从而使他们自己支配零花钱时会更加理智。

第四,教会孩子挣钱。让孩子在从劳动获取收入的过程中,亲身体验到工作的艰辛和财富的来之不易。一位母亲有一个读小学的儿子,儿子平时总喜欢和班里的同学攀比消费,为了让儿子知道金钱的来之不易,母亲和儿子签订了一份劳动协议,按照协议,每到周六上午,儿子不许睡懒觉，而是要早早地起来打扫房间。让母亲欣慰的是，儿子从劳动挣钱中体会到了工作的不易。在要买玩具时，儿子自己会说："妈妈，买这个玩具，抵得上我两个月的'工资'呢，其实它和上次外婆送我的那个区别也不大，我不要了。"

第五，带着孩子理财投资。除了教会孩子合理地花钱、有效地挣钱外，家长们也可以试着告诉孩子一些基础的金融知识，带着他们做一些简单的投资。现在有许多家长为孩子开立银行账户、投资基金，甚至是购买股票，但却忽略了孩子的参与性。家长们不妨带上自己的孩子亲自办理一些基础的银行业务，还可以给孩子介绍一些简单的投资知识。譬如带着他们在电脑前查看基金的净值，告诉他们净值涨跌对自己的财富会有什么影响。还可以引导他们关心财经新闻和产业及上市公司信息，在潜移默化中培养孩子对财经和投资的兴趣。

总而言之，财商考查的是一个人对金钱的理解和敏锐感以及创造财富的知识和能力，越来越多的人认为财商是实现成功人生的关键因素之一。让孩子从小树立理财和投资的观念，对他们的一生都是大有裨益的。

2.不给孩子留过多的物质财富

自古至今，绝大多数富裕的家庭都把财富留给子孙。有不少家长，对子女宠爱有加，为了不让他们经受自己经历过的苦难和辛酸，拼命积聚财富，为子女的未来做准备。

然而，要知道给孩子金钱让他挥霍、留下遗产让他继承，都不足以让孩子一生幸福,往往是留足了物质,贫乏了精神。图享受、摆阔气、讲名牌、贪安逸,在如今的孩子身上司空见惯,娇气、任性、挥霍和极端个人主义,这些不良品质在孩子身上随处可见。把财富留给孩子很容易,把孩子变成财富却不那么容易。

从前,有一个财主,家里有良田千亩,万贯家财。财主临死的时候把这些家产传给了儿子。可是这位少爷从小就好吃懒做,游手好闲,到处吃吃喝喝。有一次,他来到一家酒家,看到门口挂着的鸟笼里养着一只漂亮的画眉鸟,叫声悦耳动听。这位少爷指着那只画眉跟老板说:"我要吃这只画眉鸟的舌头。"经过讨价还价,少爷用50亩良田换来了一碗"画眉舌头汤"。就这样,这位少爷走到哪吃到哪,什么贵就吃什么,从不吃正经粮食。日复一日,他把家里的良田吃光了,家里的粮食也糟蹋没了,最后沦落成了一个叫花子。在一个下着大雪的冬天,他饥寒交加,最后惨死在了冰天雪地里。

人世间的任何物质财富都不可能长久地传承下去,人们早有"富不过三代"的定论。如果只留下金钱,孩子们有可能肆意挥霍,甚至最后沦为乞丐;如果孩子没有经营产业的智慧,最后有可能倾家荡产;如果留下遗产让孩子们去分割,他们则可能为了争夺遗产大打出手,甚至对簿公堂。所以说,留下财富不如培养孩子们经营财富的意识和可以使用一生的技能,这样才可以保证他们在自己的人生里平安富足。

每逢春节期间,不少孩子就会一夜"暴富",少则几百元、几千元,多则上万元。但压岁钱的"流向",从一个侧面反映了少儿理财教育的不足。家长可以借用压岁钱教育培养孩子的理财技巧。

有关媒体也针对青少年压岁钱的流向问题做了调查,其普遍现象是青少年得到钱后,花钱如流水。

上初中三年级的小飞想让妈妈给自己买一双名牌运动鞋,因为他看中的那一双鞋标价是1080元。妈妈没舍得给他买,他很不愉快。春节期间,小飞从爷爷、奶奶和姑姑处共收到1300元的压岁钱。拿到钱的第二天,他就跑到商场买下了那双价值1080元的运动鞋。

上高中的小丽春节期间收到了3000多元的压岁钱。小丽的妈妈说,从正月初二开始,小丽就和几个同学相约出去玩。第一天去滑雪,第二天去电影院看电影,第三天去商店买了一堆小饰品,以后就天天在朋友家,根本不把压岁钱的去向告诉家人。

一份抽样调查显示,"压岁钱"已经成为家长们十分头痛的问题。调查数据显示,关于压岁钱的用途,90%的孩子表示会购买玩物,80%的孩子表示会用压岁钱请客、买食物,只有10%的孩子表示会把压岁钱存起来留着交学费。

由于没有正确的理财观念,缺少投资渠道,大部分家长和孩子在面对压岁钱这样一笔不小的"财富"时,不懂得如何正确管理。孩子因此也往往容易沾染上盲目消费、攀比等坏习惯。

古今中外有许多名家,都把不留钱财给后代当做是教育子女的准则。

早在汉朝时,有识之士就已认识到:给子女留钱财,如果子女有德有能,适足损其善;要是子女无德无能,则会增其恶。总之,给子女留钱财,有弊无利。

民族英雄林则徐,不给子女留钱财,却留下这样一副对联:"子孙若如我,留钱做什么?贤而多财,则损其志;子孙不如我,留钱做什么?愚而多财,益增其过。"

爱国华侨陈嘉庚先生把全部财产捐给自己在国内办的集美学校,并对子女回国安家作了如下规定:每人每月发给25元生活费。

不给子女留财富，也是当代许多西方富人奉行的原则，以防子女坐吃山空、不思进取。他们希望自己的孩子多受点磨难，尽快掌握生存能力，不过多地依赖别人，早早自立。

微软董事长比尔·盖茨选择以"裸捐"的方式，把自己价值580亿美元的个人财富全部返还给社会，而不给自己子女留下任何财产。他说："我告诉他们，他们不会从我这儿得到财富。早在生儿育女前我就信奉大多数财富都应该回馈社会。"

谈及子女教育，比尔·盖茨表示，越早让子女了解世界的不平等，越早鼓励子女到贫穷国家去接触当地人，对孩子的成长越有帮助。"我女儿看过一段录像后，总想知道贫穷国家同龄人的生活是怎样的，她能为录像中的那个孤儿做点什么。"为了让我们的孩子将来能更幸福，我们就必须让他们变得更聪明、更有竞争能力。我们留给孩子的，应该是培养他独立的生活能力，独立的思考能力和不断创新、勇于接受挑战的精神。

富翁家长们这样做，是因为他们意识到让孩子拥有一种天生的金钱优越感对孩子的成长有百害而无一利。他们只给孩子很少的零用钱，鼓励孩子自己去打工挣钱，通过这种方式让孩子明白：金钱的获得并不是轻而易举的，钱也是会用完的，有价值的财富要靠自身的努力去积累，而积累财富的过程或许比财富本身更有价值。自己的未来要靠自己去创造，而不要靠父母勤劳、努力赚来的钱生活。

人生于天地间，自立自强才是最重要的课题。成才的道路有多条，成才的方式也各不一样。但让孩子感受生活的酸甜苦辣，独立承担起学习、生活的责任，具有感恩的心和不屈的意志，却是成才不可或缺的历练和品质。

教育家陶行知曾说："滴自己的血，流自己的汗，自己的事情自己干，靠天靠地靠父母，不算是好汉。"孩子的人生最可依赖的是什么？是知识、智慧、汗水，父母不可能让孩子依靠一生一世，因此，这个世界上最可靠的不是别人，而是孩子自己。

人的素质是不能遗传的，是金钱买不来的。为子女留下财富，不如留下更多的知识，后代不一定能保留住财富，但可用知识去创造财富。由此可见，财富是宝贵的，但比财富更宝贵的是知识。不要让孩子认为父母的钱就是自己的财富。只有自立的人，才会有拯救自己的方法。

3.淡化孩子的贫富意识

对孩子来说，贫富几乎是与生俱来、无从选择的。在孩子刚刚开始懂事时，成人社会的一切就在有意无意地加深他们的贫富意识，那么对穷孩子来说，强烈的贫富意识往往会使他们原本就十分自卑的心雪上加霜；而对富孩子来说，由此而生的盲目的优越感往往会导致他们成为自以为"高人一等"的小霸王。有这样一个故事。

纽约的冬天十分寒冷，几尺厚的积雪使部分单位和商家不得不暂时歇业。可是，公立小学却依旧照常开课。刚刚移民至此的王太太对校方的做法很不理解，她打电话给学校提出停课的建议。校方答复："接送孩子到学校上学，他们不仅能享受一整天的温暖，还能在学校里享受到免费的营养午餐！"感动之余，王太太灵机一动，想出一个两全其美的法子，她又打了一个电话："为什么不在有暴风雪时，让家庭条件好的孩子们待在温暖的家里，只接送那些贫穷人家的小孩儿去学校呢？"这一次，校方的回答令王太太终身难忘："施恩的最高境界应该是保持人的尊严。我们不能在帮助那些贫穷孩子的同时,却践踏了他们的自尊。"

　　贫富差距是社会客观存在的现象。但不少人之所以贫困,并不是因为能力不足或努力不够,在某种程度上是由于机会不均等造成的。因此,在人与人之间,尤其是在孩子与孩子之间,应该淡化贫富意识。

　　某小学门前,等候已久的妈妈接到了上小学二年级的儿子小希。放学时分,数以百计的轿车、微型面包车拥堵在校门口,母子俩在车群中穿行,到对面的车站准备乘车回家。

　　"妈妈,为什么别的同学家有车,可咱家没有呢?"小希问。

　　"因为家里没钱买!"妈妈无奈地回答。

　　"没钱!你和爸爸工作时咋不努力多挣点儿钱呢?"小希又问。

　　这回,妈妈半天无语。

　　"有钱就可以买新衣服,有钱就可以下饭店,有钱就可以车接车送……"东北师大附小的一位女老师认为,"大人对贫富差距习以为常,就以为孩子也是一样的想法,这是不正确的。"

　　家境的贫富在很大程度上会影响学生的成长。家境差的可能考上好学校却读不起,家境好的同学差几分,交上钱就是重点中学的自费生。对家境不好的孩子来说,几万元钱超过了他们家的全部积蓄,即便减免费用进了学校,还是会因为同学之间家境的贫富差距产生心理压力。看到身边的同学总是吃麦当劳、肯德基,自己却只能吃青汤白菜;别人逛商场、买名牌,自己却只能穿几套从家里带来的衣服,再加上周围的有色眼光,久而久之,难免自卑。家长和老师应给予足够的开导和鼓励,否则严重时会导致孩子对现实社会产生不满情绪,对他人产生敌对心理。

　　下面,我们来了解一下国外是怎样淡化孩子的贫富意识的。

日本的中小学都明文规定:禁止学生穿名牌服装或名牌运动鞋来学校,并对何为"名牌"作了严格、具体的限定。据调查,此举也得到了高达九成的富裕家庭的父母的欢迎。此外,直至今日,日本仍有部分小学要求男生一律剃光头上学——为的就是:千篇一律的光头至少让人一下子难以分辨出谁是富家子弟,谁出身于贫寒之家。

在美国,虽说有关学生是否应该着校服上学长期以来一直存有争议,但绝大多数州的中小学依然坚持"校服制",而且赢得了八成以上父母的支持。支持者们倒也不是为了强化集体主义精神或爱惜学校荣誉,而是认定"千篇一律"的校服尽管从表面上看来似乎限制了孩子的个性发展,但却成功地避免了贫富孩子在服装上的优劣差别,从而也成功地避免了对穷孩子自尊心的损伤。从这一点看,显然是利大于弊。

在加拿大,中小学大多向孩子们提供免费午餐,午餐的档次完全一样,因而孩子无论贫富,吃的完全相同。

即便在贫穷的肯尼亚,有幸收到救助的小学往往给每个孩子都发放一份救济物品(如寒衣或食品),不论孩子是贫是富。有人有疑问:富家子弟也许并不缺这份救济物品,"照发"是否意味着是一种浪费?而学校坚持认为,让大家尽可能都能领到一份,穷孩子便就会大大减轻心理上的压力。

而在澳大利亚,午餐一般由学生自带,但学校规定所带食品须"统一"为一个汉堡、一瓶可乐外加一个苹果。这种几乎是刻意地模糊贫富概念的做法在孩子们心中唤起的是一种极为宝贵的平等意识。

至于波兰,在实行类似我国"希望工程"的"扶贫"好事时,一律不公布受惠孩子的姓名、地址。原因很简单:避免使穷孩子产生过分的自卑感。对于孩子来说,这种淡化贫富意识的做法无疑会使他们在涉世之初便学会一视同仁地待人接物,从而形成健康的心理与完整的人格。

要想孩子有正确的认识,家长首先得有一个正确的认识。听说别的同学家里有钱,就告诉孩子说人家是贪污的,是靠不光彩渠道得来的,这会影响孩子的认识和判断。要对孩子说,爸爸妈妈工作很努力,只不过班上某某同学的家长更努力、更优秀。只要我们努力了,付出了,贫穷一定是可以改变的。

富裕是我们可以追求的,作为学生,家境贫穷并不可耻。然而,以强凌弱却是可耻的,同样的道理,以富欺贫也是不道德的。学生正确面对家境的贫富很重要,面对这种贫富现象应该有一颗平常心,如果把贫穷转化为奋斗的动力,更是一个明智的选择。作为大人要告诉孩子,养育他们并不是一件容易的事,孩子们要学会用长远的眼光去审视贫富差距及相关的事物,用平和的心态去面对,同时积极地完善自我,努力学习,争取在不久的将来,在实现自我价值的同时,为社会和自己创造更多的财富!

4.因材施教,正确引导孩子对金钱的态度

无论自己的理财观念和水平怎么样,家长们几乎都希望自己的子女能够培养起良好的理财习惯。然而,细心的妈妈一定会发现:每个孩子在对待金钱的问题上都有着不同的态度和方法,即孩子可以分为不同的理财类型。而这种不同,在某种程度上也决定了他们未来不同的理财习惯。

因此,发现孩子的"类型",并根据这种类型的特点,正确引导孩子对待

金钱的态度,从而形成良好的理财习惯,就成了妈妈们必做的一项功课。

引导"储蓄罐"型的孩子消费

典型特征:这类孩子会想尽一切办法攒钱,不舍得为玩具或者书籍花自己的钱,得意于自己攒的钱越来越多。

引导策略:这类孩子应该得到妈妈的激励,但要适当引导孩子的消费行为,以防他们过于看重金钱本身。

王静在收拾房间时,无意间有一个让她吃惊的发现:自己11岁的女儿竟然在抽屉里攒下了2000多元钱,这几乎是女儿3年来所有压岁钱和零用钱的总和。王静一时喜忧参半,喜的是女儿并没有乱花钱的习惯,是个节约的孩子;而忧的是,如此囤积金钱的习惯,会不会让她变成一个小财迷或者"吝啬鬼"呢?

很明显,王静的女儿属于典型的"储蓄罐"类型。其实,这类孩子"疯狂攒钱"可能没有别的目的或者计划,他们只是想看着自己有一堆钱在那里,希望这个数字不断增加,把数字的增加视为自己在金钱方面最大的成就。同时,他们可能还会比较吝啬,当妈妈建议他们自己出钱购买喜欢的玩具或者图书时,他们宁可忍痛割爱也不愿从自己的抽屉里拿出一毛钱。

这种习惯的形成多是受到妈妈行为的影响。比如妈妈经常会在每月精打细算之后把钱存起来,希望自己家庭的积蓄越来越多。妈妈对于攒钱行为的提倡和赞赏,是促使孩子产生这种行为的最直接因素。

当然,王静不必太担心,毕竟好多妈妈都想让子女具备节约的品质。孩子珍惜金钱,并遵守储蓄方面的纪律是个好习惯,这可以让孩子在将来也能建立严格而有序的储蓄计划,在财务方面更有保障。

但是需要提醒的是,过多关注金钱数量的增加会让孩子更加看重金钱本身，这可能会影响他们未来的价值观，也可能会妨碍他们在未来更妥善地管理金钱。因此，妈妈要适当引导孩子的消费行为。比如计划一次特别的家庭行动，并让孩子用自己积攒的零用钱花得值得；或者让孩子自己负担日常生活中的一项比例相对较小的费用支出，比如学习用品，使得孩子感觉自己长大了可以逐渐负担自己的生活；而想培养孩子爱心的妈妈也可以尝试让孩子和贫困地区的失学儿童结成"一对一"的互助对象，把自己的零花钱捐献出去让其他小朋友获得帮助，这都可以对孩子培养正确的金钱观起到很好的引导作用。

对"无限索取"型孩子说"不"

典型特征：这类孩子一出门就向妈妈索要东西，包括玩具、食品等各种类型，而遭到拒绝后则会大哭大闹。

引导策略：妈妈要改变"无法拒绝孩子"的心理，坚决说"不"。

"我真的是怕我儿子了，他经常向我要钱，去买他想要的东西。有时候，我根本不想带他去商场，因为他总是不停地索要东西。一旦得不到满足就会哭闹不止。"相信很多家里有七八岁儿童的妈妈都有这样的抱怨，孩子不停地索取让她们很为难。"给也没关系，就是怕养成习惯。"

其实，如果回忆一下几年前孩子两三岁时的情形，相信很多妈妈外出归来时都会给孩子带些礼物，有时候是一个气球，有时候是一小包饼干，总之孩子拿到礼物会很高兴。然而没有想到的是，长此以往，孩子就会形成习惯性思维，认为妈妈送给他礼物是天经地义的事情，而索要礼物也变得理所应当。

有些时候，妈妈为了平息儿女的哭闹或者不耐烦孩子的一再要求，从而满足了孩子的欲望，这对培养孩子自我节制的习惯是很不利的。小时候要一包糖，长大之后要衣服、手机、电脑……其实家长可以告诉孩子:"你需要的东西,爸爸妈妈一定为你准备,你想要的东西,可以告诉爸爸妈妈,我们会斟酌情况,决定要不要给你买;但是如果你用哭闹或发脾气的方式来争取,我们一定不会给你买。"

教"花钱无度"型孩子做预算

典型特征:这类孩子手里有钱就花掉,把金钱置换成自己喜欢的玩具和食品对他们来说是一次神奇的体验。

引导策略:鼓励孩子建立消费预算观念,学习管理金钱的能力。

第一次独自用手里的钱换到心仪的物品,对每个孩子来说都是一种神奇的体验。这种神奇带来的心理满足感会让他们不断地把手里的现金换成实物。

这类孩子很难在金钱上克制自己,如果妈妈强行甚至通过暴力的方式来约束他们的消费行为,会影响他们的内心感受,对心理健康不利;但是同样不值得提倡的做法是减少孩子零花钱的数额,因为突然间收入的减少会使得孩子对物质的欲望更加强烈,从而试图通过其他途径取得零花钱,以满足自己的购物需求。家长要让孩子知道,零花钱不是一种权利,它应该成为教育孩子如何管理金钱的一种工具。一味地以增加零花钱或者减少零花钱来达到某种目的不是教育孩子应该有的方法,关键是妈妈要通过日常生活中的一切细节来引导孩子进行聪明储蓄和聪明消费。

妈妈可以设置一种生活情景,约定以孩子的零花钱去超市进行一次集中购物,并事先确定好金钱的数额。可以让孩子到超市买他需要的任何东西,不加约束,在结账处打出购物金额是否在预算之内,如果没有,可以对照清单,让孩子自己来选择哪些是自己最需要的东西,哪些是不怎么需要的,哪些是根本不需要的,并让他们把不需要的东西放回到购物货架上。这种体验过程可以让孩子知道,自己是自己的零花钱的管理者,自己可以通过事先的预算来进行最佳的财务支出。

还有一个有效的做法是,妈妈要教导孩子养成记账的习惯,明确知道自己的钱都用在哪些地方。每隔一段时间(例如三个月或半年),妈妈可以进行一次"财务检查",如果孩子确实做到了,可以颁发一笔"量入为出"的奖金,或是增加一点零用钱作为鼓励。

5.理财宜早不宜迟

西方教育专家认为,儿童应从3岁开始进行经济意识教育,主要教理财知识。研究表明,儿童在3岁时就应辨认钱币,认识币值、纸币和硬币。到12岁时就应懂得珍惜钱,知道金钱来之不易,有节约观念。

有一位教育工作者对如何培养好孩子们的理财能力做了一个实验:

这位老师叫了几个同事的孩子,将他们分为三组:

甲组是一个大约2岁的孩子。老师左手拿着5毛钱纸币,右手拿着一张与5毛钱纸币大小相同颜色相似的卡片,同时递给孩子,叫她选一个拿去买糖吃。孩子看了看,犹豫了一会儿,还是选定了左手的纸币。

乙组是一个3岁多的孩子。老师左手拿着5毛钱纸币,右手拿着5元钱纸币,让孩子去选择。孩子毫不犹豫把右手的那5元钱抢跑了。

丙组由刚才那两个小孩和一个大约5岁的男孩组成。老师叫他们站成一排,分别给每个人3个印刷有五角字样的啤酒瓶盖,两个稍小的小孩儿都把瓶盖扔了,只有5岁的小孩儿要了瓶盖。

从例子甲组可以看出:小孩子非常聪明,能认识什么是钱,他看到父母们用什么能够换回他爱吃的水果,而用别的东西是不能换的。

他或许曾经尝试过,有时被大人哄骗了,没有分清哪种是钱,哪种是纸,结果在后来接钱时都会区分清楚。

从例子乙组可以看出:3岁的小孩就能分清哪种纸币能换回更多他想要的物品。

从例子丙组可以看出:5岁的小孩已经能够知道大人们平常给他的有奖瓶盖能换回他需要的商品,虽然他不知道等价物的意义,但是能认识到它的作用。

由此,教育工作者认识到,孩子的金钱意识发展大致有几个层次:3岁以前孩子处于"没有金钱功能意识"的层次,他们把金钱当做一种玩具,视为一张随意摆弄的纸,但是并不是说他们不知道金钱的作用。

4~6岁的孩子处于"朦胧的金钱功能意识"水平,他们只知道钱可以换东西,但是没有自觉的购买行为,只知道整天吵着父母给他们钱,让他们去买回自己需要的商品。有的孩子忘记或者根本不知道找零钱,往往要父母再三叮嘱,才记得找回零钱。

由此,我们得到以下几点启发:

(1)在日常生活中,钱和我们的生活息息相关,儿童对钱所产生的兴趣很早。儿童只要随家长逛过几次商店,钱的用途便牢记在他们心中了。

(2)钱的知识与道德教育有紧密联系。孩子懂得钱应该通过劳动赚得后,便产生爱惜钱的心理,引起储蓄行为,避免浪费。某些孩子对钱毫不珍惜,任意挥霍浪费,与缺乏理财教育有关。

(3)让儿童懂得节约,做有计划的开支,是良好理财习惯的开始。长大以后,对他们的事业是有很大帮助的。

(4)父母通过对儿童理财方面的教育,使他们了解商品、了解社会,培养他们积极的参与意识和竞争意识,打破传统的理财教育观念的束缚,改变他们的理财思想,可以为他们的将来做好准备。

美国洛克菲勒财团的创始人洛克菲勒在童年时代，祖父每周给他10美分的零用钱，一到周末就检查他的零用钱是否增加，逼迫小洛克菲勒到街头去卖报，赚取自己超额的零用钱，养成劳动赚钱的观念。

现在看来，小洛克菲勒童年时所受到的教育对他日后成为商业巨头起到了很大的作用，而且对现代儿童的投资理财教育颇有启发。

中国孩子的大部分零用钱都是父母给的，所以许多孩子不能体会出赚钱的艰辛，更难谈得上理财。那么，如何让孩子树立理财的观念呢？

让孩子充分认识金钱

家长首先要让孩子知道金钱只是商品交换的等价物。比如，家长要向孩子讲解金钱的来源。在很久以前，世界上并没有钱，人们都是用自己的东西和别人的东西相交换。

例如一个人种了小麦，可他特别想吃大米，他就会拿着自家的小麦去和种水稻的人进行交换，如果种水稻的人家正好想吃小麦，那么他们之间的交易会很容易达成。但是如果种水稻的人家不想吃小麦，想吃猪肉怎么办？他只有用小麦换成猪肉然后才能换到大米，交换起来非常麻烦。

有一个聪明的人想了一个办法，用大家都喜欢的五颜六色的贝壳作为交换的媒介。大家在交换时，先用自己的东西交换成贝壳，然后再和自己需要的东西进行交换。这样不用费多大力气就能得到自己想要的东西了。

要教孩子如何理财，首先要让孩子知道金钱是什么？它是如何得来的？只有孩子对金钱有了一定的概念，才能很容易地学习如何运用金钱。先要训练孩子认识各种币值的面额，再让孩子掌握金钱的实际价值，使他们了解金钱在生活中的重要性。最重要的是让孩子知道金钱可以换取很多有用的东西，从而学会珍惜金钱，不做大手大脚、铺张浪费的人。其次，要让孩子知道金钱的来源。曾经有一位心理学家对数百位儿童进行过调查，问他们钱是从哪里来的。结果大部分孩子认为是从家长那里要来的，还有一部分孩子说是银行送给他们的，只有18%的儿童说是劳动挣来的。我们可以想一想,孩子如果深信不用劳动就可轻易获得金钱,他还会珍惜吗?所以家长在训练孩子认识钱的时候,一定要让他们明白钱是通过辛勤的劳动赚回来的。只有他们了解了金钱的来之不易,才会珍惜每一分钱。这样你的训练也就达到了一定的效果,也就算成功了。

让孩子制定自己的理财计划

孩子钱财的来源主要是家长给的零用钱,但是如何支出,家长一般不大过问。其实这种做法是不正确的。给孩子零用钱也要及时地引导孩子去做合理的消费。要孩子做好理财计划,最好是给他一个记账本,对于他的每一笔支出,都要记录下来,这并不是要管他的钱,只是对他做一个自我监管。

若孩子从小就做好财务记录,就可以更有效地运用金钱,养成审慎理财的好习惯,父母也可以给他们较大的空间,放心地让他们去处理自己的金钱。但是如果发现孩子的消费观出现偏差时,父母要及时做出纠正,以免孩子越陷越深。

在训练孩子理财时一定要教孩子一些金融方面的基础知识,比如夏天的蔬菜为什么要比冬天的蔬菜便宜,如何使他们手中的钱再生出钱来,等等,使他们从小就树立理财的观念,那么在成长的道路上,他们的财源才会滚滚而来。

6.循序渐进,才能培养好财商

很多家长为了让孩子早日成才,从小便关注孩子的全面教育。这其中,当然也包括理财教育。但是,家长在教育孩子理财的过程中没有找到合适的方法，也没有关注孩子的年龄和理财水平的渐进，而是想及早地、一股脑地把很多的理财知识输灌给孩子。这样的做法，既浪费了家长的心血，孩子的理财能力也没得到多大的提高。

要有好的理财教育效果，首先就要有合理的理财教育安排。有的家长认为，孩子越早接触钱，学会理财，长大后也就越会赚钱。但是，孩子太小时，如果家长对他们的理财要求太高，孩子不能对赚钱行为做出准确的判断，也无法明白市场经济中做生意的道理。

不同的孩子处于理财的不同阶段。有的刚刚起步，有的已经学会了花钱，有的已经是管家的能手。对于孩子的理财教育，要先易后难，一步一步地进行。

一般来说，对孩子的理财训练，可以分三步来进行：

第一，帮助孩子掌握钱财。

孩子刚接触理财时，对手头的钱没有实质性的概念。对大钱不敢花，对小钱却可能随意地花了一笔又一笔。对刚开始理财的孩子，父母的首要任务就是帮助他们掌握好手里的钱。

在孩子理财的初期，家长要发挥部分约束作用。家长可以将孩子每月花销的最大值进行限制，或者与孩子达成协议，如果孩子能合理理财，就给予鼓励；如果超支，就施以惩罚。在孩子理财前，给孩子一个底线，让孩子在一定限度内花钱。

父母可以帮助孩子预定自己的理财目标，先选取一些比较小的目标，比如，孩子心爱的玩具、小的学习用品等，这些东西一般只需要储蓄几个星期就可以实现。接下来，父母可以引导孩子确定更大一些的目标，让孩子为了自己喜欢的物品控制平时的日常花费。这样的训练有利于孩子为了大目标而放弃小欲望，从而做到理智、科学地理财。

通过这一阶段的训练，孩子会对自己的财务状况非常熟悉，而且能合理地支配自己的花销，在消费的时候做到量入为出，并有初步的长期规划。

这些理财训练可以培养孩子理财的兴趣,帮助孩子开启理财的大门。

第二,按三个年龄段培养孩子的理财意识。

理财专家指出,孩子理财意识的培养可以分成三个年龄阶段,即7岁前、7~12岁和13~18岁。学龄前的孩子,主要是让他们慢慢学习有关金钱的概念,此时孩子还不具备理财能力,因此需要家长代为管理。

7~12岁的孩子,对理财开始有自己的概念,这个时候家长可以在银行开一个活期储蓄账户,让孩子自己去支配,并且进一步向孩子解释有关理财的基本常识,例如银行是什么,如何制定消费计划等。

13~18岁时,孩子对理财已经有比较成熟的认识。家长可以鼓励孩子更多元化地运用手头的资金,尝试用投资的手段使财富增值。这个阶段的孩子处于青春期,心理上已开始有了独立自主的意识,有强烈的自尊心,情绪起伏也比较大,而且喜欢反抗纪律和权威。因此家长在和孩子沟通时应当尽量以朋友的姿态给建议,避免以权威压人。

第三,增加孩子的财富常识。

要拓展理财思路,需要从小打好财富知识的底子。有的人到18岁还没有进过银行,有的人年过而立还没有过投资经历,这些人的理财能力很难得到提高,更难把小钱变成大钱了。

一个理财的高手,需要懂得基本的财务知识、投资知识、资产负债管理、风险管理等多方面的知识。作为理财的起步,孩子并不需要学那么多复杂的内容。但是,多懂一些财富常识,可以提前进入理财状态。正所谓"艺多不压身",懂得越多,用时可选择性就越大。所以,当孩子对财富有了一定的兴趣之后,让他们了解一些财富常识是非常必要的。

很多银行都有一些针对青少年的"儿童账户",家长们也乐于购买。但是,很多父母仅仅是用子女的名字开设一个账户而已,存款、取款的业务则都是家长包揽。其实,家长们不妨带上自己的孩子亲自办理一些基础的银行业务,告诉他们为什么要把钱存在银行里,不同年限的存款利率为什么会不同,如何填写存单和取款单,如何汇款等。

现在有许多人提倡为孩子开户投资基金,甚至是购买股票,但是却忽略了让孩子参与。家长们可以先通过游戏的方式让孩子对投资有初始印象,然后给孩子介绍简单的投资知识。对股票熟悉的家长,还可以选择让孩子了解股票,让他们知道哪些信息会促使其股票涨价或跌价,以及对投资会有何影响等。

在理财训练的过程中,家长既要理性引导,又要以身作则,用自己的理财观念和消费行为来影响孩子。许多时候,父母不必说什么,就可以把花钱的决定、次序、信念、习惯潜移默化地传授给孩子。如果父母懂得科学理财,孩子在模仿父母的理财过程中也能获得很多实用的理财方法。

7.理财从管理零用钱开始

该不该给孩子零用钱,是许多父母很纠结的问题。一位家长说:"女儿上一年级了,小家伙开始有金钱意识,时常嚷着'同学都有零花钱,妈妈我也要。'这让我很矛盾,让女儿自由支配零花钱吧,怕她会乱花钱,买一堆乱七八糟的东西,还吃不干净的东西,不知赚钱辛苦;不给吧,又担心她会有心理落差。"

的确,这位家长的担忧不无道理,金钱使用不当给孩子带来的影响是不容忽视的。不过现代社会中,孩子们不可能生活在没有物质的真空中,不会花钱的孩子是很难适应纷繁的社会生活的。孩子到了一定的年龄,零花钱成为一种客观的需要,需要去支付一些正当、合理的花费,所以适当地给孩子零花钱是必要的,但是家长要把握这个度。

一些父母在孩子花钱的问题上控制过于严苛,使孩子没有一丝一毫的自由空间。这样,势必将孩子与周围的生活圈、交际圈隔离开来,使孩子感到孤独、压抑、苦闷。

还有些父母经济条件优越,十分溺爱孩子,孩子想买什么东西,父母一律应承,直至令孩子满意为止。这样不但让孩子变得花钱大手大脚,还会让他觉得自己一直都会有花不完的钱,从而慢慢产生很多与目前家庭条件不符的奢侈念头。

过分限制或毫无节制地让孩子花钱,都会导致孩子对金钱产生扭曲的认识。前者因为强烈的好奇心和渴求欲,在无法得到零花钱的情况下动歪脑筋;后者生活能力差,对钱没有概念,不懂珍惜,随意浪费。

小小零花钱蕴含着家庭教育的大问题,给孩子零花钱要适度,既不能毫无节制,又不能过分满足他的需求。

当然,首先,给孩子的零花钱,不得超过家庭的负担能力。假使孩子提出异议,你可以诚恳地告诉他:"我是希望能给你多一些零花钱的,但是我们的预算有限。"这是一种比较好的办法,要比试图去说服孩子,他并不是需要更多的钱好得多。

从孩子小学一年级开始可以固定给他们一些零用钱。最好的方法是每星期的同一天,给孩子以同样数目的钱,这样可以使孩子做到心中有数。究竟该给孩子多少零用钱,家长可根据自身家庭的经济状况而定。这样,孩子就会懂得如何去规划自己的开支。

父母给的零花钱要足够支付孩子合理的开支。要把孩子的花费和需要放在心上,以便决定给他多少零花钱。这个问题,需要夫妻双方配合默契。一个家庭必须有一个人主管钱,孩子的零花钱也应由他来支付,这是防止孩子乘机多要钱的办法之一,作为家庭主管也应按时支付孩子的零花钱。

孩子最初花钱时出错,以及买东西时欠考虑都是预料中的事,应该允许他们出错。你让一个刚学会简单算术的孩子去买一斤盐,回家的时候才发现,找回的钱并不是应该的数目,你不必责怪他,只需说一句:"没关系,慢慢来。"孩子听了会觉得很内疚,在以后的买卖中,他一定会更加注意。

适当的零花钱可以培养孩子正确的经济和金钱观念,从小具备理财能力,这种能力是孩子将来在生活上和事业上不可缺少的,愈早培养,效果愈佳。

美国首富洛克菲勒,是世界上第一个拥有10亿美元的大富翁,但其子女的零用钱却少得可怜,而且要求严格。他家账本的扉页上印着孩子零用钱的规定:7~8岁每周30美分;11~12岁每周一美元;12岁以上每周3美元。零用钱每周发放一次,要求子女们事先作出预算并记清每一笔支出的用途,待下次领钱时交父亲检查。账目清楚,用途正当,下周增发5美分,反之减少。

洛克菲勒用这种办法,让孩子养成不乱花钱的习惯,学会精打细算、当家理财的本领,他的后人成年后都成了经营的能手。这个已繁盛了六代的家族成为"世界财富标记"。

家长们可以效仿洛克菲勒,为孩子树立理财观念,理财从管理零用钱开始。家长切勿以为给零用钱是件小事,给钱不是关键,关键是给了之后告诉孩子如何支配。

对大多数父母来说,直接告诉孩子要把钱用在什么地方,远比教会孩子如何花钱有用得多——这也就是所谓的授之以"鱼",还是授之以"渔"的问题。

让我们来看看斯密特先生童年的经历,他的父母在金钱方面的管束,令他终身难忘。

"在我的印象中,每次得到零花钱的原因都一样——大人给我钱就是拿来花的。开始时,我的父母教会我向他们要零花钱,基本上都是几毛几分的小钱,但从来不会为了让我学着存钱而给我零花钱,也不会因为其他特殊用途(如让自己学习如何买卖)而给我钱。每次拿到零花钱的时候,父母都会问清楚我要买什么。只有当他们认为我要买的东西是应该买的,我才能如数拿到我要的金额。"

还有这样的一些父母,他们会有计划地让孩子学会如何用钱,但在具体实施的时候,却总不能按计划行事:

"在我6~12岁的那段时间里,要买东西的话就会去向父母要钱,随时都能拿到钱。12岁以后,父母就开始改变方法,他们改为每周给我固定金额的零花钱。但是我慢慢发现,有时候这些固定的零花钱有点不够用,所以就想改回去以前的方法,不用给固定的零花钱,用的时候就去向他们要,这样比较自由一点。父母经不住我的一番甜言蜜语,固定零花钱的方式只实行几个星期就被取消啦!"

让我们看看米尔特先生的早年经历,他的父母在培养孩子财商方面,可谓用心良苦。

"我最早的关于零花钱的记忆是恳求父亲给我1便士去买糖果,或是去路边那些摇着铃铛的小贩那里买冰激凌,每次要到的钱都不会超过5分钱。慢慢地,开始学会帮父母跑跑腿,买买东西,或是帮邻居照看一下小孩,这样做可以获得5分到1角的'报酬'。到了10岁以后,妈妈开始固定每周给我5分的零花钱。因为钱很少，我可以自由支配这5分钱，而且大人们也从来不问我拿这5分钱去买了什么东西。

"然后，当我12岁的时候，我们全家搬到了一个农场。生活的改变，使得我开始学到很多不同的'赚钱'方法。比如，农忙的时候帮家里采摘浆果、水果、蔬菜等。也是从这里开始，我有了自己的小果园，当然，所有的种苗都是由父母免费提供的。然后，我开始学着把果园的收成拿到市场上卖掉，获得的'利润'全部归我所有。而此时，父母就不再额外给我零花钱了。"

父母教孩子合理花钱，不仅仅是简单地让孩子花钱，而是让孩子从小懂得金钱的价值、使用技巧、正当投资、节俭等正确的积累方式及金钱与人格的关系等，树立健全的经济意识，成为有着精明的经济头脑和管理能力的人。

第七章

不宠不娇，教出优雅女孩

1.气质才是女孩最鲜亮的衣服

心理学家研究表明，女孩在两三岁时就会产生审美需求，并且迎来自己的审美敏感期。例如，在三四岁的时候，她们会穿妈妈的鞋子、用妈妈的口红。等到年纪再大一点儿，她们爱美的心更强烈了，有的女孩宁可挨冻，也要在冬天穿裙子。另外，由于年纪小，女孩还容易受电视媒体的影响，在穿衣打扮上尽量把自己打扮得妖艳、性感。以上这些都是妈妈们不愿意见到的，因此当女儿出现这些情况时，她们会严厉斥责女儿，但是这样真的能够起到很好的教育作用吗？

宣萱今年14岁，正是爱美的年纪，但她从来不穿裙子，即使妈妈买给她的礼物，她也拒绝。宣萱出现这样的情况，和妈妈的责骂有很大关系。

在宣萱6岁的时候，她非常喜欢穿裙子，即使到了冬天，也不肯脱下来。开始时，妈妈给女儿讲道理，但是宣萱死活不听，后来妈妈发了火："你这丫头这么小就这样臭美，长大了一定会长成狐狸精，只有狐狸精才喜欢穿裙子。"妈妈说这句话本来只是想吓吓她，没想到却给宣萱留下这样一个印象：喜欢穿裙子会成为坏女人。从那以后，宣萱每次穿裙子都有一种罪恶感，到后来干脆再也不穿了。

爱美是女孩的天性，如果妈妈在她们刚刚产生审美需求时就粗暴地干涉、阻止、限制她们，会让她们的审美观停滞不前，很难成为一个审美能力极高的女孩。但是女孩又极容易受电视媒体、周边人的影响，如果妈妈不闻不问，她们的审美观也很可能会被扭曲，形成一种错误的审美观念。所以，穿衣打扮这件事看似不大，却会直接影响到女儿的审美观念，妈妈一定要认真对待。

有一天早晨，妈妈到女儿的房门外喊女儿吃饭。女儿对门外的妈妈说："妈妈，再等会儿，你可能有惊喜哦。"

几分钟后，妈妈再次来到女儿的房前说："干什么呢？早餐都凉了。"

门猛地被拉开了，站在妈妈面前的人差点儿让妈妈晕过去。女儿的两个脸蛋涂得血红，头发弄成鸡窝状，眉毛画得又粗又黑。妈妈不禁皱起了眉头："我的天啊，我当遇到了怪物呢！你这是干什么？你才多大啊，就弄得跟个妖精一样。"

女儿听了差点儿哭出来，迅速跑到卫生间把脸上的东西全洗掉了。

不久以后，女儿的班主任打电话给她的妈妈说："我们班里要表演节目，可是你的女儿死活不肯化妆，说化了就是妖精。"

妈妈这才意识到自己的错误。女人天生就代表着浪漫的梦幻和一切美好的事物。每个女孩心中都有一个关于美的梦,梦到自己某天醒来变得漂亮可爱,所有的人都夸奖她,说她是个美丽的公主。作为母亲,应该维护女儿这种对美的渴望和向往,让女儿保持这种浪漫的情怀,实现自己成为美丽女人的梦想。

所以,不论女儿对美的追求和认识多么偏怪,家长都不可采取强硬措施严厉地打压孩子的想法,而是要拿出客观态度,以正确的教育方式引导她、尊重她、理解她,使女儿成为一个乖巧可人、美丽灵动的小姑娘。

一个女性的气质如何,大多体现在她的审美观上,气质好的女性,必定有着很好的审美观。想要女儿成长为一位气质出众的女子,妈妈就要注意从她小时候起培养她较高层次的审美观。那么,作为妈妈,应该如何培养女儿正确的审美观呢?在家庭教育中,妈妈可以从以下方面入手。

引导孩子进入正确的审美世界

女孩在幼年时期,其审美观经常受到外界的影响,加之女孩爱美的天性,因此都曾有过穿着妈妈的花裙子,踩着妈妈的高跟鞋在镜子前"臭美"的经历,甚至还有一些女孩会拿来妈妈的大耳环、化妆品自我打造一番,陶醉于自己的美丽中。于是女孩子开始更多地注重自己的裙子是不是最漂亮的,自己的穿着和打扮有没有受到别人的羡慕,得到老师的夸奖,红指甲、粉裙子、项链、花衣服……对美丽过于盲目地追求,也让很多女孩更容易形成错误的审美观。但是对于年龄尚小的女孩来说,产生不正确的审美观很正常。然而对于女孩的这些错误的审美观,妈妈却不可用强硬的方式干涉和禁止,而是要运用正确的方法,适当地引导孩子,使她认识到美的意义。

姚女士和丈夫都是在工厂上班的普通工人,他们有一个可爱的女儿名叫阿珂。因为家境不是很富裕,加上工作比较忙,姚女士很少注意女儿对美的需求。然而有一段时间,女儿阿珂从幼儿园回来后,总是向姚女士诉说自己的"小心事",比如哪个小伙伴戴了项链、谁穿了新裙子、哪个小朋友又买了新皮鞋等,而且在阿珂心中,戴着项链、戒指,穿着花裙子、戴着大头花的女孩子才是最漂亮的,每当说起来,阿珂就表现出一副羡慕的样子。对于自己以前的衣服,阿珂也开始感到厌烦,常常嫌自己的衣服难看。看到女儿这个样子,姚女士开始意识到,女儿开始知道美了。但是姚女士也发现,女儿对美的认识出现了偏差。

虽然家里经济条件不宽裕,但是为了不影响女儿的自尊心和自信心,姚女士到毛衣厂买来了各种颜色的毛线头,并根据女儿的特点和气质,为女儿织了十多件颜色跳跃、款式新颖的毛衣。

在此基础上,姚女士还对阿珂进行了整体打造,使阿珂变成了一个可爱的小精灵,虽然累,但姚女士觉得是值得的。后来,姚女士的女儿从幼儿园回来后,总是一脸的高兴。因为阿珂的很多小伙伴看到她的衣服,都十分羡慕,还有不少家长想要借阿珂的衣服做样子。随着自己越来越受欢迎,阿珂再也不去羡慕别人的衣服了,反而时常还会像个小评论家似的,和姚女士讨论小伙伴的穿着。看着女儿快乐的样子,姚女士感到十分欣慰。

女孩的审美观,常常受到自我天性和周围环境的影响,有着像阿珂一样心理的小女孩在生活中并不少见。这时,作为妈妈,就要做到正确引导,让女儿逐渐懂得怎样打扮才是真正的美。

让女儿参与到装扮的乐趣中

一个拥有自我个性装扮的女性,才能表现出独属自己的美丽。在现实生活中,不少女性都习惯于随波逐流,追求所谓的流行,结果往往失去了自己的特点。对于小女孩来说,这样的现象就更为常见,小伙伴之间最受欢迎的衣着方式、衣服款型,往往成为其他人追捧的对象。不少妈妈只是一味地满足孩子爱美的心理,却忽略了培养女儿对美的独特观点,使孩子成了"跟风族",失去了自己的特点。这样不仅不能突出孩子本身的特点,也不容易使孩子建立真正属于自己的审美观。

所以作为妈妈,就要时刻向女儿传达美的概念,让她知道美不仅需要漂亮的衣服,更需要拥有自己的个性。在现实生活中,妈妈不妨让女儿自己开动脑筋,参与到设计中,让她建立自我独立的审美观念。

陈女士是一个特别有心的人,有一天,她10岁的女儿巧巧忽然跑到她面前,要陈女士给她买一件衣服。然而陈女士发现,女儿所说的衣服几乎每一个小女孩都有,原来女儿是在"追流行"。后来陈女士就对女儿说:"巧巧,你愿意设计一件属于自己的衣服吗?你来设计,然后妈妈帮你一起做,你看好吗?妈妈相信你会设计出比任何小朋友穿得都要漂亮的衣服。"

听到妈妈的鼓励,巧巧一下子来了精神,在自己的小屋里关了两个晚上,终于向妈妈拿出了自己的小设计。根据巧巧的设计,陈女士购买了布料、扣子和相关的一些材料,从画图、裁剪到缝制,陈女士都和女儿一起动手。用了整整三天,巧巧穿上了自己设计并参与制作的裙子。没想到,女儿的新裙子受到了很多同学的喜爱,并且不少女孩开始询问巧巧她的裙子是哪里买的。经历了这场设计之后,巧巧开始有了自己的梦想——成为一名服装设计师。

孩子的审美能力如何,离不开妈妈的教育和引导,让女孩拥有自己独特的审美视角,更是妈妈应该培养的。不论孩子是否真的能够成为设计师,让孩子体会自己设计、制作的过程,从中提高孩子的自信心和自我判断能力,有助于孩子审美能力的提升。因此,妈妈要特别注重对女儿个性审美观的培养。

让女儿在穿衣打扮上充满自信

女儿放学回家很不高兴地对妈妈说:"妈妈,丽丽买了一条名牌裙子,老是在我面前炫耀。我也要一条,我保证穿上比她好看。"

妈妈语重心长地对女儿说:"孩子,你学习好、性格开朗、自信乐观,并且身体健康。在妈妈的眼里,你穿什么样的衣服都比她好看。你已经赢了她,为什么还要跟她比什么名牌不名牌呢?再说,人是否美丽,衣服只是微不足道的一部分,最重要的是你有没有好的性格、好的学识、好的谈吐、好的气质。如果这些都有了,所有的人都不会在乎你穿的是不是名牌。你说,大家是喜欢名牌衣服,还是喜欢一个人好的性格、好的学识、好的谈吐、好的气质呢?"

"当然是喜欢一个人好的性格、好的学识、好的谈吐、好的气质了。"

妈妈微笑着点了点头,将女儿推到镜子前说:"这下我的女儿说对了。看你身上的这件裙子,虽然不是名牌,但是穿在你身上多合适啊。来,再笑得甜美一些,对,像不像可爱的公主?"

女儿在镜子前转了一圈后,心满意足地出门了。

作为妈妈,我们应该告诉女儿,气质才是女孩最鲜亮的衣裳。这样,女儿会更注重自己的气质培养,而不再是只关心穿什么样的衣服、戴什么样的首饰、用什么样的化妆品。当她认为自己拥有了不俗的气质后,她们在穿衣打扮上也会有自己的想法,进而形成健康的审美观。

2.自信的女孩最迷人

人在自信的时候，面部表情往往是最动人的。眼神的执著和眉毛的力度，在这时候最明显。而且在你对一件事特别有信心的时候，周围的人能够感觉得到那种从内而外散发的魅力，像磁场，吸引大家不得不把关注投向你。

有一句话说："自信的女人才美丽。"对女人来说，缺少自信的心理是"扼杀"美丽的凶手，自信不足，就无法体现女性应有的魅力，更不会成就、主导自己的人生。拥有足够的自信的女性，才能展现美丽，描绘自我人生的绚丽，而女性的自信，不仅仅来自于外貌以及外在的物质丰足，更来自丰盈的内心世界，来自那颗自信的心。

从小陈妍似乎就没有什么好朋友，因为她觉得自己长得丑，大家好像都看不起她。上学时，在来来往往的人群中，她总是一个人，孤单的让人心疼。陈妍非常自卑，因为她对自己的容貌非常不看好，所以十分讨厌镜子，讨厌一切能映出她容貌的东西。

可是，有一天，陈妍坐公车去市里的图书馆查资料，就在车子快到图书馆时，她看到一个穿白色上衣的女孩走了上来，一看到她陈妍的心就禁不住痛苦地抽动了一下，因为那就像一张带着丑陋面具的脸——那个女孩的脸有被严重烧伤的痕迹。

陈妍赶紧低下头，她甚至不敢看第二眼，但天生的好奇心让她再次抬起了脸，此刻，她被深深震撼了。

那个女孩的脸上自始至终都挂着甜美的微笑，没有任何的自卑和忧愁，即使面对满车人，她也没有躲闪，而是大大方方地和她的母亲说着话，偶尔她还会娇羞地向母亲撒娇。陈妍的心突然充满了许久不曾有过的激动，一直以来她都选择低头逃避，恨不得整日把自己关在屋子里，从来不敢抬头挺胸地走路，她自卑，她害怕，她怯懦。陈妍以为只有那些长得好看的女孩，才能撒娇甜笑。她不由得对那个女孩心生敬佩。

那对母女下车后，陈妍冲动地做了一个决定，她也跟着下了车，并且走到那对母女面前，有些怯弱地说："我——我总是因为自己的容貌而自卑，可是看见你的笑容，我不知道能不能……"

那位母亲似乎一下明白了陈妍的意思，她微笑着对陈妍说："你长得很可爱，很清纯，难道你都没有发现自己的美吗？"听完这句话陈妍呆了，从来没人这样对她说过，就连她的妈妈都因为她的丑而苦恼。

那位母亲又接着说："我的女儿也很美，她的脸上永远充满自信和阳光，她有什么可自卑的呢？你也一样，有什么可自卑的呢？"

每个家长都应当让女儿"骄傲"起来，这种"骄傲"并不是看不起其他人，而是让她有底气、更自信。自信才能无畏，自信的人才能够主宰自己的生活，同时有着发自内心的安全感。妈妈教育女孩要从小养成抬头挺胸走路的习惯，因为女孩是否高贵、是否自信，很大程度上会通过她的形体展现出来。

培养女孩的自信心比成绩更重要。如果女孩生活在鼓励中，就会有自信；如果生活在被信任中，就会有人生目标；如果在生活中被认可，就会自觉、自律。

自信是人对自身力量的一种确信，深信自己一定能做成某件事，实践所追求的目标。自信是女孩取得成功的必要条件，是成功的源泉。自信也是女孩幸福的来源，无论女孩身处任何境遇，自信的力量都能给她必胜的勇气，让她逐渐走出困境。

吴晶15个月大的时候，因患视网膜细胞瘤致双目失明，从那以后，她一直生活在黑暗里。但她凭借超乎常人的毅力和自信，先后在全国和亚洲残疾人运动会上夺得了14块金牌；2007年6月又同时被美国斯坦福大学、哈佛大学、耶鲁大学三所名校录取；精通4国语言的她在瑞典读书，同时当选为瑞典盲人协会董事。虽然别人说她眼睛看不见，会成为别人的累赘，但她并没有自卑，她时刻提醒自己"我眼睛看不见，但我有双手、有大脑、有耳朵，决不能成为别人的累赘，我要做一个有用的人"。

美丽是许多人都向往的，尤其是年少的小女孩，更希望自己有漂亮的外表。许多女孩常常为自己的长相苦恼：长得胖、有青春痘……"伤神"的事情不少，归根结底就是怕自己不够美，有的女孩开始学习使用化妆品，希望自己更漂亮。针对这些情况，妈妈应该告诉女孩：青春就是美的资本，自然就是最美的。如果一个人自以为是美的，她就真的会越来越美；同样，如果一个人觉得自己聪明，那么她就会成为一个聪明人。这就是自信的魅力。

妈妈要注意培养女孩的自信，一个自信的女孩，也是一个坚强的人，有责任感的人。不畏惧自己面临的困境，能够更恰当地发挥自己的潜在力量，让自己的人生更加充分地实现，是走向成功的助推力。

用赞美破除女儿的胆怯心理

美国著名心理学家莱特博士说："妈妈对女儿及其能力的信任会逐渐给她们自立的信心。特别是女儿处在青春期的时候更是如此。"莱特博士建议，无论在什么样的情况下，妈妈都要给予女儿合理的赞美和评价，让孩子从中受到支持与鼓励，因为女孩天性柔弱，很多时候会更加难以建立足够的自信，不能相信自己的能力，有时一些女孩还会产生胆怯的心理。所以对于女孩，妈妈就更要注重赞美的作用，要多给予女儿赞赏，为女儿制造更多的自信心，孩子就能在这种充满鼓励和赞赏的环境下摆脱胆怯心理，变得自信起来。

美国政坛的风云人物希拉里就是在一个充满赞美的环境下长大的。希拉里在回忆录《亲历历史》中曾记录了她儿时的生活。

在希拉里4岁时，她家搬往帕克里奇，那时希拉里总是跑回家向妈妈诉说有人欺负她，原来和她一起做游戏的一个小女孩苏西仗着自己有哥哥，总是推撞希拉里，和她动粗。于是希拉里常常躲着她。

听了女儿的诉说，希拉里的母亲便对她说："你要学会勇敢，要有信心，不要怕她。"但是希拉里还是一次次地跑回来。于是母亲大声对她说："回去，我们家容不下懦夫！"

希拉里胆怯地说："但是我担心她会对我不友好，也许她会打我。"

"不要怕孩子，你是最棒的姑娘，是我的宝贝，我一直都会支持你，我相信你，你也要相信你自己，我会一直站在这里给你加油。"听到母亲的鼓励和赞扬，希拉里的心里一下子充满了力量和勇气，仰起头自信地朝着那些孩子们走去。令希拉里没想到的是，苏西不仅没有欺负她，反而和她成为了好朋友。过了很久之后，希拉里才跑回来，高兴地对妈妈说："太好了，女孩们都愿意和我做朋友，而且苏西也是。"

就这样，希拉里在妈妈多种方式的鼓励与赞美下，逐渐变得充满自信，希拉里的母亲对她说得最多的一句话就是："别人是别人，你是你。你可以有自己的想法，我不管别人怎么做。我们和别人不一样，你也和别人不一样。你永远是妈妈眼里最棒的孩子，你的与众不同会让你取得非凡的成就。"

正是源于母亲足够的赞美与鼓励，希拉里最终成长为一名聪明、独立、充满自信的女性，并在政治领域获得了非凡的成绩。

每一个孩子都会有这样那样的不足,然而对于孩子的不足,妈妈却不能用公开的指责去解决,而是要以赞美的方式帮助孩子去克服。只有在妈妈不断地赞美和肯定下,孩子才会产生更大的力量,凭自己的勇气和能力去解决一切问题。想要女儿能够变得自信,就要多给予她赞扬和肯定,鼓舞她的斗志,从而帮助她走出胆怯的阴影。

为女儿的成功叫好

著名教育家苏霍姆林斯基曾经说:"成功的欢乐是一种巨大的情绪力量,它可以促进孩子好好学习的愿望。"不仅如此,成功还能增加孩子的自信心,促使他去尝试更多,争取更多的成功。特别是女孩子,细腻的心灵更容易接受和聆听来自他人的赞赏和鼓励,只要你给她一个小小的肯定,她就会给你一个惊喜,妈妈的语言塑造着女孩的将来。对女儿的成功给予肯定,并为她叫好,就能增加她从成功中获得的快乐感,并让她产生更强的上进心,更加积极地去迎接新的挑战。

曾经有人做过这样一个实验:

有两只小狗,让其中一只在冷落、责打的环境中长大,另一只则每天给予其足够的呵护和鼓励。一段时间后,让两只小狗同时面对一只狼,那只一直被人鼓励的小狗就高亢地大叫,表现得很勇敢,而那只经常受冷落的小狗则表现得畏首畏尾,缩成一团,非常胆小。

孩子的成长也是如此,妈妈的鼓励会给予孩子心灵上的安慰和肯定,对孩子的成长是一股不可小视的力量。因为天性使然,在生活中女孩常常会表现得比男孩脆弱。心灵的脆弱承载不了太多的负面语言,有些妈妈在女儿犯错时就会对其说教、责备,殊不知,这样会严重伤害女儿的自尊心,形成自卑的心理。想要树立女儿的自信心,首先就要对她给予一定的肯定,即便是对于一些女儿没有处理得很好的事情,妈妈也要作出鼓励，给她增加自信心。

当女儿取得了一些小的进步时，妈妈都不要轻易放过，而要抓住这些时机，给予女儿肯定，并鼓励她：你可以做得更好。让这种鼓励成为一种关爱，在这种不断地鼓励下，女孩会成长为一个勇敢自信的女子。

让女儿喊出"我能行"

在孩子中曾经流传过这样一首歌："如果前面有一座山峰，我们就勇敢去攀登；如果遇到一场暴风雨，我们就是翱翔的雄鹰。跌倒了，爬起来，说一声，我能行！"从这首歌中，每一个孩子都能寻找到一股动力，那就是"我能行"，虽然只有三个字，但是却能给予孩子很强的信心。因为不管孩子外表看起来多么骄傲，内心实际上都是脆弱的，常常会担心自己不够好，没有足够的能力。一句"我能行"，就如同一股振奋孩子心灵的力量，使其产生巨大的动力。

因此妈妈不仅要在孩子失落、不安时给予其足够的鼓励，告诉她"你能行"，还要鼓励孩子喊出"我能行"，让她相信自己，给自己增加破除困难、迎接挑战的力量。更要让她从心理上变得自信，发自内心地相信自己的能力，因此平时妈妈要多鼓励孩子，为她增加士气，从而增加她的自信心。

所以，在家庭生活中，妈妈要多为女儿的成功叫好，哪怕只是小小的进步，也要给予女儿一定的赞赏和鼓励，给孩子成就感和自豪感，让她产生更大的力量，进而不断取得新的进步。但是这并不是说妈妈只需一味地为女儿的成功叫好，还要在适当的时候，和女儿一起分析成功的原因，和她一起总结一下成功的经验，让女儿自己看到一个成功的结果需要付出什么，该用什么样的心态去面对，从而使她认识到成功的取得需要具备哪些因素，使女儿在感受成功喜悦的过程中，也学到取得成功的方法。

3.以身作则,还女孩温柔天性

很多时候,我们都会用"温柔"来形容一个女孩。可以说,温柔是女孩独有的气质,是一种修养,更是一种智慧。温柔的女孩就像一杯清茶,给人温暖、淡雅的感觉,让人很舒服。

然而,有的女孩却丧失了温柔的天性,性格越来越中性化,甚至比男孩都显得强势。女孩之所以会变成这个样子,与她从小接受的教育有很大关系。

晓月是一个可爱的小女孩,妈妈对她百依百顺,满足她的所有要求。在妈妈的宠爱和娇惯下,晓月就像一个"刁蛮公主",稍微有一点不如意的地方,就大哭大闹。每当这时,妈妈就会安慰她:"都是妈妈不好,好了,不要哭了。"

而且,晓月很强势,周围的人必须听从她的安排,如果不听的话,她就会哭闹,直到达到自己的目的为止。结果,晓月变得更加蛮横无理,甚至养成了霸道的性格。

温柔,通常用来形容人性情温顺体贴。那是一种能力,自私冷酷的人无论如何也学不会;那是一种素质,它总是自然地流露,与人性同在,藏不住也装不出。温柔是一种感觉,是所有美丽的言词也替代不了的感觉。温柔更是上天赋予女孩最美好的特质之一,缺失了这种特质,女孩就失掉了身为一名女性应有的美丽元素。温柔使女孩如水般从容谦和,也是女孩征服世界、走向成功的最有力武器之一。

女人天生就应该是温柔的，但是这也离不开后天的培养。

叶莺，柯达全球副总裁，一位美丽、性感、智慧的女性，世界500强中的首位华人女总裁。她之所以有如此之大的成功，依靠的不仅仅是聪明能干，更多的是因为她准确地掌握了女性特有的温柔。在谈到自己如何屡次获得事业上的成功时，叶莺是这样说的："我的交际之所以成功，首先是女人的柔情，没有人用'柔情似水'这四个字来形容男人。女人是水做的，再硬的钻头也钻不透河床里的鹅卵石，可是水可以做到。所以柔情似水不是指徐志摩诗歌中写的那种温柔地一低头，像水莲花无限的娇羞，而是有一种滴水穿石的力量。我每次做事前，不会只考虑到自己的利益而把别人当傻瓜，要将自己放在别人的位置想问题。由于环境、文化、价值观、地域的不同，可能我做不到100%，但至少能做到50%，这总比做10%好，更比0%好。"

从叶莺身上，可以看到温柔女性的强大力量。它不仅让女性看起来更美丽，同时，也让女性更强大。

卢梭说过："女人最重要的品质是温柔。"马克思也认为："女人最重要的美德是温柔。"总之，温柔之美是女性美的最基本特征之一。日常生活中，很多人常常这样赞美女人："这个不怎么漂亮的女人，却有一种说不出来的特别气质和魅力！"其实，大家看到的是女性身上的温柔之力。温柔的女性像绵绵细雨，润物于无声，总是给人以温馨柔美之感，令人心荡神驰、回味绵长，这就是温柔。无论在什么情况下，女人的温柔都显得极具人情味儿，能够化解别人的种种无奈和痛苦，使对方充满喧嚣的心灵变得宁静、自信，从而获得对方的好感。

温柔是一个女人最有吸引力的品质，是女人最重要的特质之一。朱德在《回忆我的母亲》里表述了母亲的温柔："母亲在家庭里极能任劳任怨。她性格和蔼,没有打骂过我们,也没有同任何人吵过架,母亲那种宽厚仁慈的态度,至今还在我心中留有深刻的印象。"列宁则认为,正是母亲的影响,激发了他的革命热情。

可见,温柔对女人来说是多么重要的品质。温柔不仅对女人自身有益,还能影响下一代。因此,家长应该培养女孩温柔的特质。

小璐在广东省一所小学里读书,她是一位十分活泼、可爱的女孩,却缺乏温柔的品性,所以在平日参加学校活动时经常会和同伴发生一些小矛盾。同学对她的评价是:"小璐太凶了,我们不想跟她做好朋友。"为此,小璐逐渐变得孤僻和不讲理。

小璐的老师也是一位孩子的母亲,她深知温柔的特质对一个女孩的重要性。因此,她决定帮助这个可爱的女孩恢复其温柔的特质。于是,她在班级中就小璐的性格专门展开了一番讨论,不仅帮助小璐,也教育其他小朋友学会温柔和谦逊。

首先她问小朋友:"凶巴巴的小璐是什么样子的?"大家立刻就说出或者模仿小璐平时凶巴巴的样子。老师接着问:"你们喜欢凶巴巴的小璐吗?为什么?"大家边摇头边说:"我们不喜欢凶巴巴的小璐,不想和凶巴巴的小璐做朋友。"

当然,老师知道这样的情形会打击小璐,但她只是想告诉小璐温柔对女孩是多么重要,缺失了温柔就会失去别人的友好。老师借机问小璐:"大家都不喜欢凶巴巴的小璐,你开心吗?为什么不开心呢?"小璐难过地低下了头,"那你想不想做个温柔的小璐呢?"老师趁机问道。小璐点了点头,"那你告诉小朋友们,温柔的小璐是什么样子的?"小璐立刻轻轻地回话:"不抢别人的玩具,还有轻声和小朋友们说话。"

听到小璐的回答,老师很高兴。于是她问小朋友:"你们喜欢温柔的小璐,还是凶巴巴的小璐?"大家齐声回答:"温柔的小璐。"大家又补充了很多喜欢温柔的原因，接着老师又问小朋友："你们要做凶巴巴的孩子，还是温柔的孩子？"小璐和小朋友们都回答："温柔的孩子。"

最后，老师又对小璐的转变给予了鼓励，让她感受到温柔对女孩是多么重要。她让小璐和每个孩子都轻轻地拥抱一下，孩子们都很开心，小璐的脸上也洋溢着幸福的表情。虽然小璐偶尔也会凶巴巴的，但是在老师和同学们的提醒下，她慢慢地转变过来，变成温柔可爱的女孩了。

随着时代的进步，随着女性独立意识的增强，越来越多的女性走向社会，因此也出现了越来越多的女强人。与此同时，有的女性丢失了女人身上一种很珍贵的气质——温柔。

当然，作为新一代的女性，我们需要独立，需要在社会上发展属于自己的事业。但是，作为妻子，作为妈妈，我们需要保持温柔的天性，让家人感受到家庭的温暖。而且，在我们的影响下，女孩也会像我们学习，从而变成一个温柔的女性。

无论是从外表，还是从内心，我们都要保持温柔，言谈举止要柔和，多选择一些展现女性柔美特点的衣服装扮自己。同时，我们也要时刻提醒自己：我要做一位好妈妈，把温柔的一面展现出来。

我们要想让女孩真正变得温柔，就要培养她柔和的性格，让她无论从态度上还是行为上都展现出温柔的特性。我们对女孩柔和性格的培养，并不需要刻意地训练，只需要在平日里多加引导和提醒。

比如，在女孩与他人相处的过程中，我们要教她保持微笑，态度要柔和，说话要保持平和的语气、平缓的语速、适中的音量，动作要大方不扭捏。慢慢地，女孩的性格自然就会变得柔和，气质也就会变得温柔。

女孩天性温柔，之所以会变得强势，一定有一个模仿的源头，也许是从父母、同学等身边人那里学到的，也许是从电视节目中学到的。对此，我们要找到女孩变"强势"的源头，并尽量切断。

形形7岁了，妈妈最近总能看到她强势的一面，有时她会对小伙伴说："我要用铁锅打你的脑袋，把你的脑袋打流血。"妈妈觉得很奇怪，形形是从哪里学来的呢？后来，妈妈发现，形形喜欢看动画片《喜羊羊与灰太狼》，而红太狼就是一个比较强势的角色。从此之后，对于形形看什么电视节目，妈妈都非常谨慎，还常常提醒形形不要对小伙伴大喊大叫。

形形的妈妈很有教育敏感度，当她发现形形变得强势时，开始寻找源头，不仅从根源上杜绝形形变强势，而且还注重引导形形如何做一个温柔的女孩，这是值得我们借鉴的。

4.给女孩一个国际化的视野

俗话说："眼界决定境界。"我们不可能永远把自己的小公主"圈"在身边，她们也需要去见识更广阔的世界，而且孩子内心的好奇心，也会不断"鼓动"她们冲破妈妈的"保护伞"出去冒险。真正的富养，必定能够带给女孩更开阔的眼界和思路，引领她进入一个更加丰富多彩，充满机遇和挑战的世界。

她是来自德克萨斯的追梦女孩，她的父亲是一位著名的法学教授，母亲是一位出色的艺术家，她从一名普通的推销员成为全球第一女总裁，她更是解决难题的能手。美国《商业周刊》曾这样形容她："她有如簧之舌,亦富钢铁意志。"她就是卡莉·菲奥莉娜,一个在事业和家庭上都很成功的女性。

卡莉童年时期跟随着自己的妈妈游历过不少国家,因为她的父亲时常要到各地巡回讲课,所以卡莉不得不整理行囊和妈妈一起一次又一次地搬家。中学时期,卡莉就换了5所学校,而且是在美国、英国和加纳这些不同的国家,这让她很早就见识了各个国家的不同。平时,卡莉就很依赖做画家的母亲,而母亲也为卡莉打开了通往艺术世界的大门。正是这种丰富的经历和艺术的熏陶让卡莉的眼界远远高于普通女孩,并最终成长为一位有主见、有魄力、积极向上的成功女性。

一位教育家说:"没有读过安徒生童话的童年,无论怎样富足、尊贵也是有欠缺的童年;没有受过中国古典文化熏陶的中国孩子,一生走到哪儿都会感到底气不足。"见多才能识广,见识得少,眼界狭窄,看事物片面,看不清本质,容易受到诱惑。没见过世面的女孩,只满足于现状,也就没有动力去改变自己,容易受环境的局限,造成恶性循环。因此,妈妈应该带女孩见见世面,拓宽她的眼界。

从小要带女孩出入各种场合,开阔她的视野,增加她的阅世能力。这样,女孩长大后即使处在艰难的困境中,也不会被各种浮世的繁华和虚荣所诱惑。这样养育的女孩,见多识广、独立、明智。她们清楚地明白自己要的是什么、追求的是什么,无论怎样都能坚守自己的信仰而不被外界形势左右,失去自我。

杨澜说她三四岁寄居上海外婆家的时候,年轻的舅舅常在领了工资的周末带她去最高级的红房子餐厅吃西餐;去淮海路照相;去看最新潮的立体电影。长辈们责怪他为个小孩乱花钱,他却说,女孩就要见世面,不然将来一块蛋糕就把她哄走了。

女孩要出去见世面，才能聪明起来，这样她长大了才不会因羡慕别人而受到诱惑。但这也并不等同于溺爱，而是让女孩对物质基础有一个了解，知道什么东西应该珍惜，什么才是自己追求的。如果让女孩生活在无忧无虑的环境中，满足她各方面的要求，让她失去独立生存的能力，效果就适得其反了。

无论是风吹还是浪打，在孩子的人生道路上，妈妈不可能替女儿承担所有，她必须慢慢地学会自己承受一切。家长如果不想看到自己的女儿"顺水而流，随风而逝"，就要培养她独立、自主、自爱、勇敢的品格，使其成为一个刚柔并济的女性，有独立能力适应以后竞争激烈的社会，在将来的生活中不依赖任何人。

如果家境好，不妨带女儿多见识繁华的世界，开阔的眼界能让女孩更聪明。如果没有条件，那么就让她多看些书，一本好书能让女孩发现外面的世界有多么精彩。有能力的家长可以带女孩去咖啡厅和音乐厅感受艺术的美好。当然，这也不是让家长无节制地满足女孩的所有要求，而是让她有富裕的内心和丰富的见识。许多女孩之所以面对小小的诱惑就一头栽进其中，关键原因就在于她从未接触过花花绿绿的大千世界，一旦面对就乱了分寸。

有一位母亲在博客里说，自己的妈妈是一位传统的知识分子，长辈言传身教的艰苦朴素观念，不但影响了她，还影响了她对后代的教育。她的女儿上幼儿园，还穿着别人送的旧衣服，她经常教育女儿要省吃俭用。

这位母亲后来出国两年，见识到了外面的世界，价值观产生了很大变化，明白了只有积极才可能富有，节约只能解决温饱。回家后看到已经上小学的女儿还不会花钱，怕她跟不上时代，于是就积极地鼓励女儿把口袋里的零用钱都用掉。那段时间，母亲每周都带着女儿去餐厅吃饭，还带她坐在五星级饭店的大堂里看来来往往的风景。

为了女儿能受到最好的教育，她们搬到高级地段，把女儿送进重点小学，业余时间学习绘画、音乐、外语。她还买来有关礼仪和教女孩穿着打扮的书籍揣摩，终于，女儿爱上了阅读外国文学名著，喜欢上优雅、古典的美，欣赏自强、有个性的女人，在客人面前落落大方。许多人都说她女儿气质好。

母亲每个月至少带女儿去两次图书馆或书店，还根据她的爱好为她报了钢琴班，女儿的钢琴也过了10级。假期的时候，母亲带女儿去摘草莓、采樱桃，让女儿体会乡村的生活。

这些都让女儿见识了不少，但是在零花钱方面，女儿没有一定的计划，有些大手大脚惯了。为了让女儿学会有计划、把钱花在有用的地方，体会妈妈赚钱的艰辛，从初三暑假那年起，母亲就让她学着打工。

后来，女儿找到了一份营业员的工作，每天去的时候不坐出租车，先走20分钟的路再坐公交车去上班。一个暑假过去了，女儿体会到了挣钱的不容易和生活中的点点挫折，从那以后花钱也懂得节制了。高一的暑假，女儿给自己定了一个计划，一边卖气球，一边在一家珍珠奶茶店里打工。快开学的时候，她用自己赚的钱买了一辆中意的自行车，还有一些结余。后来，平时家人给的钱，她也开始计划着花，慢慢地也积攒了一些。

在女孩眼里，世界是以"关系"为主的，因此她们喜欢和谐、融洽的社会关系，也愿意走进人群中寻找和实现自我价值。因此，社会交际、与人沟通能力的培养对女孩来说必不可少。因为在她们成长的过程中如果不会与人沟通，那么女孩不会认同这个世界，更不会走进社会。作为妈妈，一定要起到桥梁、纽带的作用，成为女儿的引路人。

5.举止优雅,淑女要从小做起

哲学家培根有句名言:"相貌的美高于色泽的美,而秀雅合适的动作美又高于相貌的美,这是美的精华。"对女性来说,美丽的容貌固然能够为其加分不少,然而高雅的气质,则更能凸显女性的美。优雅得体的举止,是女性气质的一种表现形式,也为女性的魅力增加筹码。无论是一举步、一抬头、一低眉、一蹙首,都能在无声无息中展现出一个女性的个人气质和内涵,是女性在平凡之中的个人展现。一个拥有优雅举止的女性往往有着美好的气质和丰富的内涵。

女性优雅的举止也是人际交往中最美丽的名片,塞缪尔·斯迈尔斯说:"友善的言行、得体的举止、优雅的风度,这些都是走进他人心灵的通行证。"一个拥有优雅举止的女人,往往更容易在社交中受到注视和欢迎。

女性能够拥有优雅的举止大多来自幼年时妈妈的纠正和引导,只有女孩从小养成举止优雅的好习惯,才能最终成为一位气质出众、举止得体的女子。所以,妈妈要从女儿幼小时起就注重培养她的举止,使女孩形成良好的举止习惯。

身为妈妈要更加明白,举止优雅将会为长大后的女孩带来怎样的无穷魅力。但在现实生活中,很多性格外向的女孩,却给妈妈带来了众多关于"举止优雅"教育的挑战。

性格外向的女孩往往像男孩一样好动、淘气,处处尽显如男孩一般的阳刚之气。这的确是让妈妈感到头疼的一件事情。如果妈妈顺其自然,那孩子势必会变得日益失去女孩的风范,毫无优雅可言,如果妈妈严加管束,又极有可能会扼杀孩子的天性。

身为妈妈,要通过潜移默化的方式去约束女儿不当的言行,一点一滴地培养起她优雅得体的举止。

妈妈要注意自己的言行举止,为女儿做好榜样

妈妈在生活中,也要时刻注意自己的言行,怎样穿着打扮,怎样同其他人谈话,如何议论别人,怎样对待朋友等,所有这些都是女儿模仿的对象,尤其是母亲的行为举止,更是女儿的典范。妈妈一定要及早规避自己行为举止上的错误,同时还要及早为女儿的行为举止做出规范,让女儿自己意识到美的行为对自身的重要性。

让女孩注意站立的姿势

站一定要挺,抬头挺胸收腹,这是最起码的站姿。不管在哪里,在哪种场合,只要是站就要保持这种形态,长久下来就会形成一种习惯。而且,这对于成长中的女孩子的身体塑形很重要。告诉你的女儿,站立时身体要直立、挺胸收腹、脚尖稍向外呈V字型,切不可无精打采、缩脖、耸肩、塌腰;正式场合不能双手叉腰或将双臂环抱于胸前。

让女孩做到坐姿优雅

女孩坐着时,妈妈要让她做到身要正,腿可以并拢向左或向右侧放,最好不要翘二郎腿。当然,坐姿要求端正挺直而不死板僵硬,不能半躺半坐,双手自然放在膝上或扶手上,两腿间距与肩同宽,两腿自然下垂即可,切忌两腿分开。

女孩走路时,要端正优雅

让你的女儿明白,挺胸收腹是最基本的姿势,但同时也要走得自然,目不斜视,不要急步流星,也不要像生怕踩了路上的蚂蚁似的畏首畏尾,要不快不慢,稳稳当当。

让女孩注意出入次序

妈妈要教会女儿尊敬长者,请长者先出门,为他们提供茶点,保证他们座位舒适,留意是否有危险的楼梯。这些都是尊重老人的标志。

教女孩学会餐桌礼仪

让女孩保持坐姿良好,正确使用餐具。请别人先取用食物,如需取食搁放较远的食物,要注意礼貌。自己不喜欢的食物不要多取。无论在什么地方,用餐之后记得道谢。

让女孩子的行为举止更文明优雅,并不是要将女孩子培养成柔弱的"寄生虫",也不是压迫女孩的个性发展。她可以爽朗率性如"凤辣子",但不能举止粗野如"拼命三郎"。之所以要塑造女孩子的文明举止,并不是期望女孩在性格上有所转变,也不是企图让所有的女孩子都文静温婉,而是要求女孩注意自己的形象,不要忸怩羞怯,不要行为放浪,更不要看不起别人,也不要看不起自己。一个女孩子只要能够表现得自然从容,没有不雅的动作,就会受到别人的欢迎和尊重。

6.学会分享,让女孩更快乐

培根曾经说过:"如果你把快乐告诉一个朋友,你将得到两个快乐;而如果你把忧愁向一个朋友倾吐,你将被分掉一半忧愁。"这句话的道理就是告诉我们分享的重要性,一个人如果不懂得分享,无形之中就多承担了烦恼,少享受了快乐。

一场龙卷风袭击了一座小城,报纸上一张特别的照片触动了琳达的心。照片上,一个年轻的女人站在一座完全被毁坏的房屋前面,一个七八岁大的小男孩低垂着眼站在她的身边,旁边还有一个年纪更小的小女孩抓着妈妈的裙摆,眼睛盯着镜头,目光里充满了恐惧和慌乱。琳达觉得这是一次教育孩子的好机会。

琳达将报纸上的照片给自己的女儿梅格安看,并向她解释道:"我们有那么多的东西,而这些可怜的人现在却什么都没有。我们应该把自己的东西拿来和他们一起分享。"琳达从家里找出3个大纸箱放在地板上,并装了一些不易腐败的食物和不常用的衣物。梅格安则抱着自己最喜爱的布娃娃露西走到了妈妈身边。她紧紧地把它抱在胸前,然后给了露西最后一个亲吻,轻轻地把它放在了其他玩具上面。"亲爱的,"琳达说,"你不必将露西捐出来,你是那么喜欢它。"梅格安却严肃地点了一下头,眼睛里闪烁着泪光:"露西给我带来了快乐,妈妈,也许它也会给那个小女孩带来快乐。"

是的,任何一个人都可以将他们弃之不要的东西捐赠给别人,而真正的慷慨却是将自己最珍爱的东西给予别人。

精神富足的女孩是最美丽的,慷慨大方的女孩是最富有爱心的。因此,对女孩的爱心教育和培养她们慷慨大方的教育同等重要。与慷慨相反的性格则是"小气",这是一种不良的性格特征,父母要及早防止和纠正孩子的"小气"行为。

宋娟娟是个五年级的女孩,非常懂得分享。以前她也是个以自我为中心的孩子,自己的玩具不准别人碰,有好吃的就自己一个人吃。

有一次,爸爸给她买了一些好吃的,正好遇到了邻居的小伙伴。在爸爸的"命令"下,她给了小伙伴一块糖,那个女孩非常高兴。过了许多天,小伙伴居然给她送来了一盒她最爱吃的巧克力。通过这件事情,爸爸教育她:"你看看,与人分享不仅让你获得了友谊,还让你获得了其他东西吧。"宋娟娟笑了。

真正的分享是一种各方之间的互赢。女孩不愿意与人分享，是因为她们没有体会过分享的乐趣。因此，父母应该及早对女孩进行分享的培养，从中体会到乐趣，使她慢慢学会分享。

分享是女孩与他人交往过程中才可能发生的，也只有懂得交往的人才能学会与人分享。一个在角落里长大的女孩不是太可能学会与人分享的。

因此，父母应该鼓励自己的女儿多与他人交往，以此来强化她的分享能力。父母可以让她走出家门去和邻居的小朋友们玩耍、请她们来家里做客、鼓励女孩多交朋友、参加集体活动。经过父母的指引，在与人交往的过程中女孩的分享能力便能得到强化。

良好的家庭氛围对分享这种习惯的形成具有重要意义。如果家庭成员共同营造出一个乐于分享的良好家庭氛围，那么女孩自然而然便学会了分享。如果家庭成员之间各人有了好的东西都舍不得拿出来与大家分享，那么孩子很难养成分享的好习惯。

安亚茹今年12岁，是个乐于分享的女孩。这让她拥有许多朋友，而且每天过得非常开心。

她的父母都是乐于分享的人。爸爸在饭店里吃到什么好吃的菜，第二天便会带上妈妈和她一起去吃。妈妈也是如此，她得到了什么好东西，总会想到给家人、朋友分享，从来不独享。在父母的影响下，安亚茹也成为了一个乐于分享的女孩。

父母应该努力为孩子营造一个乐于分享的家庭氛围，自己拥有了好东西不要独享，而应该学会与家人、朋友分享。孩子从小在这种环境下长大，自然而然便懂得与他人分享自己拥有的好东西，良好的分享品质也就形成了。

对于女孩一个小小的分享行为,父母都应该作出肯定和表扬。例如女孩把自己的苹果分给其他小朋友一半,把自己的玩具拿出来让大家一起玩等,这些小小的行为如果能够得到父母的肯定,对女孩的分享行为无疑是最好的鼓励。

刘慧是个三年级的女孩,很自私,眼里只有自己,一点儿也不会分享,因此朋友很少。她把所有东西都装进自己书包里,也自然不能得到他人的友谊和给予。她人际关系不好,为人很冷漠,对父母也没什么感情。

看到女儿的这种表现,妈妈便对她说:"你应该站在别人的角度考虑一下,如果你是别的小朋友,会不会希望别人给你分享一些好吃的、好玩的呢?"说过几次后,刘慧开始有了一些变化,慢慢地开始与人分享了。

分享可以让女孩得到更多的关爱和快乐,朋友的分享可以帮助女孩走出失望与迷茫,享受真正的生活。分享就是一种"有福同享,有难同当"的慷慨。父母应该及早让女孩体会到分享的乐趣,让她在实践中学会分享、乐于分享。

7.不完美,真的没关系

几乎每个女孩都希望自己长得再漂亮一点,希望成绩能再好点,希望自己能更富裕一点……当她们以幻想中的"完美"来要求自己的时候,便产生了自卑的心理，懊恼自己为什么总是做不到十全十美。

事实上，世界上没有十全十美的事物，但追求完美是人的本性。如果满足现状，不仅生活会欠缺色彩，而且社会难以进步。然而，人的生命短暂而有限，绝对的完美是追不完、求不尽的"圆周率"。

如果你把原本短暂的生命，浪费在唏嘘感叹"世界上完美好难"上的话，那你的生命首先就是不完美的。如果说维纳斯的双臂是完整的，如果说比萨斜塔是笔直的，如果说香奈儿的标志是两个完整的圆圈拼起来的，那它们还具备欣赏价值及艺术吸引力吗？那么美又从何处来呢？

谁都不可能十全十美，有些女孩认为不追求完美将达不到理想的目标，这只是一种惯性思维。事实是，大多数时候，我们只有放弃完美，才能树立起自信自爱的意识，才能真正地认识和确立自己的价值、选择和追求。

女孩追求十全十美的心态促使她们制定高于自己能力的目标，目标达到了可能会体验到成功的喜悦，但是一旦计划落空或是没有如期完成，就会刺激到她的情绪，打击她的自信心，产生自卑的情绪，对她的发展是极为不利的。

追求完美的女孩，希望任何事情都能达到精确的完美，这样就会形成吹毛求疵的坏习惯。她们对来自外界的意见很敏感，所以会花费大量的精力去完成一件事情，从而造成不必要的浪费，她们不允许别人对她们有意见或是看不起她们。

同时，喜欢追求十全十美的女孩对身边人的要求也很高，所以她们比普通人更容易失去朋友，缺乏良好的人际关系，不利于其人格的健全。

妈妈要告诉女孩，过度追求完美并不现实。

不对女孩提出过高的期望

望女成凤是每位妈妈的心愿。妈妈过高的期望容易强化女孩追求十全十美的意识，给女孩带来心理上的压力，妨碍了她的成长。

青春期的女孩本身就面临着来自各方面的压力和竞争，妈妈再给女孩制定高期望,就会影响她们的健康成长。

妈妈要根据女孩的实际情况来帮助她们制定合理的期望值,既要保证能激发她们的进取心,又不损害她们的积极性。这样女孩追求完美的性格也会得到改善。

教育女孩对自己有正确的评价

女孩对自己有所期望,会成为她前进的动力,但是一定要把握好度,既不能估计太高,也不能过于自卑,给自己制定过低的目标。

女孩追求十全十美的行为本身就会对自己的成功造成阻碍,背负着沉重的精神包袱,抱着不合现实的态度来对待生活和学习,永远都不知道满足,会给生活带来很大的负面影响。所以,女孩要对自己有正确的评价,不苛求,也不看低自己。

帮助女孩树立平凡意识

妈妈一般都教育自己的女儿要成为优秀的人,却很少听见教育女儿成为普通的人。这无形中就会给女孩传达一种要做得更好的意识,女孩要树立远大的理想,并且要为理想而奋斗,这些给女孩的心理增加了很多压力。

辛楠今年上五年级,是班里的学习委员,自认为高人一等的她在班里几乎没有朋友。她对自己的要求很高,觉得考不到第一就对不起学习委员的称号。所以,她每天都要给自己制定任务,常常为了完成任务熬到深夜,特别是考试前几天,她都要挑灯夜读,结果得了神经衰弱症。

她不仅对自己苛求完美,对班里的同学也是如此。她自己做完作业了就要求别人也和她速度一样,如此一来自然招致了同学的厌恶。妈妈经常教育她,她也是班里很普通的一员,没必要给自己和他人这么大的压力。

没有平凡意识的女孩会目空一切,不容易和身边的人搞好人际关系,当目标无法实现时就会产生严重的挫败感。这类女孩缺乏适应他人、适应社会的能力,很容易遭受失败。

所以,妈妈要帮助女孩树立平凡意识,锻炼女孩平易近人的良好品质,以踏实的态度去对待生活和学习。

让女孩正确看待失败

追求十全十美的女孩往往具有比一般孩子更强烈的自卑感,所以一旦失败了就会深受打击,甚至会一蹶不振,从而引发各类疾病或是极端的行为,对女孩的身心造成很大影响。

王楠今年上初一了,可是最近总是闷闷不乐的,妈妈带她去看医生,医生说她得了抑郁症,妈妈这才意识到:女儿追求完美的心理太严重了。

王楠在小学一直是个拔尖的孩子,但是到了初中,人多了,王楠的成绩就没有以前突出了,考试时常考得很不理想。但王楠是个追求完美的女孩,她不希望自己落后,于是给了自己很大的压力,结果成绩不升反降。她觉得自己很失败,常常有挫败感,时间一长就得了抑郁症。

没有必要为一件事做得不完美而自怨自艾,盲目地追求完美只会徒劳。成功是女孩心中的一个信念,但是只有经历过失败,女孩的人生才能增加更多宝贵的经验,而过度追求完美并不符合现实。

第八章

不吼不叫,培养优秀男孩

1.责任是男孩成长的第一步

所谓责任心,就是责任感,是一个人对他所承担的任务的自觉态度,包括对自己的责任、对他人的责任、对集体的责任和对社会的责任。

在一个雪天的傍晚,中士杰克先生匆忙地走在回家的路上。路过公园时,他被一个人拦住了:"先生,打扰一下,请问您是一位军人吗?"这个人看起来很着急。

"是的,我是。我能为您做些什么吗?"杰克急忙回答道。

"是这样的,我刚才经过公园门口时,看到一个孩子在哭。我问他为什么不回家,他说自己是士兵,在站岗,没有接到命令是不能离开的。和他一起玩的那些孩子都不见了,估计是回家了。"这个人说,"我劝这个孩子回家,可是他不走。他说站岗是他的责任,只有接到命令才能离开。看来只能请您帮忙了。"

杰克心里一震,说:"好的,我马上就过去。"

杰克来到公园门口,看见那个小男孩在哭泣。杰克走了过去,敬了一个军礼,然后说:"下士先生,我是杰克中士,你站在这里干什么?"

"报告中士先生,我在站岗。"小男孩停止了哭泣,回答说。

"雪下得这么大,天又这么黑,公园门也要关了,你为什么不回家?"杰克问。

"报告中士先生,这是我的责任。我不能离开这里,因为还没有接到命令。"小男孩回答。

"那好,我是中士,我命令你现在就回家。"杰克对小男孩严肃地说。

"是,中士先生。"小男孩高兴极了,还向杰克敬了一个不太标准的军礼。

小男孩的举动深深地打动了杰克,这个孩子的倔强和坚持看起来似乎有些幼稚,但他所体现的责任和守信却是很多成年人都无法做到的。

责任心是一个人立足社会、获得事业成功至关重要的人格品质之一。现在许多妈妈都过多地注意孩子的智力和身体的发展,对孩子责任心的培养却不大重视,这对孩子的成长十分不利。

林凯一家到英国旅游。一天,林凯在公共卫生间里如厕,就在他坐到马桶上的时候,突然听到隔壁小间里有一种奇特的响动。由于时间过长,而且他也很好奇,于是林凯就通过小门的缝隙向里探望。这一看,使他惊叹不已。

原来,一个只有七八岁的小男孩正在修理马桶的冲刷设备。一问才知道,是这个小男孩上完厕所后,因为冲刷设备出了问题,他没有把脏东西冲下去，因此他就一个人蹲在那里，千方百计地想修复它。

这件事给林凯留下了很深的印象，他感慨道："一个只有七八岁的孩子，竟然有如此强烈的责任心，可见其妈妈的教育是成功的。"

责任心是孩子健全人格的基础，是能力发展的催化剂。只有具备一定的责任感，人才能自觉、勤奋地学习、工作，做各种有益的事情，掌握各种技能。孩子必须从小培养责任感，以便长大后能尽快适应社会，照顾家庭，完成本职工作，尽自己的责任和义务，从而成为优秀的人才。在大力提倡素质教育的今天，家长应该用自己的爱心、耐心和智慧去培养孩子的责任心。

增强男孩的主人翁意识

妈妈要注意对男孩主人翁意识的培养。一个孩子要先学会做自己的主人，然后才能做到对自己负责，进而表现出对自己工作的负责，对社会的负责。责任意识需要一种自主自立的主人翁意识。如果孩子缺乏主人翁意识，就会把责任推向别人，碰到问题也不会想要积极主动去解决。

妈妈帮孩子树立了强烈的主人翁意识，孩子才会尽职尽责地做好自己分内的事，还会自愿去维护他人的利益及社会公德，用更加严格的要求来督促自己做好每一件事，不依赖于人，不推脱于人。

让男孩参与家庭责任的承担

孩子的责任感是在反复实践中培养起来的，而家庭是一个很好的实践场所。

陈宽在上小学的时候，就要负责家里每天早晨的取报纸和取牛奶任务。中学的时候，家里买米和买油这些较重的活，也都交给他来负责。只要东西没有了，他就负责去超市里把东西买回来。家里其他的家庭分工，他也都有份。

这让他觉得自己是这个家庭中很重要的一员,有什么事他也都能先从家庭整体利益的角度出发,把个人的利益放在第二位。所以无论什么时候,他都觉得自己是这个家的主人翁,要对所有人负责。

孩子在生活实践中多参与家庭分工,会让他们更有归属感。孩子会觉得自己是这个家庭很重要的一分子,也要来尽一分力,这种想法就是责任感的体现。孩子学会了对自己所做的事情负好责,也懂得了要对家庭尽到自己应尽的义务和责任。

让男孩学会为自己的过错负责

犯错误是人之常情,但是能够对自己的错误负起责任,却不是人人都能够做到的。

江南的妈妈要去看望外婆,所以这个星期天他一个人在家。江南班上的足球赛马上就要开始了,他要在上午九点钟赶到学校集合,参加训练。在骑自行车去学校时,他不小心把一位老人给撞倒了,他赶忙下车,扶着老人去医院里检查,结果没什么大问题。他又把老人送回家,还把自己的姓名和地址留给了老人,说只要有问题,就来找他。

妈妈回来知道了这件事后,又和孩子一起买水果去看望了老人一次。老人直夸江南是个好孩子,有担当、有责任感,将来一定会有出息的。

男孩犯了错误,能不能够去主动承担,是他是否具有责任心的体现。妈妈不要怕孩子犯错,而是要让孩子在犯错后,不要推脱自己的责任,自觉主动地去承担。

让男孩做事有始有终

良好的责任感,是要靠坚强的意志和持之以恒的态度来维持的。孩子在年幼的时候,可能会因为兴趣比较广泛,做事情喜欢虎头蛇尾,这是孩子责任心缺乏的表现。妈妈在看到孩子的这些表现时,一定要让他做到做事情有始有终。

李继贤今年四岁半了,在萨尔马多城上幼儿园,最近他在学习有关植物方面的知识,因此迷上了植物。他觉得那些花草实在是太美了,便苦苦哀求妈妈给他买一盆鲜花。

妈妈同意了李继贤的请求,趁周末带着李继贤到花卉市场买了一盆小花。妈妈希望李继贤看到小花生长的整个过程,并且能够自己照顾它。于是,妈妈和李继贤约定,由李继贤负责照顾鲜花,给它浇水和施肥。

最初几天,李继贤非常兴奋,每天耐心地给小花浇水,还根据日照的情况,不断给花盆挪动位置,并拿出本子,歪歪扭扭地在上面画出花卉生长的情况。

李继贤的妈妈看到儿子这么有责任心,十分满意。可是,没过多久,妈妈发现李继贤给花浇水的次数越来越少,甚至好多天都不给小花浇水,也不做记录,似乎他已把养花的事给忘了。结果,小花慢慢枯萎了,叶子也开始泛黄,生长的速度不断减慢,完全没有了生机。

一天吃过晚饭,妈妈把李继贤叫到阳台,说:"你给花浇水了吗?"

李继贤低着头说:"没有。"

"为什么没有?"

"我……"

"我们在买这盆花的时候,是怎么说的?由谁负责给这盆花浇水?"

李继贤沉默不语。

"你看,这盆花多么地伤心、悲哀!她失去了美丽的叶子变得枯黄,而这都是因为你。"

以后的日子里李继贤坚持每天给花浇水,小花不久又恢复了以往漂亮的颜色。

让男孩先学会对一件事情负责,然后他才能够在生活中对自己的每一件事都抱着一个负责任的态度,在遇到困难时也不会轻易打退堂鼓。培养孩子良好的责任感,对孩子的成长很重要,妈妈要督促和鼓励孩子从小做事有始有终。

2.勤奋是男孩成才的保障

纵观古今中外,无论是文学家、发明家,还是政治家、思想家,凡是成功人士无一不是勤奋的追随者。勤奋让安徒生从一个鞋匠的儿子成为"童话之王",让爱迪生创造了一千多种发明,让爱因斯坦总结出举世瞩目的相对论,也让"悬梁刺股""凿壁偷光"的美谈流传千古。

爱因斯坦曾说:"在天才与勤奋之间,我毫不迟疑地选择勤奋,她几乎是世界上一切成就的催产婆。"一个勤奋的人必然能够得到比其他人更多的成就。诺贝尔奖得主丁肇中教授认为,获得成功的第一个秘诀就是勤奋。他是这样认为的,也是这样做的。

一个勤奋的孩子能自觉学习想得到的知识,而且事实上,一个孩子掌握知识的多少也完全取决于他的勤奋程度。

曾国藩是中国历史上最有影响的人物之一,但是他小时候的天赋却不高。有一天在家读书,对一篇文章重复不知道多少遍了,还在朗读,因为他还没有背下来。

这时候他家来了一个贼,躲在他的屋檐下,希望等他睡觉之后捞点好处。可是等啊等,就是不见他睡觉,还是翻来覆去地读那篇文章。贼人大怒,跳出来说:"这种水平读什么书?"然后将那文章背诵一遍,扬长而去!

贼人是很聪明,至少比曾国藩要聪明,但是他只能成为贼,而曾国藩却成为他人口中"近代最有大本大源的人。""勤能补拙是良训,一分辛苦一分收获。"那贼的记忆力很好,听过几遍的文章就能背下来,但是遗憾的是,他的天赋没有加上勤奋,变得不知所终。

一个人的进取与成材,环境、机遇、天赋、学识等外部因素固然重要,但更重要的是自身的勤奋与努力。被誉为"钢铁大王"的安德鲁·卡耐基就是凭借勤奋努力出人头地的楷模。

为了给妈妈分忧,安德鲁·卡耐基10岁的时候就进了一家纺织厂当童工,周薪只有1.2美元。后来,他又干起了挣钱稍多一点的工作:烧锅炉和在油地里浸纱管。油池里的气味令人作呕,灼热的锅炉使他汗流浃背,但卡耐基还是咬着牙坚持干下去。当然,他并不甘心如此潦倒一生,而是发奋图强,积极进取。

卡耐基在白天劳累一天后,晚上还参加夜校学习,课程是复式记账法会计,每周3次。这段时期他所学的复式会计知识,成了他后来建立巨大的钢铁王国并使之立于不败之地的法宝。

1849年冬天的一个晚上,卡耐基上完课回家,姨夫传话来,匹兹堡市的大卫电报公司需要一个送电报的信差。他立刻意识到,机会来了。

第二天一早,卡耐基穿上崭新的衣服和皮鞋,与父亲一起来到电报公司门前。他突然停下脚步对父亲说:"我想一个人单独进去面试,爸爸你就在外面等我吧。"原来,他担心自己与父亲并排面谈时,会显得个子矮小;同时,他也怕父亲讲话不得体,会冲撞了大卫先生,从而失去这个难得的机会。

于是,他单独一人上到二楼面试。大卫先生打量了一番这个矮个头、高鼻梁的少年,问道:"匹兹堡市区的街道,你熟悉吗?"

卡耐基语气坚定地回答:"不熟,但我保证在一个星期内熟悉匹兹堡的全部街道。"他顿了顿,又补充道,"我个子虽小,但比别人跑得快,这一点请您放心。"

大卫先生满意地笑了:"周薪2.5美元,从现在起就开始上班吧!"

就这样,卡耐基谋得这个差事,迈出了人生的第一步。这时,他年仅14岁。

在短短一星期内,身着绿色制服的卡耐基实现了面试时许下的承诺,熟悉了匹兹堡的大街小巷。两星期之后,他连郊区路径也了如指掌。他个头小,但腿很勤,很快在公司上下获得一致好评。一年后,他已升为管理信差的负责人。

卡耐基每天都提早一小时到达公司,打扫完房间后,他就悄悄跑到电报房学习打电报。他非常珍惜这个秘密学习的机会,日复一日地坚持着,很快就熟练掌握了收发电报的技术。后来,他被评为电报公司里首屈一指的优秀电报员。

当年的匹兹堡不仅是美国的交通枢纽,而且是物资集散中心和工业中心。电报作为先进的通讯工具,在这座实业家云集的城市起着极其重要的作用。通过努力,卡耐基熟悉了每一家公司的名称和特点,了解各公司间的经济关系及业务往来。日积月累之中,他熟读的这无形的"商业百科全书",使他在日后的事业中获益匪浅。因此,卡耐基在回顾这段时期时,称之为"爬上人生阶梯的第一步"。

成大事者,必须勤奋地去劳动,天下无不劳而获的成功。只有勤奋努力,比别人付出更多,才能够充分把握事业上的机会,在各方面取得辉煌的成就,进而赢得精彩的人生。

世上没有白吃的午餐,也没有一蹴而就的成功。妈妈要让男孩知道,要想更好地实现自己的人生价值,没有一处能够离开勤奋,再好的天赋如果碰上了懒惰,也只能在暗室中永远地埋没。因此,培养勤奋的习惯是妈妈给孩子的宝贵财富。

妈妈要做勤奋努力的人

妈妈懒惰是孩子学会懒惰最好的示范,妈妈的勤奋同时会给孩子最深的感触。

孙强的妈妈有一个习惯,就是每次吃完了饭,都不愿意马上洗碗,总是等到要做下一顿饭时,再急急忙忙地洗碗。她的这个习惯也顺理成章地传染了孙强。

上初中了,孙强在学校吃饭,每次吃饭前才总是匆忙地洗碗。大家说过他很多次,他自己也觉得这个习惯不好,可就是改不过来。

不给懒惰找借口

有很多事情我们原本可以做得很好,但是为一时的懒惰而找的借口却让我们很轻易便放弃了努力,很多计划也就在偷懒的念头下荒废搁置了!

康拉德·希尔顿是美国旅馆业大亨。在他13岁那年,一件平常的小事深深地印在了他的记忆中,并对他的一生产生了很大的影响。

那天,希尔顿因为夜晚等待送货的火车而在早晨睡过了头。

朦朦胧胧中,希尔顿听到了父母的一段对话。

"咱们的儿子怎么还在睡呢?"父亲问。

"就让他多睡一会儿吧,因为他等了一夜的火车。"母亲心疼地回答。

这时,他听父亲叹了口气:"唉,真不知道他会不会就这样睡完他的一生。"

听到这句话,希尔顿马上睁开眼睛,从床上爬了起来。

从那以后,希尔顿就再也没有睡过头了。

有步骤地引导孩子

孩子毕竟还小,要养成勤奋的习惯不是一朝一夕的事,需要妈妈有计划、有步骤地进行。例如,在学习方面,孩子在取得较好的成绩时往往骄傲起来,不思进取。这时,妈妈要给孩子提出进一步的要求(在孩子的承受范围内),让孩子永远有前进的目标和方向。既然不是一朝一夕的工作,妈妈就要有耐心,在引导孩子养成勤奋习惯的过程中,要平心静气,不要急于求成,否则会适得其反。

让孩子立志以激励勤奋

人有了志向,往往就会为实现这一志向而奋力拼搏,所谓"有志者事竟成"。如果孩子能树立远大的志向,那必然就能激励他勤奋努力,去实现自己的目标。大富豪李嘉诚小时候立志要成为一个船长。如今,虽然他没做成船长,但他总是用船长的意识来经营自己的事业和人生。他自豪地说:"我就是船长,我就是这条航行在波峰浪谷间的大船的船长。"当然,孩子志向的发现和确立需要妈妈的指导,孩子向着志向的努力也需要妈妈的指导。

鼓励男孩的勤奋行为

好孩子是夸出来的。确实,表扬对孩子来说是一种很大的激励。当孩子表现出勤奋的行为时,妈妈可以抓住时机,给孩子以赞赏或认同,孩子自然会变得更加勤奋。像"我喜欢你勤奋!""我希望你努力!"这样的话,无疑会给孩子极大的鼓舞,促使孩子更加勤奋努力。

3.不包办,让男孩学会自强自立

在现代社会中,能否依靠自我的独立能力去解决问题,主导自己的人生,已经成为一个人立足社会的基础。作为社会中的个体,如果事事依赖别人,缺乏自立能力,不仅会遭到别人的鄙视,而且对自我人生的定义也往往会处于消极被动之中,很难成就大事业,做自己的主人。

一次,张老师带领学生们去野外郊游。

在张老师的带领下,同学们玩得很开心。快开饭的时候,张老师看见本班的一个小男孩正盯着一个煮鸡蛋发呆,于是赶忙走了过去,笑着问道:"你不爱吃鸡蛋吗?"

"爱吃。"男孩轻声说。

"那你为什么不吃呢?"

男孩显得很为难:"怎么这里的鸡蛋和我们家的鸡蛋不一样呢?"

老师感到好奇,忙问道:"能告诉我,有什么不一样吗?"

"这个鸡蛋太硬,不好咬,而我家的鸡蛋又白又软,特别好咬。"

这下老师才明白。原来他妈妈非常宠爱他,每次吃鸡蛋前,母亲都会将蛋剥好送到他跟前。所以,他从来就没看到过煮鸡蛋、剥鸡蛋的过程,难怪他会说出那样的话!

"你们知道鸡蛋是从哪儿来的吗?"老师问男孩旁边的几个同学。

孩子们齐声答道:"知道,是从锅里捞起来的!"

教育孩子必须坚持一个原则:孩子自己能做的事情,就让他自己去做,千万别替他去做。然而,在我们身边,独生子女居多。家长们总是"含在嘴里怕化了,托在掌上怕摔了"。孩子是家里的小太阳,全家都围着他转。殊不知,对孩子过分宠爱,过度保护,过多照顾,生活上包办代替,给孩子穿衣、喂饭、整理玩具等,都是在剥夺孩子独立做事的机会,这将直接导致孩子缺乏独立性,生活能力低下,依赖性强,意志薄弱。

虽然妈妈为孩子做的一切是出于对孩子的爱,但爱一定要有智慧、有方法。孩子年龄较小,独立性是孩子自我发展的动力,是孩子全面发展的基点。一个孩子有了初步的独立性,去做力所能及的事情,爱动脑筋想问题,独立地从事一些活动,往往在身体、智力、情绪、性格、意志等方面发展较快、较好。如果家长过分"关心""保护",一切包办代替,孩子就会缺少锻炼的机会,进而影响他们各个方面的发展,日后造成能力低下、性格懦弱,智力发展也会受到阻碍。

季明是家里的宝贝,妈妈总是把他的生活安排得十分周到,但季明却对妈妈的劳动不屑一顾。他总是不耐烦地说:"妈妈,你烦不烦?我自己也能独自处理好自己的生活。"

妈妈想,那不妨创造一个机会,看看他到底行不行。于是,在一个周末,爸爸出差之后,妈妈留下了一张字条后也走了。字条上说:"外公病了,我需要去照顾他,所以,也许三天,也许一个星期,我不会在家,希望宝贝能照顾好自己。"妈妈走的时候想,要让季明知道一个道理:离开妈妈,他是无法生活的。

妈妈走后的第一天,季明尽情地玩耍,把房间搞得天翻地覆。第二天,他醒来一看,房子里乱糟糟的一片,不能再这样疯玩了,要好好安排一下,把房间打扫干净了再玩。

一个上午过去了,季明把房间打扫得干干净净,中午还照着菜谱给自己准备了简单的午餐。

三天后,妈妈回来了,当她看到整洁的房间时,突然间觉得自己很无知:"原来,孩子是具备独立做事的能力的。看来,以后要多给孩子创造独立做事的机会。"

当然,孩子独立自主能力的获得也并不是一帆风顺的。对孩子来说,在他的发展道路上每前进一步都是要付出代价的,家长也要有足够的耐心。

自立与自强总是结合在一起的。自强,意味着自力更生、奋发图强;自立,意味着在困难面前知难而进、顽强拼搏。美国的学生中有句这样的口号:"要花钱自己挣!"也是这个意思。

一个人做什么事情都不要想着依靠别人,依靠别人的人长大以后是没有出息的。只有靠自己的双脚走出人生之路,靠自己的双手创造美好生活的人,才会拥有美好的生活,才会受到人们的尊重。

为了让孩子有教养,就要从培养孩子的自立能力做起,让孩子自强起来。为了让孩子在失败面前不退却,在胜利面前更积极进取,在孩子很小的时候妈妈就应该对他进行培养了。

放手让孩子做力所能及的事

孩子的独立性是在实践中逐步培养起来的。从两岁开始,随着他们身体的发育,大小肌肉群的逐步成熟,心理能力的不断提高,孩子已经可以在家长的帮助下,逐步学会自己吃饭,自己穿衣,自己睡觉,自己收拾玩具等良好习惯,逐渐树立独立意识。

在这个过程中,家长要认识到,年幼的孩子总是在反反复复中感受着劳动的乐趣,独立做事的快乐。从不会做到熟练,从做的不像样到像模像样,这是必然的规律,也是必经的过程,从中孩子也获得了自身的发展。

正因如此,家长应该放手让孩子锻炼,不要怕他们做不好,也不要求全责备,更不能包办代替。对于孩子独立去做的事,只要他们付出努力,无论结果怎样都要给予认可和赞许,使孩子产生自信。"我行"这种自我感觉很重要,它是孩子独立性得以发展的动力。

孩子自己做事常常做不好,甚至失败,在这种情况下,家长应该鼓励孩子再去做,绝不能动辄就说:"我说你不行吧,就会逞能。"更不要见孩子做不好就动手代劳。

当他们执意去做那些难度较大的事时,家长应予以鼓励并给予帮助。这样会提高他们的积极性,增强他们的自信心,增加他们的锻炼机会,养成独立的行为。

培养孩子初步独立思考的能力

我国著名的教育家陈鹤琴先生说过:"凡是孩子自己能够想的,应当让他自己想。"遵循这样的原则教育孩子,就能培养其独立思考的能力。

我们有的家长很注意丰富孩子的知识,也常常耐心地回答他们提出的问题,但往往忽略培养他们独立思考问题的能力。例如,我常见家长给孩子讲故事,一页页地讲,一本本地讲,孩子只是静静地听。其实,给孩子讲故事,家长也应适当提出问题让他们参与其中,培养孩子独立思考问题的能力。

创造机会,培养孩子自己拿主意作决定的能力

我国传统家教中十分注意培养孩子的"听话"与"顺从",却不注意倾听孩子的意见。小到生活上的事,大到孩子的发展方向,一概由家长决定,孩子缺少自己作决定的机会,就不能培养他们的抉择能力。然而,自我抉择能力也是独立性很重要的一个方面。

现在,随着家教观念的更新,有一些具有现代家教观,教子有方的家长,不仅注意培养孩子独立生活和独立思考的能力,也注意创造机会,培养孩子自己作选择和自己处理问题的能力。

培养孩子克服困难的精神

家长在培养孩子独立性时,往往同时需要培养孩子克服困难的精神和毅力。对孩子来说,自己穿脱衣服,整理和收拾玩具等,是需要他们付出很大的努力和克服一定的困难的。因此,家长的作用就是对孩子作出的努力给予充分的肯定,并鼓励和要求他们克服困难,尤其是那些依赖性较强的孩子,家长更要坚持要求。

在家庭中培养孩子独立做事时,最关键的是家长自己要战胜自我。我们常见有的家长一见孩子碰到困难,不是鼓励他去克服困难,而是立即代劳。还有的家长明知应要求孩子克服困难,坚持自己去做事,但只要孩子一哭一闹,立即"心软妥协",依顺孩子,从而前功尽弃。因此,为了孩子的未来,家长应下决心甚至下狠心,培养孩子克服困难的精神和毅力。

4.让男孩拥有自主选择权

人的一生就是在自觉或不自觉地进行一次又一次的选择,而不同的选择决定着不同的人生道路。我们知道,世界上不可能有完全相同的人,每个人都有各自的个性特点、智能特点和兴趣爱好,从总体意义上讲,我们很难评出谁优谁劣。但是,由于各人的选择不同,有的人做出了轰轰烈烈的事业成了英雄豪杰,有的人却只是成绩平平而默默无闻。细细考察就可以发现,伟人们往往是因为根据自己的特点、爱好,调整了自己努力的方向,选择了适合自己特殊才能发挥的职业,才有了不朽的业绩。所以,一个人一生中要想有所作为,正确的选择是至关重要的。

名震世界的男高音歌唱家帕瓦罗蒂,就是因正确的人生选择而极大地向人们展示了他歌唱方面的才华。

帕瓦罗蒂1935年出生在意大利的一个面包师家庭。他的父亲是个歌剧爱好者,他常把卡鲁索、吉利、佩尔蒂莱的唱片带回家来听,耳濡目染,帕瓦罗蒂也喜欢上了唱歌。

儿时的帕瓦罗蒂就显示出了唱歌的天赋。

长大后的帕瓦罗蒂依然喜欢唱歌,但是他更喜欢孩子,并希望成为一名教师。于是,他考上了一所师范学校。在师范学习期间,一位名叫阿利戈·波拉的专业歌手收帕瓦罗蒂为学生。

临近毕业的时候,帕瓦罗蒂问父亲:"我应该怎么选择?是当教师呢,还是成为一个歌唱家?"他的父亲这样回答:"卢西亚诺,如果你想同时坐两把椅子,你只会掉到两个椅子之间的地上。在生活中,你应该选定一把椅子。"

听了父亲的话,帕瓦罗蒂选择了教师这把椅子。不幸的是,初执教鞭的帕瓦罗蒂因为缺乏经验而没有权威,学生们就利用这一点肆意捣乱,最终他只好离开了学校。于是,帕瓦罗蒂又选择了另一把椅子——唱歌。

十七岁时,帕瓦罗蒂的父亲介绍他到"罗西尼"合唱团,他开始随合唱团在各地举行音乐会。他经常在免费音乐会上演唱,希望能引起某个经纪人的注意。

可是,近七年的时间过去了,他还是无名小辈。眼看着周围的朋友们都找到了适合自己的位置,也都结了婚,而自己还没有养家糊口的能力,帕瓦罗蒂苦恼极了。偏偏在这个时候,他的声带上长了个小结。在菲拉拉举行的一场音乐会上,他就好像脖子被掐住的男中音,被满场的倒彩声轰下台。

失败让他产生了放弃的念头。

这时,冷静下来的帕瓦罗蒂想起了父亲的话,于是他坚持了下来。几个月后,帕瓦罗蒂在一场歌剧比赛中崭露头角,被选中于1961年4月29日在雷焦埃米利亚市剧院演唱著名歌剧《波希米亚人》,这是帕瓦罗蒂首次演唱歌剧。演出结束后，帕瓦罗蒂赢得了观众雷鸣般的掌声。

第二年，帕瓦罗蒂应邀去澳大利亚演出及录制唱片。1967年，他被著名指挥大师卡拉扬挑选为威尔第《安魂曲》的男高音独唱者。

从此，帕瓦罗蒂的声名节节上升，成为活跃于国际歌剧舞台上的最佳男高音。

当一位记者问帕瓦罗蒂成功的秘诀时，他说："我的成功在于我在不断的选择中选对了自己施展才华的方向，我觉得一个人如何去体现他的才华，就在于他要选对人生奋斗的方向。"

孩子的成长过程是一个不断发展变化的过程。在孩子的成长道路上，会遇到许多十字路口，随时都要面临选择。自主选择是一种能力。家长要注意孩子这种能力的培养，它是建立在对自己负责的基础上的。尽管有的孩子年龄尚小，但也有自己独立的人格，孩子们的事应该由他们自己作出决定。如果家长能够把选择的权利交给孩子，尊重孩子的选择，孩子就会对自己负责。

然而，许多家长并没有意识到这个问题，依然我行我素地让孩子按照自己的期望去发展，给孩子造成极大的压力，结果可想而知。人为地去控制或强行塑造孩子，不仅不会取得良好的教育结果，还会带给孩子巨大的伤害。

一位中国妈妈带孩子去法国旅游。一天，她带着孩子到法国朋友家做客，热情的女主人问客人喝点什么，妈妈回答说："随便。"然后，女主人又问孩子喝点什么，未等孩子回答，妈妈抢先说："别管他，我喝什么，他喝什么。"女主人很不理解："让孩子自己选吧。"然而，这位妈妈还是固执地表示没有给孩子选择的必要，孩子最终没有得到选择的权利。

有人说，中国的家长太累，责任心太强。的确不假，许多时候，家长成了孩子的"代办者"。从生活琐事到思考问题都代办到底。其实这样容易使孩子形成依赖性和懒惰性，缺乏自主意识、自理能力和自我调控、管理能力。

在法国人看来，孩子喝什么应该由孩子自己来选择，这是孩子的权利，母亲绝不能越权代办。从教育的角度讲，让孩子学会选择，就是让孩子学会按照自己的意愿办事，发展自己的爱好、兴趣和特长，满足自己的心愿。而中国家长总认为孩子不懂事，一切需要大人包办，从而让孩子养成依赖心理，使孩子失去了许多受教育、受锻炼的机会，也失去了学习和了解社会的机会。因此，家长应该学会尊重孩子的意愿，让孩子自己选择，更有利于孩子的成长。

男孩终归要离开妈妈，开拓比父辈更广阔的发展空间。如果他们从小没有选择的权利，从未体验过选择的滋味，长大后就难以选择适合自己的发展道路，难以迎接各方面的挑战和竞争。因此，当男孩有了自己的主见，而且表示会对自己的选择负责的时候，家长一定要给予积极的支持。即使最后失败了，对男孩来说也是一次难得的经验积累。而当这种经验积累到一定程度之后，何愁成功不会到来呢？

我们要走出传统的管理和控制，解放自己的同时也解放我们的孩子，给予孩子充分选择的自由，放飞孩子的理想与智慧，让我们的孩子享受到民主的空气，实现真正的权利分享。拥有选择权的孩子，可以充分去做自己感兴趣的东西、喜欢的东西，发挥出最大的潜能，飞扬起生命的旺盛律动。

创新是当今时代的主题，培养孩子的创新精神和实践能力是教育的重点。这就需要我们把孩子当作独立的个体来看待，要通过对他们施以教育和影响，让他们在主动参与、主动实践、主动思考、主动探索中善于发现和认识有意义的新知识、新事物、新方法，掌握其中蕴藏的基本规律,从而培养起创新意识,将身上的创新潜能引发出来。教育心理学研究告诉我们,自主选择是创新教育的基本特性和必要前提。布鲁纳认为,学习者自己发现的东西才是最重要的和最富于独特的个人特色的知识。孩子有了学习知识的自主选择权,才会有"自己发现的东西",才会有创新;没有学生的自主选择,就没有真正意义上的创新教育。

5.培养男孩解决冲突的能力

男孩是好斗、好胜的,在集体活动中,彼此之间发生一些矛盾和冲突很正常。此时,他们处理冲突的惯用方式往往决定着他们是否具备领导才能。

在公园,两个小男孩因为争夺秋千发生了冲突,令人感到惊奇的是,这两个男孩处理冲突的方式截然不同:其中一个男孩去找妈妈,哭着对妈妈说:"妈妈,他欺负我,你去给我报仇!"而另一个男孩却说:"这个秋千你已经玩两次了,这次该我玩了,我玩一会儿还会让你玩的。"

在与同伴发生矛盾后,很多男孩会哭着向老师或家长求救,就像故事中的第一个小男孩,这种类型的孩子对成人一般都具有很强的依赖性。而故事中的第二个男孩,他不仅没有向成人求救,也没有通过暴力解决问题,而是与同伴协商。在这种逻辑清晰、有理有据的分析下,任何一个孩子都会遵守这个对大家都有利的规则。

所以，当男孩与同伴发生冲突时，家长先不要急于插手帮他们解决，而是应该鼓励他们自己解决，培养他们处理冲突的能力。

一次，楠楠与小表妹悠悠在客厅玩耍，不一会儿，两个小家伙就吵了起来。楠楠跑来向妈妈那告状："妈妈，表妹抢我的积木！"还没等妈妈说话，悠悠就抢着说："表哥他小气，他那么多积木呢，我用几块他都不给。"

妈妈没有判定这两个孩子谁对谁错，而是这样对楠楠说："你当小裁判员，你来分析一下这件事情应该如何解决。在此之前，你们可以把自己的想法都说出来。"

楠楠想都不想地说："表妹应该把积木还给我。"

悠悠也不示弱："我不给，你那还有那么多积木呢！"

"但我想用那块半圆型的积木做小房子的房顶。"

"我也要用那块半圆型的积木！"

楠楠和悠悠都看着楠楠的妈妈，楠楠的妈妈仍然不参与他们之间的矛盾，而是对楠楠说："你是小裁判员，你应该自己想出一个既公平又合理的办法。"

楠楠想了想，对悠悠说："这样吧，你是妹妹，我让着你，你先用那块半圆型的积木，但15分钟后你要把它还给我，然后我再用它做房顶。"

就这样，冲突和平解决了。

不少家长总是认为孩子还小，不具备自己解决困难或冲突的能力，实际上孩子是有解决困难的方法及策略的。所以，家长不要总去帮助孩子，应当放手让他们逐步学会自己处理事情，自己解决问题。这样，在他以后的人生路上，他会发现自己走得很轻松，知道如何去应对所遇到的一切。

孩子的事情让孩子自己解决

晚饭过后，优优一家三口到院子里打羽毛球。一到楼下，优优看到小球场上有一群同伴在打篮球，就把拍子交给妈妈，兴高采烈地跑去加入到他们的行列。

只一会儿工夫，妈妈就听到孩子们的争吵声。因为离得远，根本听不清孩子们在吵什么。妈妈注意到优优很激动地对着一个高他一头的男孩子连说带比划，一个劲儿地指着边线，那个男孩子嘴里也在嚷嚷着什么，还抬手推了优优一把，一下子把优优推倒在地。

优优妈妈走到球场边，拨拉开人群，先把儿子扶起来，然后一把拉住带头打人的高个男孩："你怎么动手打人？"见他一脸不屑，优优妈妈更来气了，"你是不是这个院子的？你的妈妈呢？得让他们好好管管你！"

因为优优妈妈的干预，孩子们不再争吵了。优优妈妈拉住儿子："都打架吃亏了，咱不玩了，回家！"儿子嘟囔道："我们的事儿，谁要你来管？就是你让我玩我也不玩了！"

孩子们在一起玩耍时，难免会产生分歧，出现一些矛盾和摩擦，这是很正常的。做妈妈的有时会因为看到或是怕自己的孩子吃亏，而介入到孩子们的矛盾或冲突中，充当调停者，希望通过这样的方式解决孩子的问题，殊不知，这样反而会使问题复杂化。

给孩子创造与同伴交往的机会

妈妈应多创造孩子和同伴交往的机会，邀请小朋友来家中做客，或者主动去别人家做客。并且妈妈要多指导孩子表达出对伙伴的喜爱。比如，妈妈告诉孩子要轻轻地拍拍小朋友，或者亲亲小朋友，并叮嘱他一定要轻轻地，不要用牙。如果孩子做得好，要适时的鼓励。多给孩子创造实践的机会，孩子自然就会从中获得经验。

在必要的时候给孩子正确的指导

琳琳有一双灵巧的小手,她特别喜欢做纸花,还把纸花贴在家里的墙上、门上,贴得到处都是。隔壁的浩浩和妈妈一起来串门,浩浩不小心把贴在门上的小纸花弄掉了。琳琳看见了很生气,她一个劲地跟浩浩吼,还说不让浩浩来她家玩了。浩浩知道自己"闯了祸",不知道怎么办好,小脸憋得通红。浩浩妈妈见状,安慰了琳琳几句就拉着浩浩回家了。过了几天,琳琳早把这事给忘了,他很想念浩浩,可是浩浩妈妈好几天都没带浩浩来玩。

在孩子发生冲突时,妈妈不用主动介入其中,成为评判是非的法官。在冲突发生过程中,如果妈妈相信孩子的能力,就为他们提供机会,让他们自己解决冲突,而自己只是作为一名引导者适时地介入,不仅可以平息冲突,而且还可以促进孩子社会性交往、道德判断能力、语言表达能力等一系列与社会性有关的因素的发展。

6.帮男孩找到竞争的优势

希腊的船业大亨奥纳西斯说过:"要想成功,你需要朋友;要想非常成功,你需要的是比你更强大的对手!"当今社会合作与竞争并存,在提倡合作的同时,竞争也是一个永不过时的主题。合作并没有消灭竞争,而是在一定程度上规范了竞争,使得竞争向着更加公正合理的方面发展。

同时竞争不但不与合作相冲突，而且在一定程度上使合作更加频繁，使合作朝着高质量、高水平的方向发展。

可口可乐公司与百事可乐公司这两个竞争对手，在激烈的竞争中也正突出了竞争的效果。

百事可乐与可口可乐都盯死了对方，只要对方一有新动作，另一方肯定也会有新花样。可口可乐早在20世纪20年代便在古巴用飞机在空中喷出烟雾，画出"COCA—COLA"字样，可惜因为缺少经验而失败。而百事可乐则在1940年一下租了8架飞机，飞了14.5万公里，在东西两海岸城市，以机尾喷雾，写下百事可乐的广告。

可口可乐当然要及时反击，为强化国民第一饮料的形象，可口可乐赞助了1939年的纽约世界博览会，并请名人啜饮，将其照片刊在杂志封面上。相比之下，百事可乐的宣传广告方案更有创意。他们专门设计了一套卡通片，而且还创作了一首风靡全美的广告歌曲。两大巨头在竞争中可谓不遗余力，使出浑身解数来击败对手，但结果却是二者都有了长足的发展。

竞争在激励个人才能上具有惊人的力量。作为未来世界的主人，男孩必须掌握良好的竞争能力，了解什么是真正的竞争。我们提倡公正合理的竞争，这可以使人们充分发挥自己的聪明才智，为社会的发展、人类的进步做出贡献。妈妈应该努力培养男孩的竞争能力，让他们在未来的社会上不怕竞争、敢于竞争，并在竞争中获胜。

王立阳初中毕业后，从农村来到市里的重点高中上学，由于以前学校的教学质量不是很好，所以，他进入重点高中之后，就觉得不能适应了。尤其在英语课上，他觉得自己总是听得云山雾罩，不知所云。

第一学期期末考试，他竟然没有一门功课及格，最惨的一科是英语，只得了36分。这一打击对王立阳来说太大了,他觉得农村孩子始终比不上城市孩子,开始自卑和苦恼起来。于是,他就到小说里面寻找"心灵寄托",寻找一些虚无缥缈的感觉,并沉溺其中不能自拔。结果成绩更是一团糟,还差点儿被学校开除。他觉得自己与其在这里丢人现眼,还不如放弃学业。

妈妈知道他的想法后,就对他说道:"什么?放弃学业?这同战场上的逃兵有什么两样,即使你暂时能够逃避学习的竞争,步入社会后,你还能逃避社会竞争吗?难道你真想一辈子当一个逃兵?"妈妈的这句话,一下子激起了王立阳强烈的自尊心。"逃兵?我怎么会是逃兵呢?逃兵会被人说三道四的,我绝对不做逃兵!"就这样,王立阳为了不让自己成为逃兵而树立了坚定的信念,开始刻苦学习。

其实,王立阳并不是个笨孩子,刚开始成绩不好,只是因为他还没有适应新的环境。现在他树立了竞争意识,不甘心学习落后于人,决心超过别人,他的成绩也自然提高了。高考的时候,他以780分的成绩打破了学校有史以来的最好成绩,进入了自己向往已久的大学。

从这个事例我们可以看出,如果王立阳在暂时落后的时候,不想和别人竞争,而是一味地逃避,那么他就不会得到现在这样好的成绩,只能是个"逃兵"。

在实际学习、生活中,总有一部分孩子对学习或某项活动甘心落后,怯于竞争,表现出动摇、胆怯、逃避等消极意志。身为妈妈,要让孩子明白竞争是现代生活中不可或缺的内容,学会竞争是现代人基本的生存能力,要在竞争中体现自我,从竞争中走出精彩人生。

培养男孩的竞争意识

竞争意识是指对外界活动所做出的积极、奋发、不甘落后的心理反应,它是产生竞争行为的前提。在今天,每一个男孩都应该视竞争为常态,不竞争为非常态。家长必须教育男孩面对现实，让他们知道有竞争就会有成功者和失败者，任何试图回避或逃避竞争的做法都是错误的。培养孩子的竞争意识，鼓励孩子参与竞争，对于男孩的健康发展具有重大意义。

人长大都会有一种渴望成功的愿望，有一种超过别人的冲动。这种心理如果运用得好，就可以成为鼓励自己前进的驱动力。因此，生活中，妈妈要树立男孩的拼搏精神和竞争意识，在学习科学文化知识中要不甘落后，敢于脱颖而出；在人生道路上，要敢于冒尖，争当"出头鸟"。不难想象，一个缺乏竞争意识，学习成绩平平，工作不积极的人是很难赢得别人的尊重和好感的。

帮男孩找到竞争的优势

鼓励男孩相信自己有力量和能力去实现所追求的正确目标。相信自我，本身就是一种"自我竞争意识"，连自己都不相信的孩子，根本上失去了和别人竞争的能力，他必然不会朝气蓬勃、乐观向上，甚至干任何事情都体验不到一种"把握感和成功感"。

鼓励男孩建立自信，敢于面对竞争。每个人都不可能是全才，有长处也有短处。能帮助男孩找到自己的优点，帮助男孩建立坚定的自信，这是面对竞争时，合格家长首先要做的。家长要引导孩子挖掘自己的优点，不断强化，使男孩走出自卑的困扰而变得自信起来；帮助孩子发现自身优点和长处，是克服害怕竞争的良方。

一个人的兴趣和才能是多方面的，要注意发挥自己的长处，挖掘自己的潜能，这样就能增加成功的机会，减少挫折。同时，有竞争就会有胜负，即使处于劣势时，也要保持积极进取的态度，而不要通过贬低或破坏对方来获得自己的优势，也不要心生嫉妒或采取不正当的手段，更不要就此一蹶不振。

指导男孩正确地认识竞争

男孩在与人竞争时，往往容易产生一些不好的意识和想法。有些男孩没来由地排斥一切竞争，他们认为竞争没有意义；有些男孩过分追求结果，为了竞争胜利不择手段，例如，考试抄袭等。这都是他们没有正确地认识竞争造成的后果。

妈妈应该经常与男孩沟通，告诉他们有竞争才有进步，才能更好地调动人们工作和生活的积极性，使人们都充分发挥自己的聪明才智，为社会作出贡献。但是不择手段的竞争是不利于社会发展的，而且是害人害己的，这种竞争不值得提倡。

指导男孩正确地与人竞争

一切思想准备都做好了，那就鼓励男孩行动起来，参与到竞争中去。男孩在竞争中才能真正体会到，竞争带给人的激励和鼓舞。妈妈可以鼓励男孩参加一些竞赛活动，例如，数学竞赛、作文竞赛或者其他一些比赛，让男孩在竞赛中学会正确地面对自己和别人。

妈妈还应该指导男孩在与他人竞争中保持宽广的心胸，自己有问题可以向对方请教，也应该认真对待对方向自己提出的问题。

指导男孩坦然面对失败

有竞争就一定会有输赢，妈妈要告诉男孩，胜败乃兵家常事，不要对结果太在意，过程更重于结果。有许多男孩因接受不了失败的结果，而失去继续追求和竞争的勇气。因此，妈妈应该指导男孩，要坦然地面对失败，认识到一次的失败不代表永远的失败，其实在奋斗的过程中已经得到很多了。

当男孩在竞争中失败时，妈妈应该耐心地劝导他们，鼓励他们重新树立竞争的勇气。妈妈可以多陪他们散散心，聊聊天，鼓励他们发泄出心中的抑郁，及时用名人名言来开导，让他们振作起来，重新投入到下一轮的竞争中去。

7.教男孩学会自我保护

生活是美好的,但同时也存在着危险。对于男孩来说,他们一般更好动一些,平时在家里就不老实,更不用说出了家门,他们几乎就像脱了缰的野马,肆意地玩闹,而缺乏自我保护意识。

据有关调查显示,平均每年都有大约两万名14岁以下的孩子非正常死亡,而导致他们非正常死亡的最大原因是交通事故。另外研究人员还发现,大部分的事故发生在家里或者家的周围。因为孩子一回到家里,妈妈就放松了警惕,认为孩子们没有什么危险了。更重要的是,孩子没有相应的自我保护意识,这导致一些事故频繁地发生在家里——这个妈妈认为最安全的地方。其实最安全的方法,是让他们学会自我保护。

舟舟是个上六年级的男孩,他很贪玩,但是妈妈对他非常放心,因为儿子的自我保护能力很强。有一次,舟舟在同学家玩到将近九点才想到回家。同学家离他家不远,但是要穿过一条车流人流比较少的街道。九点的时候这条路上的灯火都已经熄灭了,他一个人走在路上,突然感觉身后有一个黑影闪来闪去,他知道这个人肯定有什么企图,要不然不会这么鬼鬼祟祟的。他迅速使自己冷静下来,分析一下处境,现在离家还有一段距离,跑肯定会让对方追上。他想既然逃不了,那就不逃了。他转过身后,用非常惊喜的口气喊道:"爸爸,你还真快呢!"那个人没有说话。

舟舟装作不好意思地笑了笑说:"不好意思,叔叔,我还以为我爸爸追上我了呢!"那人心里有鬼,支支吾吾地说了点什么,便快步超过了他,逃走了。见那人走远了,舟舟才感觉自己腿都要软了。

自我保护教育是素质教育的基本内容。如果男孩连自己的生命都保护不了,谈什么长大成才呢? 男孩学会自我保护是他们进入社会、适应社会必须学习的一课。

许多妈妈为了让男孩成长在一个安全的环境里,便限制他们走出家门,努力为他们营造一个没有危险的空间,但这是非常有害的一种方法。妈妈的过度保护是男孩缺乏自我保护能力的重要原因。作为妈妈,最重要的是要让男孩学会自己保护自己,毕竟妈妈不可能陪伴男孩一辈子,他们最后还是要走上社会,独自去面对人生中的风雨。

作为家长,我们要想办法教会自己的孩子如何识别危险,以及在发生危险的时候怎样保护自己。

训练男孩喊"救命"的能力

也许有的妈妈感到非常奇怪,喊"救命"还用教吗? 男孩连救命都不会喊吗? 事实上,曾经有个学校开了一堂自我保护的课,许多男孩就不会喊,怕别人笑话。妈妈应该想到,当男孩遇到危险时,如果不能第一时间反应过来,那么他可能就会错失自救的机会。

因此,平时在家里,妈妈就应该训练男孩学会喊"救命",让他们在遇到危险时能够顺利地脱身而出,争取得到最及时的救援。

培养男孩冷静从容的态度

面对危险时失去理智,无疑会让男孩陷入一个更为危险的境地。冷静从容、处变不惊,是男孩自我保护能力的基本前提。如果他们遇到危险时失去了理智,那么平时学到的自我保护技巧就都想不起来,更用不上了。

妈妈应该告诉男孩,要学会隐藏自己的惊慌。遇到危险谁都可能惊慌,但是惊慌只会让犯罪分子得寸进尺。因此,遇到危险时,要不断地在心里对自己说:"一定要冷静下来,想办法。"这种心理暗示能在关键时刻让男孩保持冷静的头脑。

给男孩灌输交通安全意识

据有关调查显示，交通事故是男孩非正常死亡的主要原因之一，这主要是由于缺乏交通安全意识。妈妈主观地认为这没什么好教的，不就是看个红绿灯吗？在这个交通事故频发的今天，妈妈应该重视给男孩灌输交通安全意识。

高军是个四年级的男孩，他平时都是自己走路去上学，放学后自己回家，妈妈对他也很放心，因为他们给孩子讲了许多安全知识。那天，高军和许多人一起在等绿灯过马路，好不容易等来了绿灯，人群迅速地往前涌。

可是高军没有，他依旧仔细地观察着来往的车辆，这是爸爸告诉他的，因为有人可能会违章驾驶闯红灯。这时，果真有一辆车以极快的速度向人行道飞奔，高军马上向后退几步，迅速地保护了自己。事故造成了两死三伤，经调查，事故原因是司机酒后驾车。

妈妈应该告诉男孩，不要在马路上追跑嬉戏，这不仅是违反交通规则的行为，更容易把自己推向危险的边缘。另外，妈妈还应该告诉男孩，即使是绿灯，过马路走人行横道时，也要注意观看来往的车辆，以防意外。

告诉男孩日常自救方法

男孩的主要活动场所是家里和学校，但是家里和学校同样存在着危险。对于家里的电和气的使用等，妈妈应该耐心地跟他们讲，不要试图用禁止他们使用的方法来避免事故。学校里与同学一起游戏时应该注意哪些，妈妈也都应该耐心地给男孩们讲讲。

另外，妈妈还要告诉男孩，遇到各种暴力犯罪时，应该如何保全自己；遇到火灾时应该如何自救；遇到地震时应该怎么逃生等。提前学习这些知识，会让男孩在遇到危险时，能迅速转危为安，顺利地逃生。

第九章

做女强人,也要做好妈妈

1.再忙,也要记得陪伴孩子

对于孩子来说,妈妈的爱是无人能及的。婴幼儿时期,孩子看到妈妈就会感到安全、满足。妈妈的怀抱也是孩子认为最安全、最温暖的地方。即使长大了,孩子对妈妈也会有一种天然的依恋。俗话说"母子连心",说的也是这个道理。有了这种安全感的孩子,才会有信心专注地去探索外面的世界。

妈妈给予孩子深切的爱,以及肉体的亲密接触,是母子间建立基本感情联系的关键。妈妈的眼光、妈妈的声音、妈妈的胸怀以及妈妈的轻抚和拍打,都是母子沟通的桥梁,孩子就是凭借着这种最原始、最基本的情感交流,发展出对整个人类的爱,并建构自身健全的人格基础。

秦月的妈妈平时工作很忙, 需要经常出差, 有时一走就是半个月, 没有多少时间陪孩子。秦月很小的时候, 妈妈一走她就哭, 拽着妈妈不让走。后来妈妈为了怕女儿粘着, 就偷偷地走。每每这样, 小秦月都会哭着找好几天妈妈。

现在秦月7岁了, 有时也会很长时间见不到妈妈, 因此对妈妈有些陌生, 感觉自己像是被妈妈抛弃的孩子, 所以也总是郁郁寡欢。有时看到别的孩子在妈妈身边撒娇时, 她的眼神中满是羡慕。

渐渐地, 秦月不太爱和小朋友们一起玩了, 也不爱说话, 总是一个人坐在一旁静静地待着。即使有时妈妈在家, 她也不愿意去与妈妈亲近。

孩子对妈妈的依恋, 实际是出于一种本能。当一个小生命作为一个个体来到这个世界时, 什么都不会, 要活下去就必须仰仗某些东西, 妈妈的爱就是这个最主要的东西。对孩子来说, 妈妈的怀抱是最温暖、最安全的, 而且妈妈也一定要把这种感觉传递给孩子。孩子有了这样的感觉, 就会有一个稳定的心理基础, 也就不会遇到一点困难就害怕、无助、焦虑, 这样的孩子比较容易适应环境的变化。

相反, 如果孩子没有安全感, 也就很难有幸福感。缺乏安全感的孩子, 通常无法很好地适应和融入社会。

再忙都不要忘记陪孩子

随着生活节奏的加快, 很多妈妈都要工作加班, 可能会非常忙。但妈妈们要记住, 再忙也一定不要忘记抽出时间陪孩子, 要让孩子感觉到妈妈的存在和关爱。妈妈和孩子保持亲密的接触, 是形成孩子良好心理和帮助孩子建立心理安全感的最佳方式。

经常拥抱安慰孩子

有些妈妈过于含蓄, 不知如何表达自己的情感。其实, 给孩子一个温暖的拥抱、一句安慰的话语, 是最能传递妈妈对孩子的爱了。

心理学研究发现,拥抱和安慰孩子是一种良好的亲子沟通方式。每个人都有皮肤饥饿感,孩子如果缺乏拥抱和安慰,就会变得脆弱、情绪烦躁、缺乏安全感、孤独。

所以,妈妈要学会经常拥抱和安慰孩子。一个小小的动作,会让两个人产生很多美好的感情;一句简单的安慰,能给孩子无穷的力量和信心。

不要随便对孩子撒谎

大多数妈妈对孩子撒谎的出发点都是善意的,而且由于妈妈自身也需要承受一些压力,所以有时尽管妈妈明知对孩子撒谎不好,但还是会寻求这种看起来速效的方法来安抚孩子的情绪。

但无论如何,如果妈妈经常用撒谎蒙骗的方法来对待孩子,就会影响孩子健全人格的发展。因为孩子对世界最初的、最基本的信任感主要来自对妈妈教养行为的感知。如果孩子觉得妈妈是可信任的、安全的,那么孩子也容易对外界环境产生安全感和信任感。相反,如果孩子在日常生活中,尤其是在焦虑恐惧的状态下,发现即使是自己最信任的妈妈也会骗自己,那么孩子对世界的基本信任感和安全感也就会相应地受到损害。

对于孩子来说,安全感是其身体、情绪、认知发展的基础。缺乏了安全感,其他的一切都好比空中楼阁,也许看上去很不错,但却不堪一击。要帮助孩子建立安全感,最有效、最直接的办法就是妈妈的陪伴。妈妈不要总以忙为借口,疏于陪伴孩子。要知道,孩子安全感的建立,将直接影响到孩子人格和心理的发育。

2.假日是增进感情的好时机

"和孩子在一起的时光最快乐"——这几乎是所有妈妈的切身体会。但朝九晚五搏杀职场的妈妈们,却往往迫于竞争的压力,无法享受快乐的亲子时间。好不容易等到节假日和休息时间,不少妈妈还因为要加班,或者忙于各种各样的应酬,而不能和孩子在一起。于是,很多妈妈为了补偿孩子,总是等到长假期,对孩子的要求百依百顺,不是拼命买昂贵玩具、贵重用品,就是带孩子去豪华旅游、尽情吃喝玩乐。可这是孩子真正想要的吗?

妈妈是孩子最亲近的人,也是孩子一生中最好的朋友。可由于工作关系,妈妈一年365天里,几乎天天为生计奔波操劳,而孩子们大部分的时间都要上学,妈妈与孩子之间的沟通越来越少,彼此之间的隔阂也越来越大。这无论是对孩子的成长还是亲子关子关系的增进都会造成不良影响。

"千万不要以忙为借口把孩子推给老人,不管多忙,一定要记得和孩子多聊天、多沟通。"这是一次午餐时,隔壁办公室的方玲在总结自己的育儿经验时发出的感慨。她说,在她孩子小的时候,她和丈夫因忙于事业,就把孩子送回了老家。他们给孩子创造了很好的物质条件,却忽视了孩子的情感需求。现在孩子大了,他们也上了年纪,但当他们想和孩子亲近一点的时候,却痛苦地发现:现在和孩子交流很困难,因为孩子根本不愿和他们沟通。

其实在我们身边，这样的妈妈有很多。她们平时工作忙，认为自己没时间照顾孩子、和孩子沟通都是情有可原的。到了假期不是加班，就是忙于应酬，因此她们就拼命给孩子买东西，以物质上的慷慨来表现对孩子的关爱，认为这样可以弥补平时的遗憾，甚至觉得这就是爱孩子的最好方式。这种做法看上去对孩子很好，其实孩子并不喜欢，他们会认为自己在妈妈心中并不重要，妈妈看重的只是钱。

孩子的思想基础是在10岁左右形成的。这一时期是他们思想、行为模式形成的关键时期，因为生理的发育会带来心理的逆反，如果这个时期妈妈对孩子的照顾只停留在物质上，而不能抽出更多时间陪孩子，彼此之间自然就缺乏沟通。时间久了，妈妈与孩子之间就会形成隔阂，不但不利于孩子成长，孩子还会形成逆反心理，那么孩子以后的人生走向会受到影响，甚至会影响孩子的一生。

小薇说自己因为工作忙，很少有时间去陪家人，尤其不知道孩子喜欢什么。一次周末，她决定带着孩子去公园玩儿，孩子在旁边和几个同龄小朋友玩耍，她自己则就坐在旁边的椅子上休息。

小薇无意间低头时，发现地上有好多黑色的"小不点"，仔细一看原来是一群蚂蚁在搬家。只见有的蚂蚁用力衔着卵；有的蚂蚁抬着食物；有的蚂蚁抬着幼虫。还有一只个头比较大的蚂蚁，显然是整个队的头目，神气地走在前面，好像它不是搬运队的头目，而是一个军队的将军一样。这时，只见一只淘气的小蚂蚁因为贪玩儿跑出了搬运队，头目便跑了过去，用自己的触角碰了碰小蚂蚁的触角，那只小蚂蚁似乎知道自己犯错误了，又乖乖地回到了队伍中。看来它们是很有纪律的在搬家，料到可能是要下雨了。就在这时，突然爬过来了一只大青虫，蚂蚁们似乎知道敌人来袭，便派出几只身强体壮的大蚂蚁，开始与大青虫"决斗"，最终，大青虫竟然被蚂蚁咬死，成为蚂蚁的吃食。

小薇说道："从蚂蚁搬家的过程中，我不但认识到团结的力量，更觉得应该让孩子提早感受到这种团结。因为现在独生子女特别多，独生子女最大的弱点就是不懂得配合，不懂得如何与人一起完成任务，总是有自我的一面。因此，在回家的路上，我陷入了思考，决定培养一下孩子融入团队的能力。"

小薇说在第二个周末，正好女儿的同班同学来家里玩儿，她故意将所有的玩具都拿出来，几个孩子玩得不亦乐乎，将玩具放得到处都是，弄得客厅乱七八糟。在他们玩够了之后，小薇要求他们一起将玩具收拾到置物箱中，并且要进行分类。如果谁做得好，就有冰激凌吃。此时，几个孩子便开始分工合作，有的拿布娃娃、有的收拾小动物，最后用了不到二十分钟就将所有的玩具整整齐齐地摆放到了置物箱，当然，几个孩子都得到了冰激凌。

平时工作没有时间，而假日则成了妈妈与孩子交流、增进感情的好时机，妈妈和孩子之间的每一项活动都可能促进或削弱亲子关系。上班族妈妈应该珍惜假日的时间，减少不必要的工作应酬，抓住一切空暇陪伴孩子，加强与孩子的沟通与交流。给孩子讲讲故事，谈谈心，与孩子一起总结一下学习，多听听他们的心里话。聊天的时候，妈妈要多问问孩子在学校的生活，比如有什么好朋友，今天有什么开心或不开心的事，让孩子知道你很关心、支持他。

另外，还要帮孩子排忧解惑，用正确的价值观去影响孩子，帮助他们培养健康的情感，学会不计得失。这样，孩子的委屈、怨恨等不良情绪就不会在心中累积。

要知道，你可以把孩子交给老人或保姆代管，但谁也取代不了妈妈在孩子心目中的地位。职场妈妈们要自我反思一下，看自己是否忽视了孩子的情感需求，是否连假日也不能陪孩子一起度过。同时假日也是孩子们休息、放松、接触自然的大好时光，与平时的紧张学习时间相比，孩子的空闲时间多了，想象的空间也大了。一次户外晚餐，一次郊游，都有助于家庭成员之间的交流和沟通。上班族妈妈应争取一切机会带孩子去增长见识，鼓励孩子发挥想象力，尊重孩子的意见，这样，将有助于增强孩子的自信心和创造力。

其实，陪伴孩子不是非要等到假期，称职的妈妈应该懂得忙里偷闲去陪伴孩子，争取多一点时间用在孩子身上。孩子的成长离不开朋友，而孩子最好的朋友应该是妈妈。如果妈妈能多抽点时间，好好陪伴孩子，你就会发现，你获得的将是意想不到的幸福和满足，与孩子在一起的那份亲情，是任何东西都取代不了的。

3.不做孤独女强人

随着经济的高速发展，随着女性社会地位的提高，女性在事业中所占的比例日渐增大。现在的女性，尤其是职业女性，越来越看重自己的社会地位和社会价值，越来越懂得享受人生。放眼未来，仿佛根本没时间生孩子，很多女性觉得自己还年轻，工作正是拼搏的时候，许多人生计划没实现，还没有好好享受生活，若是早早地生了孩子，会觉得自己还没来得及过精彩的生活，就掉进了奶嘴尿布堆里；好不容易孩子长大一些，自己的梦想却已经全然模糊。但是作为职业女性，你是否想过这样的问题：生孩子不是你什么时候想生就生的，你的身体不是永远都以最佳状态等待你做决定。有一天，当你把目光收回时，会不会又困惑：我已经是高龄产妇了,我还能生个健康的孩子吗？我的精力还能胜任吗？

陈媛在机关单位工作,她老家在外地,在这里举目无亲,一切都要靠自己打拼。当时毕业后,她没有像其他同学那样,投向外企或者出国,而是选择了这家机关单位。凭借自己的能力,工作做得相当出色,也获得了领导和同事的好评。陈媛工作不久,就和大学时的男友走进了婚姻的殿堂,那年她25岁,在机关属于晚婚,可以享受晚婚假等待遇。所以一开始,她放弃了很多休假机会,打算把这些假期攒起来,等到生孩子时一起休。婚后第二年,她就当了妈妈。当时周围的同学和朋友,很多还是独自一人潇潇洒洒,她已成了拖家带口的家庭妇女。当时,很多朋友对陈媛这么早就要孩子非常不理解,有的还嘲笑她,但是陈媛有自己的打算。

陈媛说,她算上婚假、晚婚假、产假,以及平时积累下的调休什么的,一共休了将近6个月的假。后来,重返工作岗位后,婆婆帮着带了一段时间孩子。她就利用这段时间,报考了本地某大学的人力资源专业的在职研究生。回到单位上班,她一直坚持利用业余时间把研究生读了下来。孩子虽小,但是有老人帮忙,一切都不用操心。这期间,陈媛还参加了单位许多工作的组织策划以及国际会议的接待工作,不仅英语水平有了很大的提高,而且协调能力、交际能力都有不同程度的提高。工作4年之后,陈媛的付出得到了回报,她如愿以偿拿到了中级职称,也取得了硕士学位,这时孩子也到了上幼儿园的年龄。

读研究生时的一位同学向陈媛推荐了一家外资公司,她去面试时,外方经理对她流利的外语、温和的态度、4年的工作经历、对口的学历以及现在没有负担的家庭状况尤为满意。没过多久,陈媛就被这家外企录取了,到这家不错的独资公司的人力资源部任中层职务。陈媛说,那个时候,很多看到她现在情况的同学都非常羡慕。因为她的同学里,许多毕业之后有的直接去了外企,由于没有工作经验,只能从底层做起,现在也只是做到中层。但是外企的压力，使得他们顾不上成家、不敢要孩子，怕失去现在的职位。这样一来，越发不敢成家和生孩子了，而且现在竞争这么激烈，想抽出时间去学习，却因为心浮气躁，不能踏实地坐下来。年龄越来越大，虽然收入高，但是失去的也很多。

不可否认，对于职业女性来说，要不要生孩子？什么时候生孩子？生了孩子怎么带？工作怎么办？这些都是摆在她们面前的首要问题。但是问题都有解决的办法，我们常说办法总比问题多，关键是我们要用科学的态度，面对工作和孩子的问题。因此，你必须有所了解，有所计划，然后选择。

怎么样才能处理好事业和家庭的关系，是所有职业女性不能不去面对的难题。这个问题如果处理好了，将会使职业女性事业发达，身心愉悦。如果处理不好，就有可能成为羁绊职业女性走向成功的枷锁。

在我国，由于传统观念的影响和家务劳动的社会化水平不高，职业女性不得不面临来自于工作和家庭的双重压力和挑战。正如有的女性所感慨的：我们是背着孩子、老人和厨房，与我们的男性同事站在同一条职业起跑线上。

现代社会的职业女性总是会不由自主地以男性为参照来决定自我的行为方式。初入职场的职业女性常常与男性一样像高速飞驰的列车一般，在职场上疲于奔命，忘我地工作。当她们的事业发展到一定阶段，不再具有向上晋升的机会时，她们就会对工作的前景缺乏信心，想要拥有同其他女性相同的家庭生活，然而她们已经错过了恋爱和结婚的最佳时期。"渴望成功"的她们常常不知道该何去何从，如何抉择。

这也使得一些职业女性在他人的前车之鉴下，对婚姻望而却步，把事业成功和家庭生活完全对立起来，选择独身自处。还有一些职业女性在过大的工作压力下对生活和家庭产生不满情绪，并不自觉地将这种情绪带入工作中,从而影响到她们的工作效率,如此的恶性循环,使她们在失败的道路上越陷越深。

首先,职业女性要调整和完善自我。

许多职业女性在外面发号施令、勇于奉献,回到家,对孩子和爱人常常不是有一种"委屈感"就是有一种"负罪感",如果不能及时调整好心态,就会使家庭气氛变得紧张和压抑。

其次,职业女性要学会及时转换角色,避免"角色固着"。

所谓"角色固着"就是沉溺于某个角色之中,不能及时转化到其他的角色中去。职业女性要善于区分工作和家庭角色的不同要求,在家庭中要学会以柔制刚,及时沟通,谋求家人对自己工作的支持和理解。

第三,坚信女性可以做到家庭与事业的平衡。

不要在观念上放弃——你认为做不到,你就真的做不到。作为女性,尤其是已婚女性,往往承担着比男性更多的家庭责任,职业女性除了承受职场压力外,还要承受家庭压力。但是,如果积极努力,这些问题都可以得到解决。

第四,职业女性可以通过有效的职业生涯设计帮助自己处理好事业与家庭的矛盾。

例如,夫妻双方可以通过合理的设计,在人生的不同阶段对家庭投入不同的精力和承担不同的责任,每个人都可以在职业的冲刺阶段和巅峰阶段得到更多来自对方的支持和理解。这种双职业生涯的设计可以使家庭成员的整体绩效实现最优化。

第五,通过沟通获取理解和支持。

家庭与事业的平衡不仅仅是女性的事情。过去,由于性别分工差异,"男主外女主内"的思想在人们心中根深蒂固,女性更多地承担着家庭的事务。今天,越来越多的女性走向职场,但人们认为女性应该承担更多家庭责任的观念并没有发生变化,仍有很多男人抱有"大男子主义"倾向。

如果职场女性想取得家庭与事业的平衡，两方面都不耽误，就必须得到另一半的理解和支持，双方都要有"家庭与事业平衡"的意识和行为。虽然夫妻双方都有事业，但是两个人应该多沟通，获取对方理解和支持，统筹安排，把家庭的事情和两个人的工作规划协调好。两个人并不是任何时候都同时在忙工作，可以在自己工作不忙的时间里，多帮对方承担一些。这样才能在自己工作忙的时候，得到对方更多的支持。

女性要积极争取另一半的帮助，采取沟通协商的办法，而不是超出自己能力去承担家务，然后向另一半抱怨发泄。只有双方共同努力，才可能做好家庭与事业的平衡。

第六，寻求你的社会支持系统。

当然，很多时候夫妻双方都忙于工作，而没有太多的精力顾及家庭；或者因为家庭的事情而带来工作中的失误。其实，两种情况下，我们都可以通过寻求你的社会支持系统来把家庭或工作中的事情做得很好。

（1）家庭支持：家庭支持主要来源于家人、亲戚的支持。作为有知识、有思想的女性，可以尽可能把家庭的事情做一个战略规划。工作忙，可以只抓家庭的管理工作，而把事务性的工作交给父母或者有时间的亲戚帮忙打理。

（2）朋友、同事、陌生人支持：传统的人际关系，总是在告诉你如何与人保持距离，警告你千万不要发展职场友谊。而今天的职场重视团队合作，强调沟通、协调、协作的意识和能力。因此，相信工作中的团队是有感情的，大家不仅共同完成工作，同时，会带给你工作之外的帮助和支持。很多人以为只要自己闷头苦干，一切就会水到渠成；觉得自己的工作就得自己完成，不好意思请别人帮助。其实，只要你开口，你就会发现很多人是愿意帮助你的，有的时候即使是陌生人也如此。

第七，提高工作和家庭角色的效率。

女性的职场痛苦有的时候来自不能陪着孩子并照顾他们。这个问题可以从两方面来看待:首先,不要过度地照顾孩子,剥夺他成长的机会。女性在家庭中扮演妈妈角色时,不要认为孩子的什么事情都需要你的帮助。相反,给孩子一些空间,让他们有机会自己处理事情,反而能培养他们更强的能力。

4.不发脾气,职业妈妈对话策略

上班像打仗、回家像陀螺的职业妇女,经常觉得自己像蜡烛两头烧。下班后从料理晚餐洗衣打扫,忙到打点顽皮鬼洗澡做功课,好不容易喘口气,把小孩送上床,夜深人静之际却又开始陷入自我厌恶的情绪:"唉,刚刚又发脾气了!"然后再度陷入发微博告解、自我疗愈的无奈循环……

"上班族妈妈,应该认识到自己所拥有的优势角色,"在日本,以开发各式学习方法著称的松永畅史提醒职业女性,"工作再怎么忙,都请把握养儿育女的这十五年宝贵时光。"

观察让上班族妈妈抓狂的痛点,大多不出"功课乱糟糟"与"家务忙不完"两大类。先来两道情境题:

情境一:功课不如意,成绩不理想。尤其是当孩子拿着一张六十分的考卷要你签名时,你会怎么做?

情境二:家务做不完,陪孩子时间很有限。当孩子跟你抱怨"不喜欢妈妈这么忙碌""比较想吃妈妈煮的东西"时,你会怎么回答?

松永畅史提醒各位家长,在要求孩子"用功读书"前,家长千万不能忘记:养儿育女的首要目标,应该放在培养孩子的"自主性""持续成长的动力"以及"有能力掌握自己喜欢做的事情"。一旦厘清了教养目标，才比较可能"冷静"地看待考卷。

以情境一为例，他指出若家长第一反应是："什么？才考六十分？我不是叫你要好好用功吗？"像这样一看到考卷分数就大吼大叫的，其实是最糟糕的处理方式，因为下次如果再考六十分时，孩子就更不愿意把考卷拿出来了。"孩子之所以不敢把考卷拿出来，大多是因为家长看到考卷后，不是发出惊讶就是叹气的声音。"松永畅史直指核心。因此，他建议家长最好慢慢练就"在第一时间不要有任何反应"的本事，先淡淡地跟孩子说："先把考卷搁在那边吧！"一如往常继续做家务、吃晚餐，过段时间再冷静地看考卷，并且一定要把重点放在"写错"与"不懂"的地方，而不是在分数上打转。

考卷与作业中，总是隐藏了许多家长必须知道的讯息，协助孩子找出常出错的地方与出错的原因，才是比分数更重要的事。像"为什么你老是犯同样的错误呢？""你答错了三题真是可惜，差一点就能得到满分！"的回应并没太大意义；更好的方式是指出经常出错的地方，如："为什么遇到除法的题目，总是会算错呢？""整个问题你都看得懂，也知道要用哪个公式。既然如此为什么还会计算错误呢？""你这个地方看错了。我画红线的地方你再看一次。"透过这样的问句与指示，把对话的过程引导到"答错的理由上"。

他甚至建议家长，可请孩子"在错误的答案旁边，用红笔写下答错的理由"，如说明"最后的步骤应该要用加号来算，我却用减号算，所以错了"等当时造成写错的原因。松永畅史的经验是，对于不想持续书写出错理由的孩子，用这个绝招往往能有效降低他重蹈覆辙的几率，也能养成孩子重新再做一遍、再看一次的习惯。

被戏称为"小学生三宝"的评量、自修、测验卷，是不少妈妈在学期初就买好的"必备品"。松永畅史建议，买了自修后，应先与孩子一起浏览，解释使用的目的与方法,让他了解"只要使用自修练习,可以帮助课业进步",避免产生"被莫名其妙逼着做"的厌恶感。他也认为,要求孩子当天做的自修,一定要当天对答案。如果孩子回答:"今天的部分还没有做。"记得不要冲口而出:"什么?你不是答应我要做的吗?为什么没有做到呢?"比较好的回应方式为:"还没做啊?那趁我在煮饭时(或写完学校功课后),你要做喔!"

身为母亲,通常会有一种"使命必达"的心态。但松永畅史观察许多妈妈,尤其是工作既认真又干练的职业妇女,很容易因双重压力而让精神状态愈来愈糟糕。

对母亲而言,虽然家务一定得收拾整理,但也不能披头散发去上班,他语重心长地提醒各位妈妈,面对当前的众多家务、公事,不妨先思考:"这件事情,一定非得要现在处理不可吗?"尤其是对一些到了晚上还做不完的家务,他建议上班族妈妈不妨暂搁一旁,先陪孩子,"如果这样能让自己和孩子都感到心情愉快,那么把家务往后挪,也未尝不是件坏事!"

当然,妈妈在每天忙得不可开交却仍得设法撑下去的陀螺生活中,除了调整家务、公事与亲子相处的先后缓急外,更好的方式是把孩子、老公一起拉入"家务圈"。尤其是孩子刚出生不久的这段"黄金期",他建议妈妈尽量多利用这段时间,鼓励先生分担家务。

松永畅史认识一对医师夫妇,先生从小到大只会念书,到二十八岁结婚前几乎不曾做过任何家务。但两个孩子相继出生后,太太并没有辞掉工作,后来竟然累倒了。先生看不下去,便开始帮忙打扫、折衣服。"说来似乎有点好笑,不过刚开始他对于帮太太折内裤这件事,还很抗拒呢!"他转述这位医师老公的心境。第三个孩子出生后情况更糟,当太太正在喂最小的孩子喝奶时,其他孩子就得先饿着肚子等妈妈做饭。由于先生自己也饿了，于是开始利用冰箱的现成食材自己下厨，等太太喂完奶、哄完小孩睡觉，两人再一起用餐。

"谢谢！多亏有你帮忙！"当时医师太太的这句话，让老公觉得非常窝心。于是从那时起，这位医师老公便经常下厨做饭，如今也固定每星期煮两天晚饭。"我认为职业妇女育儿成功的关键之一，就是让先生一起帮忙做家务。"松永畅史观察先生参与家务的家庭，夫妻间会有更多话题可聊，而且因为先生对于家庭的经营管理有付出，也比较勇于说出自己的意见。

除了老公外，当孩子抱怨"不喜欢妈妈这么忙碌""比较想吃妈妈自己煮的东西"，如同情境二的状况发生时，松永也提醒上班族妈妈，最好别在孩子面前说"没办法"。以他多年观察孩子的经验来看，这是个隐含"放弃"意味的语句，对父母或对孩子来说都是不幸的开始。因为，父母或孩子很容易在不知不觉中养成不愿努力尝试的习惯。因此，他建议不妨换句话说，像"这样啊！"或坦然面对孩子的情绪："不好意思啊！没有时间好好做一餐饭给你吃。"也可以这样告诉孩子："妈妈也很想把家里的事情做好，但是工作很忙，不过我会尽量去做就是了。"

当然，更好的对策是邀请孩子一起参与。譬如跟孩子说："我一个人忙不过来，你可以来帮妈妈的忙吗？这样我就会轻松许多喔！"若孩子愿意，可以分派一些简单的家务，如收拾碗盘，这样不仅妈妈省事，对孩子而言也是难得的经验。

5.走出愧疚情结,不要试图做完美妈妈

为了给孩子更好的生活,为了自己的人生规划……出于种种原因,很多妈妈在休完产假,或者是等孩子稍微大点之后,重新做起了上班族。

上班族妈妈自然比不得御宅族妈妈自在,更比不得全职妈妈轻闲。虽然每个月有钞票准时入账,但为此牺牲了大把大把与孩子在一起的时间。好多妈妈自上班第一天起,就有了一种"愧疚情结",此情结类似咖啡,醇香提神,又有点苦涩。喝下去,短时间内精力充沛,大大提高工作效率,可是时间长了,就难以戒掉。

妈妈的愧疚情结是可以理解的,毕竟,那么可爱的宝贝,他小小的心里总是装着妈妈,而妈妈好像很狠心的样子,把他托付给保姆或者是爷爷奶奶,因此无论如何,心里也会感到有点沉重。尤其是每天早上要出门上班时,孩子舍不得让妈妈走,看着孩子仰着一脸泪水的小脸,眼神里是"妈妈别走"的渴求,妈妈的心恐怕都要碎了。这时候,是妈妈觉得最愧对孩子的时候。如果妈妈的工作需要加班,回家晚,或者需要出差,好些日子才能见到孩子,妈妈的愧疚感会更深!可是因为生活,立即辞掉工作,做一个全职妈妈,似乎也不太现实。

"愧疚情结"会使妈妈变得敏感、自责。在教育孩子的问题上,稍有大意,便念念不忘。比如忘了及时给孩子热奶,买零食;由于一时疏忽,孩子碰到了桌角;等等。妈妈便觉得对不住孩子。其实妈妈在孩子面前表现得越愧疚,越想弥补对孩子的爱,孩子就会越任性,越依赖妈妈,久久不能独立。

因此,妈妈要学会收起这种内心的挣扎,别太苛求做一个完美妈妈。

每当有"愧疚感"袭来时,你可以尝试这样做:

(1)找出自己外出工作的原因,先确认选择的正确性

你要明白到底是什么原因,让你告别全职妈妈再次踏入职场。这些因素可能是热爱工作、需要经济来源、想发展属于自己的事业、想为孩子树立一个好榜样、个性上不适合做全职妈妈……只有确认你当初的选择是正确的,你才会为自己找到开心工作的理由。

(2)别钻牛角尖,换个角度看事情

妈妈别总是按照一种思维来想事情,钻牛角尖,否则,你内心愧疚满满,"对不住孩子"的情感就会像恶魔一样盘旋在你的脑子里。你其实可以这样想:"我在家的话,肯定总是看着孩子,这也要管,那也要管,反而让孩子不自由,有压力。而我踏踏实实上班,倒也是件好事情,距离产生美嘛。还有,专职带孩子又累又没有效率,我上班,也是趁机喘口气,下了班反而更珍惜陪伴孩子的机会。这样看来,上班倒是件好事情!"

(3)妈妈自己要有主见,莫听他人七嘴八舌

谁家都难免被人议论,或者很不幸,你的邻居是个长舌妇,这些人可能会说:"你看看她,为了工作,连孩子都快不管了,多没责任感啊!"听到这些,你心里肯定不舒服。不过何必计较呢?倒不如把生气的时间用来和孩子聊聊天呢。

(4)拒做"长假妈妈"和"物质妈妈"

"我太忙"是很多职场妈妈的口头禅。由于"忙",她们几乎很少在家做饭,每天还得加班,应酬客户,往往回到家已经是晚上十点多了。她们是典型的"出得了厅堂,入不了厨房。"平日里,她们根本就挤不出时间来照顾孩子,于是把孩子送到娘家、婆家,还有更"心狠"的,把孩子放进寄宿学校,直接交给老师了事。

其实,妈妈之所以这么忙,也是为了孩子,想好好工作多挣钱,让孩子过上更好的生活。可是这样一来,妈妈就成了"长假妈妈",孩子只有周

末才能看到妈妈,其余的时候,只能眼巴巴羡慕别的孩子有爸爸妈妈陪在身边。

当然,天下的妈妈没有不爱孩子的,与孩子聚少离多,妈妈们自然心里难受,觉得自己没有好好尽母亲的责任,怎么办?多数上班妈妈会选择在当"长假妈妈"的同时,做一个"物质妈妈",即孩子要什么,只要妈妈能用钱买到的,统统不是问题。

朵朵妈妈就是这样的。她和丈夫的工作都是销售,经常需要出差,晚上的时间也多花在应酬上,所以他们只能把朵朵放到爷爷奶奶家里,周末的时候再把朵朵接回自己身边。

一到了周末这两天,朵朵的妈妈摇身一变,成了专职妈妈,她倾尽全力,帮朵朵洗澡、陪她游戏,给她买各种各样的东西,芭比娃娃、花园宝宝、《不一样的卡梅拉》系列读物、购物广告上的各种小零食……她只不过想用这短短的两天来弥补不在孩子身边的遗憾。

不过,相比爸爸妈妈,朵朵更愿意和爷爷奶奶在一起。四岁的她,虽然渴望像别的小孩子那样,和爸爸妈妈在一起,可是一见到爸爸妈妈,一种生疏感便油然而生。

朵朵妈妈看得出来女儿并不喜欢她,对她一点儿也不满意。一天,她向同事抱怨孩子不爱她。同事颇有同感,也说出了自己的故事:

你们上海人还好了,你也知道,我和跳跳他爸都是外地人,更不容易,孩子六个月大时,我们把他送回了湖北老家。我们每年过年才回家,和儿子在一起的时间,也就是年假那几天。儿子总是躲到爷爷奶奶的身后用陌生的眼光看着我,甚至连"爸爸""妈妈"都不肯叫,晚上也不让我和他爸哄他入睡。几天之后,他好不容易和我们熟悉了,但我们马上又要踏上南行的列车。爷爷奶奶一些不好的生活习惯也影响了儿子,随地吐痰、衣着邋遢等,我真担心。我们心里不好受,经常在这里买各种名牌的衣服、鞋子、玩具，给儿子寄回去，听他爷爷奶奶说，他收到东西很高兴，只有这时候，我们才觉得能给孩子带来些快乐。

不可否认，"长假妈妈"和"物质妈妈"们有迫不得已的苦衷，她们希望能通过自己奋斗，让孩子过上更好的生活。但过度以物质的方式来代替爱的补偿，显然不是一种好方法。孩子们会认为，父母最看重的是钱，不是自己。与此同时，他们也会不自觉地把物质看做是至高无上的。并且0~6岁是孩子正常依恋心理产生的时期，妈妈如果很少与孩子接触，那么孩子这种依恋心理就会缺失，容易出现多动、孤独症等心理疾病，等父母发现为时已晚。

难道妈妈的忙碌和孩子对母爱的需求，这两者之间的矛盾就不可调和？其实并不是。

(5)把满足孩子的情感需求放在第一位

现在的一些孩子比我们小的时候冷漠、残酷。为什么呢？因为我们太忙了，忙于打拼，忙于开拓事业，所以，给他们的关爱就少了许多，他们在成长过程中情感开始变得冷漠。孩子的错都是父母的错，这点一定要注意。

如果妈妈工作真的很忙，在不能陪伴孩子的时候最好先跟孩子讲明，你不妨告诉孩子："妈妈真的好想陪你一起做游戏，一起读书，一起散步，可妈妈有非常重要的事情要做，等妈妈忙完后，咱们一起去玩好吗？"

最好不要用物质来作为爱的补偿，你可以通过电话或是录音的方式跟孩子沟通，告诉孩子自己现在正在忙些什么事情，要让孩子知道无论何时，妈妈都在惦记着他。哪怕他睡着了，第二天也要告诉他，妈妈看你睡得好熟就没打扰，但妈妈真的很爱你。

6.换个角度,工作和"孩奴"都快乐

　　年轻的80后小夫妻继"房奴""卡奴""车奴"之后,又以龙卷风似的速度,沦为"孩奴"和"上班奴"。上班族妈妈真的很恐慌,眼瞅着自己还未脱离 "幼稚的孩子", 可是瘦削的肩膀上已经压下来千斤重担。身背众多"奴",疲于奔命。不敢失业,不敢生病,不敢辞职,不敢出去旅游,不敢胡乱花钱……

　　一部曾经热播的电视剧中,主人公说:"每天一睁开眼,就有一串数字蹦出脑海:房贷六千,吃穿用度两千五,孩子上幼儿园一千五,人情往来六百,交通费五百八,物业管理费三四百,手机费两百五,还有煤气水电费两百。也就是说,从我苏醒的第一个呼吸起,我每天要至少进账四百,至少。这就是我活在这个城市的成本。"

　　"我现在的这个阶段,叫做疲于奔命!"一个上班族妈妈叹息说。她一大清早起床,要给孩子冲奶粉、洗刷奶瓶、洗尿布、洗衣服、做饭,在忙完这一系列的事情之后,她匆匆赶地铁,要在这个"罐头瓶"里待一个小时,严重缺氧的状态下,匆匆迈进公司大门。然后一刻也不敢休息,神速投入工作状态中,一天下来,筋疲力尽。回到家中,又是一阵忙乱,晚上十点,孩子入睡,可她不能睡,要看书,要充电,就为了保住工作。什么梦想,什么希望,什么意义,全都被活生生的现实剥掉了一层皮。

　　这位上班族妈妈的状态还算正常,还有的上班族妈妈因为作为"孩奴"压力太大,承受不了,得了抑郁症。她满脑子都是"孩奴"的标签,她恐惧未来,恐惧未老先衰,虽然每天拼命挣钱养孩子,但却抑郁寡欢,状况实在不佳。

一个孩子对小伙伴说："我不快乐，我没有高兴的事。"这句话落入正在阳台晾衣服的妈妈耳中，她不由得打了个寒战。

之前，曾经的闺蜜对她说："你家孩子为什么看上去总是闷闷不乐的？是不是你工作太忙，忽略了他？"当时这位妈妈只是一笑了之，心想，小孩子家哪懂什么快乐不快乐的。家里堆积如山的野战玩具、电脑、游戏机、名牌衣服，他还是麦当劳、肯德基的小常客……如果这些还不叫快乐，那什么才叫快乐？

而今，她听到孩子的话，心里怎么也无法平静下来。她向在外地出差的丈夫抱怨："我一个人既要上班，又要照顾孩子，好苦。你总是帮不上忙，你知道今天孩子说什么了吗？"接着这位妈妈把孩子的话叙述给丈夫听。丈夫听了，却笑着说："我怎么倒觉得我儿子的话这么耳熟呢？好像从哪听过。"这位妈妈突然反应过来，这不就是自己一贯的口头禅吗？她总是习惯向朋友、家人抱怨生活太苦，上班太累，孩子太令人操心……

原来是自己不经意间把不快乐的心情传染给了孩子，一个整日不高兴的母亲，怎么会培养出一个有幸福感的孩子！

事实就是如此，妈妈的负面情绪直接影响孩子的情绪健康。一位快要做妈妈的女人害怕孩子出生，她说："你们不知道，一个活得不快乐的父母，会带给孩子多大压力！我就是看着爸爸妈妈愁眉苦脸长大的，我一直活在不快乐中，你们知道我有多害怕做妈妈？"而已经做了妈妈的，则对自己的妈妈充满感谢："因为我看到的永远是一位快快乐乐、在追求自己生活目标的妈妈，所以我也一直对生活、对一切充满信心。"

妈妈是影响家庭快乐幸福的主要人物，只有快乐的妈妈，才能造就出快乐的孩子，才能让孩子感受到被幸福满满地包围。话又说回来，要想让孩子快乐,妈妈自己首先就要做一个快乐的人。

做"孩奴"的确会让上班族妈妈们失去一些东西,但是孩子也给妈妈们带来了意想不到的快乐。因此,上班族妈妈们何不将心态修葺一番,好好感受当下的快乐呢?

上班族妈妈完全可以换种心态来生活,养育孩子与好好工作并不矛盾,孩子是动力,是奋斗的意义。看着孩子从呱呱落地,到第一次开口叫你"妈妈",妈妈见证着他的点滴成长,这是件多么幸福的事。自己为了孩子,努力工作,打拼生活,这又是何等的惬意。事实上,你哪里还有时间去抱怨呢,每天的日子虽然平淡,但却裹着甜甜的味道,你总要细细品味。仔细想想,在没有孩子之前,你是怎样的一种生活状态,可能有大把的时间和金钱去挥霍青春,可能没什么压力,但你也动力不足啊!而有了孩子之后,你不也更懂得奋斗的意义了吗?还是好好享受这种为孩子打拼的感觉吧!

孩子就是福星,他会在逼着你奋斗的同时,让你学会经营人生。有了孩子,自然感觉经济压力大,你感慨"不敢失业,不敢生病,不敢辞职,不敢出去旅游,不敢胡乱挥霍……"这也是件好事,你没发现吗?因为不敢生病,所以你注重锻炼,吃绿色环保食物,体质变好;因为不敢辞职,所以你努力工作,逼着自己去挑战,去奋斗,因此得到提拔,得到更多机会;因为不敢出去旅游,不敢胡乱挥霍,所以你学会了储蓄,学会了理财,更学会挣钱了。这些是孩子带给你的礼物!

7.培养孩子的人际交往能力

我们遇到过那种人见人爱的小孩,也见过惹人生气的小孩。有的孩子在你还没有开口之前,就已经领会了你的用意,这样的孩子被认为是冰雪聪明的;有的孩子比较被动,有问才有答,但是有问必答,虽然有点羞怯,也不乏令人怜爱的气质;但是,有的孩子就完全不能或者不愿意配合他人,就像是封闭在自己世界中的小动物,处处提防,充满攻击性。很多人将这样的区别归结为天性,就像双胞胎中有静如处子的,也有动如脱兔的。但事实上,这些不同的反应都在一个框架里,反映的是孩子的同一种能力,即人际交往智能。

人际交往是每个人必须要面对的现实。哈佛大学发展心理学家霍华德·加德纳指出,在社会活动中,人际交往智能的核心是留意他人差别的能力,特别是观察他人的情绪、性格、动机、意向的能力。人际交往智能使人能够了解他人,更好地与他人一起工作。这些属于非智力因素,取决于后天的培养与开发。孩子从一出生就开始了与他人的交往,随着年龄的发展,他们与人交往的意识不断增强,交往策略也不断丰富。

父母在儿童早期成长的过程中所进行的精心培养,将促进孩子在人际交往方面有良好的发展,对儿童将来走向社会、进行学习和工作打下坚实的基础。母亲在培养孩子与人相处的能力方面,发挥的影响尤为重大。

孩子从一出生,母亲就与他有亲密的接触,孩子最初的触摸记忆和声音记忆都来自母亲,母亲是与孩子的身体和心灵靠得最近的人。等孩子长大以后,其他的孩子是否接纳他,关键在于他怎样去接纳别人、适应社会,而这种接纳他人的能力也是从模仿母亲开始的。一般来说,一个热情的孩子往往有一位温柔慈爱的母亲；一个性格古怪的孩子，其母亲的性格往往也比较古怪；没有母亲的孩子，更容易走上冷漠的极端。

当孩子做错事情的时候，往往是母亲给他安慰和鼓励；孩子在学校里发生了不愉快的事情，母亲也会耐心地倾听并关注孩子的情感。所有这些对母亲和孩子来说，似乎都是理所当然的事情。如果一位母亲可以做到善意地倾听，让孩子体会到被尊重、被珍视的快乐，孩子也就会模仿母亲的口气和神态，去分享他人的喜悲，这样的人很容易就能交到朋友。

另外，孩子在与人相处的时候是否心态自如，也与他和母亲相处时候的心态有很大关系。能够与母亲随时进行有效沟通、交流感情的人，从小会在表达和感情上比较明确、稳定，这也是决定他能否与他人自如交流的关键。

罗恩的妈妈是一个慈善活动家，她关照社区的孩子和老人的生活，并且常常带着罗恩参加各种活动。妈妈常常给罗恩讲教义，告诫他要做一个诚实、勇敢、富有同情心的人。虽然妈妈的要求都是正确的，但妈妈因为事务繁忙，常常以命令的语气与罗恩交流，她不能容忍孩子有一点点异议，否则就会歇斯底里地痛哭，在孩子面前表现出受伤者的样子。

妈妈的反应让罗恩不敢有一点反抗意识，他也不愿意和父亲交流。罗恩的同学们常常取笑他是一个古板的基督徒，毫无生趣。罗恩甚至连看自己喜欢的女孩子的勇气都没有。

很明显，罗恩已经在人际交往上出现了一些障碍，而这不得不归咎于他母亲错误的教导方式。结交朋友是孩子人生中的重要内容，要求孩子做到最基本的交往原则，母亲们首先应该看看自己能否做到耐心、倾听、及时回馈、赞美，等等。具体来说，首先让孩子在家庭中学会沟通，在沟通中学会理解；其次，要尽量支持孩子与同龄人交往，如果孩子有成年人朋友，也千万不要过于担心，不妨看成是孩子社交能力的证明。

第十章

懂得幸福的妈妈,缔造幸福的孩子

1.幸福是给孩子最重要的礼物

教育家苏霍姆林斯基有一个含义深远的教育思想:把每个学生培养成幸福的人。他说,教学大纲、教科书规定了给予学生的各种知识,但是没有规定给予学生最重要的一样东西,这就是幸福。作为关爱孩子的妈妈,我们要在家庭教育中弥补学校教育带来的不足,妈妈要为孩子提供一个幸福的源泉,让每个孩子都拥有一个快乐的童年。

孩提时代,理应是一个充满梦想和快乐的时代。所以,作为妈妈,一个很重要的任务就是让孩子不断地感受幸福和快乐。

然而遗憾的是,在现实生活中我们却常常看到这样的情景:孩子在楼下玩耍,妈妈在旁边使劲催促:"好啦,疯玩什么,快点回去做作业。"晚上,看着孩子在灯下熬夜做作业的辛苦样子,妈妈就说:"孩子,好样的，'吃得苦中苦，方为人上人'。"其实，这是一种非常不健康的心态。因为持这种心态的妈妈大多认为：童年是不重要的，快乐是不重要的。其实他们错了，让孩子学业有成、事业成功并非家庭教育的最大目标。成功，并不等于幸福、快乐。排在成功前面的，还有个更大的目标，那就是"让孩子感觉快乐"。这是家庭教育的最高境界，也是我们为人的最高境界。

在让孩子感受到幸福和快乐的过程中，妈妈的人生态度对孩子的影响是巨大的。消极的妈妈，会影响孩子看事情的角度，一个带有灰色的"视野"的孩子，就算成功了，也不能体会到快乐，这是多大的悲哀。

金融危机让很多人一夜之间失业了。有这样一个母亲，她在得知自己失业后，心情沉重地回到家。这时，6岁的儿子正在家里飞跑。"开飞机咯……呜呜……"孩子完全沉浸在自己的世界里，没有注意到妈妈回家的神色。

妈妈耐着性子叫着孩子的名字，足足喊了十几遍，慢慢地，孩子感觉到妈妈的神情不对。

"最近公司遇到了问题，有一部分员工要失业，妈妈名列其中。这就意味着，妈妈没有工作了，不在原来的公司上班。所以，妈妈这段时间也不能给你买各种东西了，你也就体谅一下妈妈，不要找妈妈要，好吗？以前的玩具，要知道心疼。弄坏了，就暂时没有新的了。"

孩子停下来，静静地听着妈妈把话说完。"妈妈，不要紧，你现在没有工作了，还可以再去找。万一不行，我们就去买一个箱子，在街上卖冰糕。你在前面推车，我就在后面喊：卖冰糕啦……卖冰糕啦……"妈妈被孩子的模仿声弄笑了，搂着孩子，觉得自己很幸福。

故事中的妈妈无疑是明智的，当她知道自己失业的消息后，并没有失声痛哭,而是心平气和地告诉孩子现在的状况,让孩子感觉到妈妈只是暂时没有工作,而不是走上绝路,从而也就不会感觉到失业是一件很恐怖的事情,自然会想出另谋出路的办法。这就是妈妈传达给孩子的一种积极快乐的心态,让孩子明白了生活中没有过不去的坎,尽管生活中有风也有雨,但是快乐和幸福是生活的永恒主题。

妈妈需要明白,我们最应该给予孩子的礼物就是"幸福"。那么,怎样才能让孩子感受到幸福呢?

首先,让孩子有机会享受"不受限制"的快乐。在家里,妈妈好不容易把屋子收拾得干干净净的,而且周围的邻居又喜欢安静。孩子一旦开始喊叫、跳跃,妈妈便会想办法制止,孩子只好越来越乖了。表面上,是妈妈管教有方,但由此带来的,是孩子的热情和活力在一点点丧失,孩子的心灵也感受到了压抑。想想看,孩子毕竟是孩子,他们需要带着童真的想象力尽情地玩耍,需要有时间去打雪仗、看蚂蚁搬家——这些按照孩子自己的步伐去探索世界的活动,能给他们带来真正的快乐。有些事情大人觉得没意思,孩子却很喜欢,大人认为孩子会喜欢的东西,孩子得到了却并不高兴。有的父母给孩子买很贵的玩具,孩子却宁愿玩水、玩泥巴、捉迷藏、过家家。所以,我们不要总把自己的好恶强加给孩子,要让孩子做他们喜欢做的事情,这样他们才能在快乐的玩耍中感受到幸福。

一个幸福的孩子应该懂得调整心理状态。妈妈要使孩子明白,有些人一生快乐,其秘诀在于具有适应力很强的心理状态,这使他们很快地从失望中振作起来。在孩子受到挫折时,可以告诉他前途总是光明的,使他在恢复快乐心情的环境中寻找安慰,幸福的感受就会多一些。

其次保持家庭生活的美满和谐。家庭和睦,也是培养孩子感受幸福的一个主要因素。有关资料表明,在和睦家庭中成长起来的孩子,比在不幸家庭成长起来的孩子成年后要幸福得多。

2.把快乐传达给孩子

女人天生注重表达情感和想法的特质，让母亲更易于夸奖孩子、关注孩子情绪的变化、在意孩子心情是否愉快等，并且会把这种快乐的心态传达给孩子。

观察一下你身边，就可以发现，那些阳光自信、充满乐观情绪的孩子们，几乎无一例外地都拥有一位极其疼爱他们、并乐于赞美的母亲。父亲的爱或许更多的是含蓄与深沉，他在潜移默化中教会孩子形成正确的价值观与良好的品性，而母亲的爱与热情，正好将这种力量激发出来，使之发挥出最大价值。

韩国18岁少女喜儿弹奏的钢琴曲非常动听，吸引了不少听众。

喜儿的双腿比正常人短，而且每只手上只有两根手指，她并不聪明，只有七岁小孩的智力。但这个少女似乎对自己的命运很满意，她丝毫没有察觉自己的缺陷，总是面带微笑和别人交流，而且非常刻苦地练习弹奏钢琴。在她看来，正是因为自己只有4根手指，所以很多人才喜欢听她演奏，她觉得幸福极了。

她喜欢自己，接纳自己，丝毫不在意旁人的目光。这种健康快乐的心态取决于她有一位懂得教育的妈妈。

曾经有记者采访喜儿的妈妈："当您第一次看到孩子的手指时，您是什么感受？"

妈妈说："我觉得我们家喜儿很漂亮，当她晃动两根手指时，就像绽放的花朵一样美丽，我经常对喜儿说，'宝贝，你的手指真漂亮，咱们换手指,好吗？'"

喜儿的妈妈不在意别人对喜儿的评价,她总是不停地告诉喜儿:"你的手指是世界上最漂亮的手指。"因此喜儿丝毫没有被身上的缺陷所伤害,她总是快快乐乐的。

喜儿的快乐妈妈传达给孩子的不仅仅是一种快乐的情绪,更是一种积极的、快乐的生存态度。她凭借这快乐的态度演绎出了自己的精彩。

生活中难免会遇到许多不如意,环顾身边的人,聪明能干的人不少,却很少有生活得十分快乐的。他们不是对生活不满,便是在追求许多东西的过程中丧失了快乐。快乐的人也许不是出色的,但却是掌握人生要义的人。他们知道怎样热爱生活,怎样让生命更有意义。他们可能生活得很平凡,但却有滋有味。拥有快乐的人是这个世界上最富有的人,所以妈妈应该将快乐这种心态植入孩子心中。

正所谓:"人生不如意者,十有八九。"在生活里,当你的孩子遇到不能改变的困难时就告诉孩子改变自己的心态,让他们给自己装一个"快乐引擎",从日常平凡的生活中寻找和发现快乐,就一定会获得幸福。因为大多时候,"快乐"并不是别人带给你的,也不会凭空从天上掉下来,而是靠自己去寻找。

妈妈都是魔法公主, 她们凭自己的努力能让孩子在生活中找到自己的快乐。下面几种调制快乐的方法,妈妈们可以在日常生活中传达给孩子。

(1)妈妈在日常生活中,要引导孩子不要害怕改变

快乐的人不害怕生活中的改变,他们甚至会离开让自己感到安逸的生活环境,去寻求全新的生活感受,从来不求改变的人自然缺乏丰富的生活经验,也就难以感受到快乐。

(2)妈妈要让孩子懂得，不抱怨的人才会有快乐

快乐的人并不比其他人拥有更多的快乐，只是因为他们对待生活和困难的态度不同，他们从不问"为什么"，而是问"为的是什么"，他们不会在"生活为什么对我如此不公平"的问题上做长时间的纠缠，而是努力去想解决问题的方法。

友情是生活中的快乐元素之一，懂得感受友情的孩子才幸福。一个人如果没有朋友，就会感到孤独寂寞，不可能有更多的欢乐。因此，人的生存需要有朋友。遇到不愉快的事情或矛盾时，要多和朋友交流，商讨解决问题的办法。闲暇时，也可和朋友做一些有意义的活动，充实生活。事实证明，真正的友谊会给你带来幸福和快乐。

快乐很简单，简单生活的孩子更能抓住快乐的尾巴。时下有一个非常流行的理论，得到了广泛的认同。这个理论把天下所有的事分成了三件事：一件是"自己的事"。诸如：吃什么东西，开不开心，要不要帮助人，自己能安排的事皆属之。一件是"别人的事"。诸如：小王好吃懒做，老张对我很不满意，我帮助别人，别人却不感激我，别人主导的事情皆属之。一件是"老天爷的事"。诸如：会不会刮风、下雨、地震、发生战争，人能力范围以外的事情，都属于老天爷的管辖范围。人的烦恼就是来自于：忘了自己的事，爱管别人的事，担心老天爷的事。要轻松自在很简单：打理好"自己的事"，不去管"别人的事"，别操心"老天爷的事"。让你的孩子记住这个理论，他们的生活就会简单许多，生活越简单，他们就会变得越快乐。

3.幽默让家庭充满欢乐

幽默的语言往往给人以诙谐的情趣，又使人在笑意中有所领悟,因而幽默往往是缓解紧张、祛除畏惧、平息愤怒的最好方法。孩子从小学会这种智慧,长大后就会在社交中游刃有余。

一个省议员有一次参加会议，主席台上某领导在做一篇冗长的演讲,他觉得对方占用的时间太长,就走到对方跟前低声说:"先生,你能不能快点……"话未说完,那个正在演讲的领导便回过头来,用严厉的口气低声呵斥他道:"你最好出去。"然后仍旧继续他的演讲。这个省议员觉得受到了别人的侮辱,他顿时怒气冲天。他迫不及待地想报复,但一时又找不到什么方法。于是他就去当时任麻省省议员主席的柯立芝那里申诉:"柯立芝先生,你听见某某刚刚对我说的话了吗?""听见了,"柯立芝不动声色地答着,"但是,我已经看过了有关的法律条文,你不必出去。"

这种回答实在是太聪明了。柯立芝把那位议员的愤怒当成了玩笑。他避免让自己卷入这种儿童式争吵的漩涡中去,就是因为他能看出这种无聊的争吵的幽默之处。

妈妈要让自己的孩子明白:机智的人不仅善于以局外者的身份化解他人的争吵,而且更善于化解在与人交往时因发生矛盾而出现的僵局。

弗洛伊德说:"最幽默的人,是最能适应的人。"在生活中,孩子也会面临许多尴尬的时刻,在那一瞬间,他们的尊严被人有意或无意冒犯,或者被喜欢恶作剧者当众将了一军。此时，孩子们就会觉得自己丢尽了脸面，无地自容。如果能从容自若地谈笑如故，就会幽默地将伤自己脸面的难题一一化解。

孩子长大后还会面临求学、工作、住房、购物等方面的问题，往往要与人交涉。如果孩子学会在交往中适时地表现些幽默，他们做事情成功的几率一定会大大增加。

妈妈要学会掌握幽默这种智慧。在生活和教育孩子的过程中，总会遭遇无数的痛苦、悲伤以及困苦，如果你善于运用幽默的力量，能够主动去创造幽默，那生活一定会充满了欢笑。孩子在一种愉悦的氛围中健康成长，与此同时，也能从妈妈身上学习到这种处世的智慧，在面对别人的一些不适当的言行或针锋相对时，也会运用幽默的力量，打破紧张的局面，使自己和对方各种各样不愉快的心情，顷刻间烟消云散。

4.多带孩子亲近大自然

每个孩子都有与生俱来的好奇心，也都有与生俱来对大自然的热爱。然而，随着现代科技的飞速发展，高楼、汽车、电视、网络，以及做不完的功课，这些都横亘在孩子走向大自然的路上，挡住了孩子眺望自然的眼睛，阻断孩子走向自然的脚步，让孩子在不知不觉间与自然疏离。

其实，孩子应该经常接触大自然，体验与天空、田野、山峦、树木、动物等自然之物交流带来的快乐。温暖的阳光、清新的空气，不仅有利于孩子的健康，自然中美丽的红花绿草也能吸引孩子的注意力，引发孩子的思维和想象,给孩子留下深刻的印象,在潜移默化中促进孩子的能力发展。

为了巩固孩子对大自然的感情,平时一有时间,妈妈就带李铮到野外去玩,而且一边玩,一边引导李铮观察各种自然现象。没有时间出去时,妈妈也不忘培养李铮对大自然的感情。

比如,在送李铮上学的路上,妈妈就引导李铮一边观察风云变幻的天空,一边练习想象作文。李铮在妈妈的引导下,也能进行口头习作:"天上的云真美,那么白,那么轻,就像一堆堆好吃的棉花糖。天上的云真调皮,一会儿像往南奔跑的小鹿,一会儿又像是像翩翩起舞的仙鹤。天上的云真忙,一会儿到南方开会,一会儿又到北方集训……"

李铮在对风、云、雨、雪等自然现象的观察中,不但锻炼了口头作文的能力,更增进了对大自然的感情。

亲近大自然是人类的本性,即使是习惯于现代化生活的人,也都会对大自然有一份特别的偏爱。就像我们看到孩子堆沙丘一样,不过就是一堆沙,他们却能玩得不厌其烦,而一些具有声光效果的玩具可能一下子就玩腻了。这也在告诉我们,其实最单纯的东西,反而可以创造出更多的变化。

有人说,现在的孩子性情浮躁、感情脆弱、自私冷漠。但是,如果能让孩子们走出高高的围墙,放下沉重的书包,离开虚拟的网络世界,走进大自然,亲近大自然,到大自然中尽情地玩耍,那么他们也能找到医治以上病症的良方。

妈妈应经常带孩子到户外活动,即使是单纯地到大自然中聆听与欣赏,对孩子来说也是一种别样的感受。可以带孩子到野外,有意识地让孩子认识自然,让孩子运用各种感官观察自然界,比如摸摸树叶,听听风声、雨声或虫鸣,或让孩子用双眼观察自然,看看云的变化,看看花开花谢,并引导孩子说说他感受到的自然是什么样的。

除了引导孩子观赏接触自然外，妈妈还应让孩子懂得照顾自然。虽然身处都市丛林中，不过还是可以和孩子在阳台上种一些简单的植物，比如栽种大蒜，并记录大蒜的生长情况。

也可以让孩子饲养一些宠物，如果空间允许，小猫小狗等都是很受欢迎的小动物。也可以养小乌龟或小鱼等，让孩子体会到饲养小动物的乐趣和责任感，让他体会生命成长的可贵。

引导孩子亲近大自然，也能激发孩子保护大自然的意识。比如，看到路边的小花小草，妈妈要告诉孩子不要采摘、不要践踏，要珍爱它们；看到草丛中的小动物，也不要随便踩死，要懂得珍惜生命。

孩子置身于大自然当中，所受到的这些引导和教育最容易产生效果，孩子也能从内心爱护自然、保护环境。

亲近大自然可以让孩子获得身心的愉悦，并能培养孩子高尚的情操。妈妈应经常带孩子到大自然中去，陪孩子嗅嗅青草香、享受阳光洒在身上与微风吹抚肌肤的感觉，让孩子感受到自然的美好，并懂得爱护大自然、爱护我们的环境。也可以在家中养些动植物，让孩子学会观察和感受生命的奇迹。

5.传递正能量给孩子

曾经一位妈妈说："我儿子到初三开始有些厌学了，经常在我面前抱怨学习很累。"这位妈妈回应孩子说生活本来都是又累又苦，舒服是留给死人的。这样的话无疑只能让孩子感到生活的痛苦，而无法感受到生活的快乐。

是的,作为妈妈的你,在生活中要给孩子传递的是一种正能量。诚然生活中会遇到各种各样的挑战,然而每个人都只拥有一次生命,而生命的每一天都是独特的,不可复制。不管经历什么,它都会成为人生中宝贵的经验,关键是我们如何去面对和看待生活中所发生的一切。作为妈妈,你亲身感受到当自己的信念转变,思想转变,人生态度自然也就随之改变,生活亦有所不同了。生活中有许许多多的绚丽多姿,五彩缤纷,色彩斑斓,如果妈妈们仅仅是给孩子传递出生活如何如何痛苦,那孩子对生活的热情和渴望就可能大打折扣。

灾难是残酷的,灾难过后人类开始关注那些受难的人们,面对那些不幸的人,妈妈们需要献出更多的爱心来关心、帮助他们。在多媒体如此发达的今天,无论是多大多小的灾难,都会被曝光出来,孩子也会轻而易举地了解到。此时,在孩子的脑海中,可能会对悲惨的灾难有一个初步的认识,甚至是产生恐惧,而这种灾难往往会对孩子的心灵造成负面的影响。此时,作为妈妈的你,应该学会关心孩子,让孩子了解到灾难过后,社会依然存在美好,人们依然团结一致。

在轰动世界的5.12地震之后,全国各地的人们都伸出了援助之手,捐钱捐物。此时,晓晓带着上了初中的儿子去社区捐款。捐款的人们排成长队,晓晓的儿子很平静地等待着,他手中拿着一个存钱罐。

在轮到他捐款的时候,晓晓看到儿子将存钱罐打开,拿出所有的钱,慢慢地放进捐款箱。晓晓明白,那是他儿子积攒了两年的压岁钱。很多人好奇地问晓晓,为什么要带着儿子来捐款,晓晓说道:“儿子长大了,他从电视上看到四川地震的情景,晚上边看电视边流泪,我知道他对这件事情很在意。地震本身是一个坏消息,会给孩子产生负面的心理影响,如果不让他看到人们献爱心这种正能量,他很可能会觉得社会是可怕的,因此产生抵触社会的心理。"晓晓停了停接着说道,"我让他来献爱心,目的是想要告诉他灾难是可怕的, 但是人们却会献出自己的爱来帮助别人,即使有一天他自己也处于这种灾难中时,也会有人来帮助他,让他内心充满爱,充满希望。"

很多妈妈都很赞成晓晓的做法。作为妈妈,不希望自己的孩子长大后成为心中无爱的人,更不希望他们是那种漠视社会的人,故此,你应该时刻传递给孩子正能量。

智慧的妈妈会无时无刻让孩子感受到生活中存在的爱和美好,在生活中,每个人都需要别人的帮助和爱,每个人也离不开别人的帮助和爱心。智慧妈妈会让孩子感受到帮助别人时的幸福和得到帮助时的感激之情。那么,在生活中,妈妈们要怎么样做,才能让孩子感知到献爱心的重要性呢?

第一,定期带孩子去帮助别人或者是观看别人如何献爱心。作为妈妈,你完全可以每个月带孩子去敬老院关心一下老人,或者是帮助别人,让孩子时刻感受到帮助别人的幸福感。当别人在献爱心时,完全可以停下脚步,耐心地去观看,让孩子知道伸出援助之手帮助他人是一种美德,是值得学习的。

第二,观察别人献爱心后,和孩子一起讨论。比如,当观看了一个年轻人在公交上让座给一位老人,回家后,你完全可以和孩子进行讨论,让孩子说说自己的看法和感受,加深孩子对美好事物的印象,让孩子内心深处更添正能量。

6.菜品创新,孩子永远不会挑食

是不是每位妈妈都遇到过孩子不吃饭,挑食的现象?其实,孩子挑食并不是一件难办的事情,如果是一位具有创造力的妈妈,肯定能够帮助孩子改掉这个坏习惯。当然,只要妈妈们采取合理的方法,就能有效地纠正孩子的恶习。

在生活中,妈妈们经常会听到孩子抱怨道:"我妈妈就会做这几种菜,每天晚上都是西红柿炒鸡蛋、豆角炒肉,到冬天就是吃面条、饺子、白菜、萝卜,我都吃腻了。"可见,很多时候孩子挑食的原因并不是不爱吃,而是吃多了吃腻了。这个时候,聪明的妈妈会选择变换菜系,即便是同一种蔬菜,变换做法,进行菜品创新,给孩子在菜品上带来新的感受,这样自然就能够激发孩子的好奇心,吃饭也就变得顺理成章了。

当孩子偏食挑食时,很多妈妈习惯了直入主题,逼迫孩子去吃饭,而智慧妈妈会选择绕道而行,通过一些策略来增加孩子对吃饭的兴趣,帮助孩子摆脱厌恶吃饭的情绪。比如,智慧妈妈会给孩子盛上饭后,不慌不忙地对孩子说:"这饭真好看,你从来没见过吧?猜猜妈妈是怎么做出来的?"让孩子参与到对菜品的讨论中,即便孩子觉得妈妈的创新菜式不够美味,但是也会为了漂亮的外观和从未吃过的烧菜方式而选择多吃一些。如果妈妈能够巧妙地将话题转移到"吃"之外,孩子便会在这种比较轻松就餐的活动中感受到吃饭的乐趣,慢慢地也就会爱上妈妈的创新菜肴了。

聪明的妈妈是不会让孩子孤立在做菜之外的,她们会想办法提高孩子的参与能力,比如在做饭之前,会"请教"孩子:"宝贝,妈妈今天买了茄子,你想要怎么吃呢?"这种让孩子发挥想象力的方式,让孩子拿主意,然后按照孩子的意愿去做饭,即便是做出来不够好吃,孩子也不会挑食的。

妈妈们也可以适当采取游戏"战术"。比如,根据孩子的喜好做游戏,增进他与食物之间的亲切感。与此同时,妈妈在创新菜肴时,完全可以借助游戏中或者是孩子喜欢的动画片中的情节,改善菜品。假定孩子看过大力水手的动画片,那妈妈就可以告诉孩子要多吃蔬菜,比如菠菜、胡萝卜,因为大力水手吃完菠菜就能够拥有非常大的力气,这样一来孩子因为喜欢动画片也会喜欢上蔬菜,从而变得不挑食。

尤其是在生活中,如果孩子总是有那么几种食物不喜欢吃,妈妈们不妨变换一下烹饪的方法,这样一来就能够让这些食物很隐蔽地进入孩子的小胃。比如,孩子十分讨厌吃鸡蛋,妈妈就可以变着花样做鸡蛋,如做成蒸蛋羹、蛋炒饭、蛋皮鱼卷、韭菜鸡蛋饺子,等等,变化做法的时候不妨增加美的元素,比如换一下盘子,注意菜肴的形态,这样也能够激起孩子吃饭的欲望。总之,智慧妈妈会注意食物的色、香、味、形,通过这些来调动孩子对食物的积极性。

既然对菜品的创新,有助于改善孩子的饮食习惯,改掉挑食的毛病,那么妈妈们要怎么样进行菜品创新呢?

第一,同一种蔬菜,不同的烹制方式。有一个故事这样写道:一个孩子的家境不好,到了冬天,家里只有白菜可以吃。因为妈妈没有钱买新鲜的蔬菜,孩子天天吃白菜,早已经吃腻了。为了让孩子不挑食,妈妈在早上给孩子做了白菜汤,孩子喝了。到了中午,妈妈包了白菜馅儿的饺子,孩子看到是饺子,高兴地吃了起来,边吃边夸赞饺子的美味。晚饭的时候,妈妈将白菜剁碎,放上从山上采摘的蘑菇,过油炸成了素丸子,孩子高兴地走到饭桌前,大口大口地吃了起来。通过这个故事,其实可以看出一个聪明的妈妈是能够将一种简单的蔬菜制作成各种各样的菜肴的,这样自然能够吸引孩子对饭菜的欲望。

第二,学习新鲜烹饪方式。很多妈妈在做饭的时候,只知道用炒的、煮的,根本不知道其他的做菜方法。不管是什么菜,拿到手里就知道炒,这样再好吃的菜,孩子也会吃腻,也可能厌烦。故此,在生活中,妈妈们不妨学习新鲜的烹饪方法,煎、炒、烹、炸、煮、熏,样样精通,这样你的手中会做出无数菜肴。

孩子一上餐桌,面对摆着的多个菜,妈妈们不难发现,孩子会先挑新鲜的没有吃过的下手,即便是孩子不爱吃的萝卜,只要妈妈懂得创新菜品,孩子一样能吃得津津有味。智慧妈妈喜欢将时间花在做菜上,因为她知道做菜不仅关乎孩子的吃饭问题, 更重要的是让孩子能够营养均衡。

很多时候,孩子的挑食习惯,多半是不经意间养成的,妈妈们需要想尽办法帮助孩子改掉这种坏习惯。

小薇去表哥家玩,表嫂正在厨房做饭,她的儿子明明已经十一岁了,长得很结实。表嫂见小薇来了,便说要留她吃饭。小薇看到餐桌上已经摆放了四道菜,其中有两种道她肯本不知道是什么菜。表嫂是一个做事利索的人,没多久又端出来一道菜。

吃饭了,只见明明大口大口地夹着菜往嘴里送,小薇好奇地问表嫂:"那两道我不认识的菜是什么做的?"表嫂笑了笑说吃完了再告诉她。

饭后,表嫂告诉小薇,那些都是网上学做的菜,她说道:"明明最不喜欢吃土豆,我就将土豆弄成土豆泥,然后再烹制,这样明明吃的很多,也不挑食了。"

妈妈都希望自己的孩子能够茁壮成长, 而每个孩子都可能出现挑食、偏食的坏毛病,这个时候,就要看妈妈的本领了。妈妈不妨为孩子制作一些新式的菜肴,刺激孩子的视觉神经,然后引起孩子的好奇心,吸引孩子主动去吃饭。智慧妈妈不会每天都做一样的菜肴,因为他们知道孩子需要的不仅仅是营养,更需要养成好的饮食习惯。

7.幸福是积极的思考习惯

幸福,归根结底,是一种积极的思考习惯。每个人都知道健康很重要,所以他们每天刷两次牙,每天都要洗脸、洗脚,健康是一种习惯。如果上班族妈妈想要幸福的生活,就需要建立一种幸福的习惯。你要问问自己:你希望发生怎样的改变?你如何才能感觉快乐?比如,你知道自己有喜欢抱怨的坏习惯,那么接下来你就要重新设定一种思考习惯——不抱怨,然后开始行动。刚开始可能并不容易,但你只要坚持30天,一个新习惯就会被固定下来,你会觉得积极思考就像刷牙洗脸那样自然。

这几日,天气甚是寒冷,孩子们一个个裹得严严实实的,活像个大棉球。糕点师兰儿妈妈约好友灵儿去火锅店,想将满腹心事通过火锅一一涮掉。见到灵儿,兰儿妈妈一肚子苦水,倾泻而出:养个孩子真累,你得给他做饭、洗衣、换尿布。天冷怕冻着,天热怕上火,不冷不热,又担心他不好好吃饭。做妈妈赛过风险投资。在孩子身上,费了太多心思,为此工作不能跟年轻员工相拼,薪水不能和上司相比,更别提什么健身、保养了,统统站一边。做了妈妈,也不光是操心孩子,还有老公、公婆,哪个都得斗智斗勇,没有省心的。生活,真是危机四伏。

灵儿听完,莞尔一笑,说:"你这是身在福中不知福啊,我还羡慕你呢,有个聪明可爱的小宝宝,这是最幸福的事情啊,你眼光怎么总盯着阴暗面?下班回家,有小小的孩子等着你去爱,有疼你的丈夫把挣来的钱双手奉上,有慈祥老人帮你看孩子,如果这还不是幸福,那什么才是幸福?"

望着流水似的日子,上班族妈妈要懂得,换一种心情,换一种节奏,换一种思维看生活。你要把注意力放在生活、事业和家庭中好的一面,把重心放在你所能感受的快乐上,放在你的优势上。这也正是积极心理学所倡导的。力量永远在妈妈的内心,你想要什么,你希望生活是什么样的,它就能按照你的所思所想进行编排。你努力工作和做母亲并不冲突,而且你的生命状态会表现得更加积极。你认真感受工作的快乐,你尽情享受生活的赐予,你比任何人都珍惜那些美好的情感,亲情、爱情、友情,你不幸福,怎么可能呢?

实际上,幸福就是一种积极的心态,积极的情感。如果你想做一个幸福的妈妈,那么你就要从每天的事项中寻找幸福的人生路线图。

所谓幸福,其实一直都在,只不过你需要慢慢体悟。妈妈们可以每天写五件值得感恩的事,可以是很触动你的一个小细节,也可以是给你带来惊喜的大事情,只要是当时感觉很好的事情就行。坚持写下去,你就能找到久违的幸福感。以下是一位妈妈其中一天的琐碎经历,你看看,就这么简单记下来就可以:

(1)隔壁那个小宝宝今天又跑到我们家找天天呢,看到两个都不到两岁的孩子,在那里叽里咕噜地说笑,感觉生活就像巧克力那么甜美。

(2)"宝宝,看,这是'天'。"宝宝望着天空,跟着我说:"天——"他手里攥着石子,然后我把石子摆开,一遍摆放,一边说:"一个石子,两个石子,三个石子,四个石子,五个石子……"一直数到了十五个石子。宝宝也学着我的样子摆放,他竟然能数到八,肯定是两位老人教过他的。我发现宝宝还是很聪明的,真是惊喜不已。

(3)快八月十五了,爸爸从单位回来,居然带了三盒月饼,说是有人送的。爸爸退休了又被返聘,才两个月时间,看来情况不错,我真为爸爸感到高兴。

(4)一个许久不见的朋友,给我寄来明信片,眼睛瞬间有点湿润。

(5)晚饭后,老公给宝宝讲《不一样的卡梅拉》,他手舞足蹈的,宝宝边听边乐呵。